汽车底盘构造与维修

（彩色版配实训工单）

主　编　陈东锋　闫菲菲

副主编　鄢良国　林满丰　谢伟钢

参　编　彭　军　黄　成　王　瑾　宋晓雯
　　　　覃　勇　李孟凯　刘卓昇

机械工业出版社

本书主要内容包括认识燃油汽车和新能源汽车底盘、传动系统、行驶系统、转向系统和制动系统的结构原理与维修，采用项目学习任务一体化教学模式，配有实训工单，满足教学需要。为了让学生轻松掌握汽车底盘的结构和工作原理，本书采用的几百幅高清彩图均来源于实物或实物内部结构，能清晰地展示汽车底盘中各个元件的工作原理。

　　为了让学生掌握拆装技能和检修技能，本书推荐目前"1+X"考证中提倡的方法，多查找维修手册，多查找具体车型的标准，对拆装注意事项、车轮定位、驱动桥轴承预紧度、转向盘自由行程等的调整，离合器从动盘、变速器机油泵、减振器等零部件的检修进行了较为详尽的描述，希望能让学生掌握清晰、具体的操作方法。

　　本书配有PPT教学课件、视频等资源。本书可以作为中、高职学校汽车专业教材，也可以供汽车维修技工学习参考或作为培训教材使用。

图书在版编目（CIP）数据

汽车底盘构造与维修：彩色版配实训工单 / 陈东锋，
闫菲菲主编. -- 北京 ： 机械工业出版社，2024. 11.
（高等职业教育汽车类专业创新教材）. -- ISBN 978-7
-111-77001-5

Ⅰ. U463.103；U472.41

中国国家版本馆CIP数据核字第2024T7E565号

机械工业出版社（北京市百万庄大街22号　邮政编码100037）
策划编辑：齐福江　　　　　责任编辑：齐福江　丁　锋
责任校对：丁梦卓　王　延　　封面设计：张　静
责任印制：刘　媛
涿州市般润文化传播有限公司印刷
2025年1月第1版第1次印刷
184mm×260mm·16印张·345千字
标准书号：ISBN 978-7-111-77001-5
定价：65.00元

电话服务　　　　　　　　　网络服务
客服电话：010-88361066　机 工 官 网：www.cmpbook.com
　　　　　010-88379833　机 工 官 博：weibo.com/cmp1952
　　　　　010-68326294　金 书 网：www.golden-book.com
封底无防伪标均为盗版　机工教育服务网：www.cmpedu.com

FOREWORD
前 言

　　教育部在《"十四五"职业教育规划教材建设实施方案》中明确提出支持建设新兴专业教材。电动汽车是目前新能源汽车的主流，由于新能源汽车的迅猛发展，迫切需要建设相关的教材。

　　汽车底盘构造与维修是汽车维修类专业的一门核心课程，学好此课程对后续课程的学习有很大的影响，对汽车相关专业学生职业发展有重要意义。市面上很多教材使用的黑白图看不清，线条图看不明白，内容针对性不强，大大影响学生的学习兴趣和学习效果。为了培养具有扎实专业技术基础理论知识，熟悉基本操作技能和技巧，掌握现代汽车的维修工艺及先进的汽车检测与诊断技术的技能型人才，并通过广泛采用彩图强化学生学习效果，我们特编写了本书。

　　专业知识的系统性对于学习者非常重要，本书在将内容项目任务化的同时，保留了汽车底盘知识的系统性，为学生将来排除汽车底盘故障夯实基础。为了让初学者掌握汽车底盘的结构和原理，以及各个系统中总成及元部件的维修方法，本书对各个任务涉及的总成或元件的工作原理和结构，以及各个总成或元件的维修方法，进行了详尽的阐述。虽然车辆结构不同，各个总成或元件的拆卸、分解、安装步骤和方法各异，但总的来说是有规律可循的，因此本书对各系统的拆卸、分解、安装的步骤和方法进行了概括，将涉及拆装过程的注意事项进行了重点介绍，以便初学者掌握底盘各个总成的工作原理和维修方法。

　　本书由河南职业技术学院陈东锋，西安交通大学城市学院闫菲菲任主编，云南交通职业技术学院鄢良国，广东省粤东技师学院林满丰，深圳市龙岗职业技术学校谢伟钢任副主编，参编人员有贵州电子科技职业学院彭军，河源理工学校黄成，广东省粤东技师学院王瑾，雅安职业技术学院宋晓雯、覃勇、李孟凯、刘卓异。

　　编写本书时编者参考了大量汽车维修资料，在此对相关资料的作者致以谢意。特别感谢广东合赢教学设备有限公司提供的支持。

编　者

CONTENTS
目 录

项目三 行驶系统的结构原理与维修

项目四 转向系统的结构原理与维修

一、底盘的功用和组成

燃油汽车由发动机、底盘、电气设备和车身组成。目前新能源汽车主要指电动汽车，它包括插电式混合动力电动汽车、纯电动汽车和燃料电池电动汽车。新能源汽车是由驱动电机或/和发动机、底盘、电气设备和车身组成。燃油汽车和电动汽车底盘都是由传动系统、行驶系统、转向系统和制动系统四部分组成的。底盘是支撑、安装汽车发动机或/和驱动电机及其各部件、总成，形成汽车的整体造型，并接受发动机或/和驱动电机的动力，使汽车产生运动，并保证汽车能够按照驾驶人的操纵正常行驶的总成，其组成如图 1-1 所示。

图 1-1　汽车底盘的组成

汽车发动机或驱动电机与驱动轮之间的动力传递装置称为传动系统。如图 1-2 所示，汽车的发动机产生动力后，需经过离合器和手动变速器（或自动变速器）、万向传动装置、主减速器和差速器、半轴等多个机构。使用自动变速器的车辆没有需要人为操纵的离合器，四轮驱动汽车还有分动器，以便将动力分配到前桥和后桥。动力在传递过程中，会被底盘改变转动速度、改变力矩大小、改变传动方向，最后才能传到车轮。

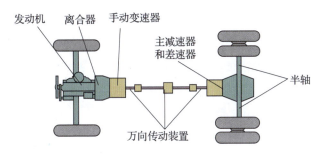

图 1-2　燃油汽车传动系统

混合动力汽车底盘传动系统和燃油汽车底盘传动系统基本相同，纯电动汽车底盘的传动系统比较简单，如图1-3所示。该传动系统相比燃油汽车没有变速器，只有减速器和万向传动装置，这种减速器内包括减速装置和差速器。

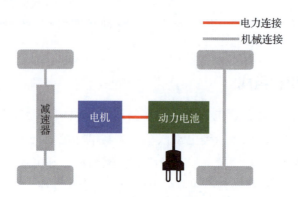

图1-3　纯电动汽车传动系统

电动汽车的行驶、转向、制动系统和燃油汽车基本相同。行驶系统接受发动机经过传动系统传来的转矩，通过驱动轮与路面的附着作用，产生路面对汽车的牵引力，以保证整车行驶。另外，行驶系统还应尽可能缓和不平路面对汽车车身造成的冲击和振动，保证汽车行驶的平顺性，并且与转向系统配合工作，实现汽车行驶方向的正确控制，保证汽车的操控稳定性。如图1-4所示，行驶系统包括车轮、悬架、车桥、车架（多数轿车没有车架）等部分。

图1-4　行驶系统

思 政

党的二十大报告提出，要推动战略性新兴产业融合集群发展，推动现代服务业同先进制造业、现代农业深度融合，促进数字经济和实体经济深度融合。培育和发展新质生产力必须加快建设现代化产业体系，通过促进新兴产业与传统产业深度融合，更好激发产业活力、重塑产业形态、优化产业结构，推进产业智能化、绿色化、融合化，不断夯实新质生产力发展的产业基础。

转向系统是用来保持或者改变汽车行驶方向的机构。在汽车转向行驶时，转向系统还要保证各转向轮之间有协调的转角关系。如图1-5所示，转向系统包括转向操纵机构、转向器、转向传动机构等部分。驾驶人操纵转向操纵机构，使汽车保持在直线或转弯运动状态，或者使上述两种运动状态相互转换。

制动系统的功能是使行驶中的汽车降低速度或停止行驶，或使已停驶的汽车保持不动。如图1-6所示，制动系统包括制动器、制动传动装置、制动助力装置等，现代汽车制动系统中还有制动防抱死装置（ABS）。

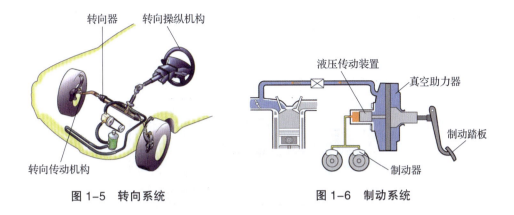

图 1-5　转向系统　　　　　　　图 1-6　制动系统

二、底盘的总体布置

汽车底盘的总体布置与发动机的位置及汽车的驱动方式有关。汽车驱动方式最基本的分类标准是按照驱动轮的数量，可分为两轮驱动和四轮驱动两大类。发动机按安装位置分为前置、中置和后置三种，发动机按安装方向可以分为横置和纵置。汽车驱动方式对整车使用性能、外形尺寸、质量、制造成本等影响很大。

1. 两轮驱动

常见的两轮驱动方式包括发动机前置前驱，发动机前置后驱和发动机中置后驱等类型。

发动机前置、前轮驱动（FF）的驱动方式在轿车上普遍被采用。如图 1-7 所示，这种驱动方式的前车轮既是转向轮，又是驱动轮。后车轮只作为从动轮。这种布置形式一般用在经济型的车型上，由于没有传动轴，可以带来以下几个优点：降低成本，传动效率高，且因为车的重量基本集中在前部，相对来说能耗较低。

发动机前置前驱的布置方式由于前轮同时负责驱动和转向，且重量大部分集中在车体前方，在加速或者上坡时，车身重心往后移，前轮与地面的附着力减少，这就导致了车身转向性能不足。

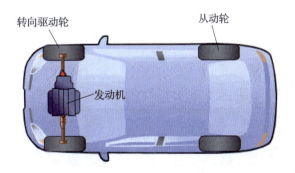

图 1-7　发动机前置前驱

发动机前置后驱（FR）布置形式是将发动机纵置布置在前面，前轮负责转向，后轮负责驱动，如图 1-8 所示。这种驱动方式操控性好，起步加速好，乘坐舒适度高，但需要一根贯穿前后的传动轴，将动力从前面传递到后轮，传动距离长使得传递效率较低，同时也会影响车内空间。

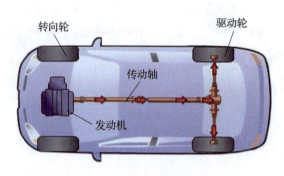

图1-8　发动机前置后驱

发动机中置后驱（MR）的布置方式是将发动机布置在前后轴之间，中置的发动机重心落在前后车轴之间，变速器与发动机安装在一起，将动力通过两个半轴传递给后轮，汽车的蓄电池与备胎通常安装在驾驶室前端的行李舱内。发动机中置后轮驱动（MR型）基本上用于赛车和超级跑车，因为MR车的车体重量分布接近理想平衡，这是使MR车获得最佳运动性能的最主要保证。

纯电动汽车两轮驱动方式主要有驱动电机前置前驱和后置后驱两种，驱动电机前置前驱应用较为广泛，高端车型采用后置后驱。

2. 四轮驱动

四轮驱动方式（4WD）汽车的四个车轮都能得到驱动力，它充分利用了所有车轮与地面之间的附着力，以获得尽可能大的牵引力，通过性与两驱车相比具有很大的优势。四驱的优势就是通过性能更强，但是结构复杂，如图1-9所示，它需要分配动力的分动器，传递动力的传动轴及前后两个驱动桥，其维修和保养成本高，车辆自重较大，行驶时油耗高。

四轮驱动纯电动汽车主要应用于高端车，一般情况下采用两种形式的电机组合使用，低速行驶阶段，使用驱动电机驱动；高速行驶阶段，驱动电机和轮毂电机共同驱动车辆。

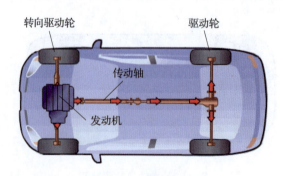

图1-9　四轮驱动

传动系统的基本功用是将发动机产生的动力传给驱动车轮，产生驱动力，使汽车能以一定速度行驶。使用手动变速器的传动系统包括离合器、手动变速器、驱动桥，传动轴等，离合器位于发动机和手动变速器之间，如图 2-1 所示，使用自动变速器的车辆没有需要驾驶人操控的离合器。

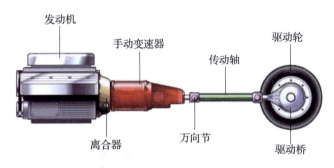

图 2-1 传动系统的组成

学习任务一 离合器的结构原理与维修

一、离合器的功用和结构

（一）离合器的功用

少部分电动汽车和燃油汽车一样使用了离合器，如图 2-2 所示，离合器主动部分连接发动机，离合器从动部分连接手动变速器。汽车起步时，在变速器挂上档起步之前，先使离合器分离，切断发动机与变速器的联系。当挂上档后，缓慢放松离合器踏板使离合器逐渐结合，保证汽车平稳起步。

离合器分离，还能便于换档。手动变速器换档前先使离合器分离，暂时切断动力传递，然后再进行换档操作，以保证换档操作过程的顺利进行，减轻或消除换档时的冲击。离合器还能防止传动系统过载。当传动系统承受载荷超过离合器所能传递的最大转矩时，离合器会自动打滑消除这一危险，从而起到过载保护的作用，即避免机件损坏。

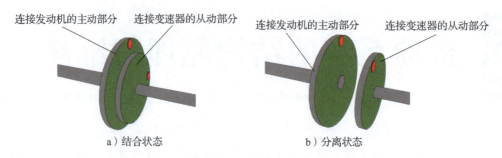

图 2-2　离合器示意图

（二）离合器的结构

按压紧弹簧的形式及布置形式不同，可以将离合器分为膜片弹簧离合器和周布弹簧离合器。周布弹簧离合器中起压紧作用的螺旋弹簧沿圆周均匀分布，如图 2-3 所示，周布弹簧离合器主要应用在大型汽车上。周布弹簧离合器盖的外形如图 2-4 所示。周布弹簧离合器结构简单，制造方便，但其弹簧直接与压盘接触，易受热退火。当发动机的转速很高时，弹簧将受离心力的作用而严重鼓出，使压紧力降低，同时造成接触部位严重磨损，甚至使弹簧断裂。

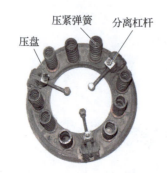

图 2-3　周布弹簧离合器压紧弹簧

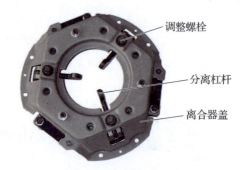

图 2-4　周布弹簧离合器盖外形

目前，轿车上普遍使用的是膜片弹簧离合器，这种离合器由主动部分、从动部分、压紧装置及操纵机构四个部分组成。

1. 主动部分

离合器主动部分包括飞轮和离合器盖—压盘总成，飞轮通过螺栓将发动机动力传递给离合器压盘。如图 2-5 所示，飞轮上有一个平整的摩擦表面，可以将发动机传递过来的动力传给从动盘的前面。离合器盖通过螺栓与飞轮固定，并用定位销定位以保证飞轮和离合器盖同轴，从而保证离合器的平衡。

图 2-5　离合器主动部分——飞轮

如图 2-6 所示，离合器盖和压盘制成一个总成，离合器盖接收飞轮动力后，通过四组沿圆周切向均匀分布的传动钢片，把动力传递给压盘。在此过程中，传动钢片除具有将离合器盖的动力传给压盘的作用外，还对压盘起导向和定心作用。压盘也有一个平整光洁的平面，它通过摩擦力将动力传给从动盘的后端面。

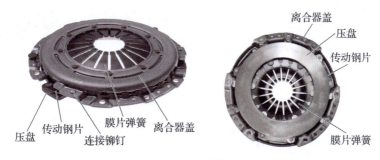

图 2-6　离合器的压盘

2. 从动部分

离合器从动部分包括带有扭转减振器的从动盘和从动轴（即变速器输入轴）。如图 2-7 所示，离合器从动盘安装在飞轮和压盘之间，从动盘两面带摩擦片，从动盘中间的内花键孔和变速器主动轴连接。

小型汽车的发动机最大转矩一般不是很大，常采用一个从动盘，而中型以上的货车需要传递的转矩较大时，可以采用两个从动盘，称为双片离合器，如图 2-8 所示。

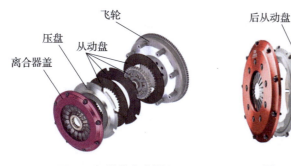

图 2-7　单片离合器　　　　　图 2-8　双片离合器

如图 2-9 所示，离合器从动盘位于飞轮和压盘之间，从动盘两面都是摩擦衬片，通过铆钉连接从动盘中间的钢片，从动盘摩擦片通过摩擦力可以从飞轮和压盘处获得动力。从动盘中间部分是花键毂，它连接手动变速器输入轴，如图 2-10 所示，变速器输入轴花键部分具有一定的长度，从动盘可沿花键轴向移动。

从动盘中间部分是可以衰减振动的扭转减振器，它包括波形弹簧片、减振阻尼片、弹簧、花键毂等，如图2-11所示。当从动盘受到转矩作用时，转矩从摩擦片传到从动盘钢片，再经减振器弹簧传给从动盘花键毂，此时弹簧将被压缩，吸收发动机传来的扭转振动。

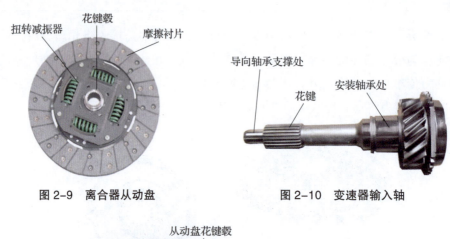

图 2-9　离合器从动盘　　　　　图 2-10　变速器输入轴

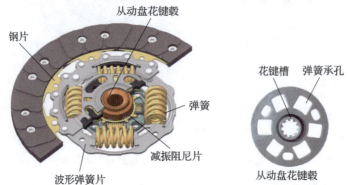

图 2-11　扭转减振器

3. 压紧装置

离合器压紧装置安装在压盘和离合器盖之间，用来对压盘产生轴向压紧力，将压盘压向飞轮，并将从动盘夹紧在压盘和飞轮中间。膜片弹簧的结构和安装位置如图2-12和图2-13所示。膜片弹簧离合器的压紧装置是膜片弹簧，它既用于压紧从动盘，还能起到分离杠杆的作用。膜片弹簧径向开有若干切槽，形成弹性杠杆。切槽末端有圆孔，用固定铆钉穿过圆孔，将膜片弹簧固定在离合器盖上。膜片弹簧两侧装有钢丝支撑环，这两个支撑环是膜片弹簧工作时的支点。

离合器工作情况如图2-14所示，当膜片弹簧不受力处于自由状态时，将其靠近飞轮时，离合器盖与飞轮之间有一距离 S。当将离合器用固定螺栓固定到飞轮上时，膜片弹簧在支撑环处产生弹性变形，此时膜片弹簧的外缘对压盘产生压紧力使离合器处于接合状态。当踩下离合器踏板时，分离轴承推动膜片弹簧小端，使膜片弹簧以支撑环为支点，通过分离钩拉动压盘使离合器分离。

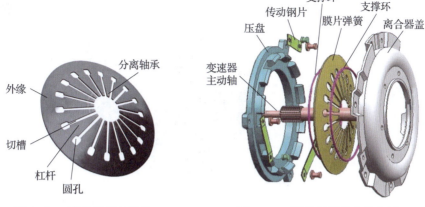

图 2-12　膜片弹簧的结构　　　　　图 2-13　膜片弹簧的安装位置

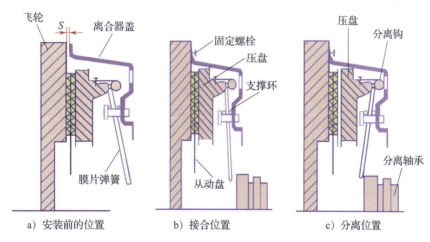

a) 安装前的位置　　　　　b) 接合位置　　　　　c) 分离位置

图 2-14　膜片弹簧离合器工作原理

4. 操纵机构

离合器操纵机构是驾驶人借以使离合器分离，而后又使之柔和接合的一套机构。离合器操纵机构是将驾驶人施加在离合器踏板（其位置如图 2-15 所示）上的力，传递到离合器压盘上，使压盘后移，让飞轮、从动盘、压盘之间产生间隙，中断动力传递。离合器操纵机构包括液压式和机械式（杆式和拉索式），两种形式的操纵机构都有离合器踏板、回位弹簧、分离拨叉、分离轴承等。机械式操纵机构用传动杆或拉索传动。

图 2-15　离合器踏板

（1）机械式离合器操纵机构　传动杆式操纵机构结构简单，工作可靠，但杆件铰接点较多，摩擦损失大，主要应用于大型汽车上。拉索式操纵机构可以消除杆式操纵机构缺点，其主要结构如图 2-16 所示，拉索两端分别连接踏板和传动臂，这种传动方式适合轻型和微型汽车。

（2）液压式离合器操纵机构 液压式操纵机构一般以制动液为传力介质，动力逐步经过离合器踏板、离合器主缸、油管、离合器工作缸、分离拨叉、分离轴承、压盘等，如图 2-17 所示。液压式操纵机构摩擦阻力小，质量小，布置方便，接合柔和，所以应用广泛。

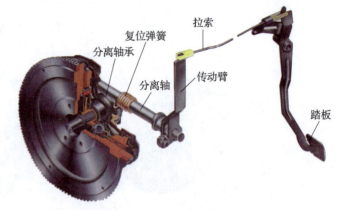

图 2-16　拉索式离合器操纵机构

离合器主缸结构和原理如图 2-18 所示，它俗称离合器总泵，离合器主缸在离合器踏板的推力下，产生油压。储油罐有两个出油孔，分别把制动液供给制动主缸和离合器主缸。当离合器踏板处于初始位置时，活塞左端皮碗位于补偿孔与进油孔之间，两孔均开放。在迅速放松离合器踏板时，主缸活塞

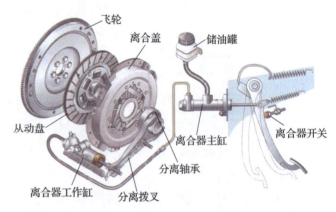

图 2-17　液压式离合器操纵机构

回位速度快，但由于油液回位慢容易形成真空，此时储油罐的部分油液便经进油孔、主缸活塞头部的小孔推开皮碗进入工作腔弥补真空。待主缸活塞完全回位后，多余的油液便经补偿孔流回储油罐。

如图 2-19 所示，离合器工作缸俗称分泵，主缸产生的油压通过进油孔进入，油压通过活塞能推动推杆移动。离合器工作缸上有排气螺塞，用来排放油液中的空气。工作缸活塞直径略大于主缸活塞直径，故液压系统稍有增力作用，以补偿液流通道的压力损失。

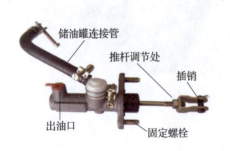

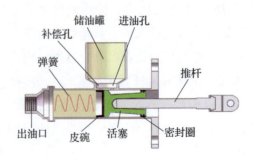

图 2-18　离合器主缸结构和原理

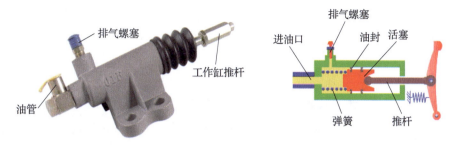

图 2-19　离合器工作缸的结构和原理

如图 2-20 所示，分离拨叉相当于一个杠杆，中间位置支撑相当于支点，大端连接分离轴承，小端连接工作缸推杆。如图 2-21 所示，分离轴承座松套在变速器输入轴轴承盖上，通过复位弹簧使轴承座凸肩始终抵住分离叉。

图 2-20　离合器分离拨叉

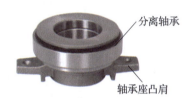

图 2-21　分离轴承总成

如图 2-22 所示，分离轴承与分离杠杆端部保持 3~4mm 的间隙，该间隙反映到脚踏板上即离合器踏板自由行程。离合器踏板自由行程可以在离合器主缸推杆上调整。离合器的自由行程可以防止从动盘摩擦片磨损变薄后，压盘不能向前移动而造成离合器打滑。

换档时，当脱开原来的档位时，需要迅速踩下离合器踏板，以便切断发动机传递给变速器的动力，否则，会加速离合器的磨损；当挂入需要的档位后，需要缓慢松开离合器踏板，使车辆起步或行驶平稳。

离合器分泵的工作原理

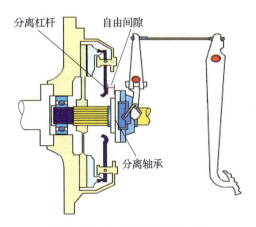

图 2-22　离合器踏板自由行程

离合器自由行程的调整

离合器踏板的自由行程

二、离合器的工作原理

1. 接合状态

在车辆无需换档时，离合器踏板处于未踩下位置。此时，离合器从动盘处于接合状态。如图 2-23 所示，发动机的动力通过两条途径传给从动盘，一是飞轮通过其摩擦表面将动力传给从动盘的前面，二是飞轮将动力通过紧固螺栓传给压盘总成，压盘总成将通过压盘的摩擦表面将动力传递给从动盘的后面。从动盘获得动力以后，将动力传递给变速器输入轴。

2. 分离状态

当车辆需要换档前，需要踩下离合器踏板。驾驶人施加在离合器踏板的操纵力，经过液压系统或拉索等操纵部分传递到分离拨叉及分离轴承，分离轴承推动分离杠杆将压盘向后拉动，压紧弹簧不能通过压盘压紧从动盘。如图 2-24 所示，从动盘和飞轮及压盘之间产生了间隙，从动盘处于分离状态，此时，不能传递动力。

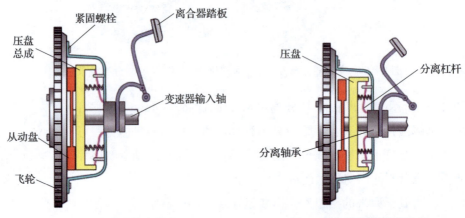

图 2-23　离合器接合状态　　　　　　图 2-24　离合器分离状态

离合器的拆卸与检查

在驾驶汽车上坡起步时，如果迅速松开离合器踏板，发动机会因不能承受巨大的上坡阻力而熄火。因此，在上坡起步时，往往需要使离合器从动盘处于"半联动"状态。在"半联动"状态，驾驶人将离合器踏板保持在大致中间位置，离合器从动盘处于"半结合半分离"状态，从动盘相对飞轮和压盘滑转，发动机产生的动能一部分经过从动盘传递给变速器输入轴，另一部分动能经过从动盘滑转转换成了热能。

三、离合器的拆装注意事项

1）拆装离合器盖时，需要用类似图 2-25 所示的专用工具固定飞轮；安装离合器盖固定螺栓时，需要分次拧紧。

图2-25 飞轮固定专用工具

2）拆装离合器盖的时候，要防止离合器盖跌落。

3）安装时，可以在变速器输入轴花键、从动盘花键毂、分离轴承前沿、分离轴承内座等处涂抹少量的润滑油。安装前将飞轮、离合器摩擦片、压盘三个元件的摩擦面用砂纸清除油污，在安装过程中，不允许元件的摩擦表面沾到油污。

4）安装离合器从动盘时需要离合器对孔工具，可以采用原车手动变速器输入轴或采用如图2-26所示的专用对孔工具，利用输入轴或专用对孔工具，可以将曲轴凸缘内变速器输入轴的支撑轴承和离合器从动盘花键毂孔的中心对齐，操作时可参考图2-27，安装对孔工具或输入轴后才可以将离合器压盘四周的固定螺栓拧紧。

图2-26 离合器从动盘对孔工具

图2-27 离合器对孔

5）注意安装时从动盘带减振弹簧凸出的一面朝向压盘。

6）离合器从动盘摩擦片含有石棉纤维，需使用湿抹布清理含有石棉纤维的粉屑，避免使用干刷子或压缩空气使粉屑漂浮空气中，吸入这种粉屑对身体有害。

四、离合器的检修

（1）从动盘的检修　如图2-28所示，检查从动盘摩擦片的磨损情况，有无裂纹；检查铆钉是否松动、深度是否符合要求；检查花键毂是否磨损严重；检查从动盘减振器弹簧是否松动，是否存在断裂情况。

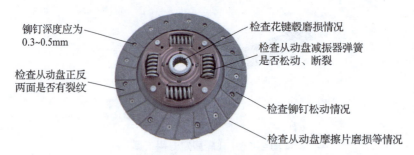

铆钉深度应为
0.3~0.5mm

检查从动盘正反
两面是否有裂纹

检查花键毂磨损情况

检查从动盘减振器弹簧
是否松动、断裂

检查铆钉松动情况

检查从动盘摩擦片磨损等情况

图 2-28　从动盘的检查

（2）飞轮的检修　如图 2-29 所示，飞轮检查主要包括检查飞轮与离合器从动盘的接触面磨损程度，有无裂纹，有无翘曲变形；检查飞轮齿圈有无松动，检查齿圈上的轮齿是否断裂或存在严重磨损；检查螺栓孔内螺纹是否出现损坏。

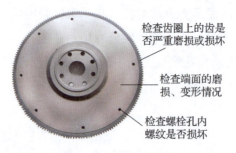

检查齿圈上的齿是
否严重磨损或损坏

检查端面的磨
损、变形情况

检查螺栓孔内
螺纹是否损坏

图 2-29　飞轮的检查

（3）离合器从动盘的检修　如图 2-30 所示，检查压盘的磨损情况，如果出现较为严重的沟槽，则需要更换压盘组件。检查传动钢片是否松动，检查离合器盖是否存在变形。检查分离杠杆与分离轴承接触位置的磨损情况，如果出现较为严重的磨损，则需要更换离合器组件。

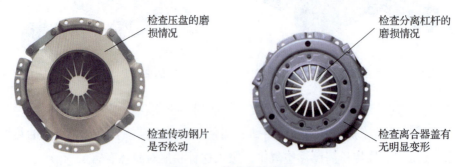

检查压盘的磨
损情况

检查传动钢片
是否松动

检查分离杠杆的
磨损情况

检查离合器盖有
无明显变形

图 2-30　从动盘的检查

（4）分离轴承和分离拨叉的检修　转动分离轴承，检查其转动是否发卡，是否发出"沙沙"的声音，如有，则说明分离轴承缺油或损坏，需要更换，如图 2-31 所示。如图 2-32 所示，检查分离拨叉各个支撑点的磨损程度，如果磨损较大，可以采用堆焊的方法进行修复或进行更换。

检查弹簧是否变形

检查轴承座是否开裂

转动分离轴承是否发卡

图 2-31 分离轴承的检查

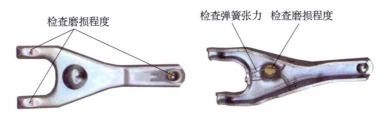

检查磨损程度

检查弹簧张力 检查磨损程度

图 2-32 分离拨叉的检查

五、离合器故障诊断和排除

（一）离合器打滑故障原因与诊断

1. 离合器打滑故障现象

汽车正常起步时，离合器踏板完全抬起后，汽车不能起步或起步困难；汽车加速行驶时，行驶车速不能随发动机转速的提高而提高，感到行驶无力，且伴随离合器发热产生焦臭味或冒烟等现象。

2. 离合器打滑故障原因

导致离合器打滑的根本原因是离合器压紧力下降或是摩擦片表面的摩擦系数降低，从而导致摩擦力矩变小，具体原因如下。

1）离合器踏板自由行程太小或没有。如图 2-33所示，当从动盘摩擦片磨损后，从动盘和压盘向前移动，分离杠杆大端向前移动，分离杠杆小端向后移动，这样就会造成分离轴承常压在离合器分离杠杆上，导致从动盘处于半分离状态或分离状态。

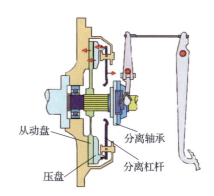

从动盘
分离轴承
分离杠杆
压盘

图 2-33 从动盘摩擦片磨损的变化

2）离合器盖与飞轮的固定螺栓松动。

3）飞轮、压盘、从动盘摩擦片的磨损过大、变薄，摩擦表面不平、硬化，从动盘摩擦片摩擦表面有油污、老化或烧焦。从动盘摩擦片的铆钉外露，从动盘朝向装反。

4）离合器分离轴承与分离套筒运动阻滞，不能复位。

5）压紧弹簧过软或折断，膜片弹簧疲劳损伤或破裂，或弹簧因高温退火、疲劳、折断等原因而使弹力减小，致使压盘上的压力降低。

3.离合器打滑故障诊断与排除

1）确认故障。拉紧驻车制动器操纵杆或按下驻车制动按键，变速器挂上1档或倒档，起动发动机后，慢慢放松离合器踏板的同时，缓慢踏下加速踏板，若汽车不能前进，发动机仍能继续运转而不熄火，说明离合器打滑。

2）检查离合器踏板是否没有自由行程，如没有自由行程，需要调整。

3）检查离合器盖与飞轮的紧固螺栓是否松动，如松动应予以拧紧。

4）拆下从动盘，检查从动盘是否装反，检查从动盘摩擦片的技术状况是否符合要求。

5）检查离合器压盘总成上压紧弹簧的技术状况。若弹性减弱或自由长度减小，可在弹簧下适当地增加垫圈继续使用；若弹簧过软或折断，应予以更换。

（二）离合器分离不彻底的故障原因与诊断

1.离合器分离不彻底故障现象

当发动机怠速运转时，离合器踏板已踩到底，但挂档困难，变速齿轮有撞击声。勉强挂上档后，尚未放松离合器踏板，汽车已行驶或发动机熄火。

2.离合器分离不彻底故障原因

1）离合器踏板自由行程过大使离合器踏板有效行程变小。

2）分离杠杆弯曲变形、支座松动、支座轴销脱出，使分离杠杆内端高度难以调整。

3）从动盘钢片翘曲、摩擦片破裂或铆钉松动。

4）新换的从动盘摩擦片太厚或从动盘正反装错。

5）从动盘花键孔与变速器输入轴花键轴卡滞，从动盘在变速器输入轴上不能正常移动。当变速器输入轴导向轴承（其位置如图2-34所示）和输入轴卡滞时，变速器输入轴会由曲轴带动转动，即便从动盘能正常分离，汽车也会产生和离合器分离不彻底同样的故障现象。

6）离合器液压操纵机构漏油、有空气或油量不足。离合器拉索或拉杆故障。

7）发动机支撑悬置磨损或损坏，发动机曲轴与变速器输入轴不在同一轴线上。

曲轴

变速器输入轴导向轴承

飞轮紧固螺栓承孔

图2-34　输入轴导向轴承位置

3.离合器分离不彻底故障诊断与排除

1）拆下离合器底盖，将变速器挂入空档，将离合器踏板踩到底。然后，用螺丝刀拨动从动盘。如果能轻松拨转，说明离合器分离良好；如果拨不动，说明离合器分离不彻底。

2）检查离合器踏板自由行程是否过大，如需要，则进行调整。

3）对于采用液压操作机构的离合器，需要检查制动液是否缺少，管道是否渗漏，液压系统内是否存在空气。

如果液压系统内存在空气，踩下离合器踏板会感觉比较软，要多次踩下离合器踏板后，离合器才能正常分离。确定液压系统内存在空气后，需要排尽空气。排放离合器液压系统空气时，一名维修人员多次踩下离合器踏板，然后踩下踏板不动，另一名维修人员拧松离合器工作缸上的排气螺塞，让带有空气的制动液排放到透明瓶中，然后重新锁紧排气螺塞，再松开离合器踏板。重复多次，即可以排尽空气。

4）检查分离杠杆高度是否一致、是否过低。如果分离杠杆高度不一致，需要更换或调整，在更换或调整分离杠杆高度后，需要重新调整离合器踏板的自由行程。

5）检查从动盘是否装反，轴向移动是否困难，从动盘有无翘曲，分离杠杆螺钉是否松动，浮动销是否脱落。

6）对于新铆摩擦片的离合器，要检查从动盘和摩擦片是否过厚。如果过厚，可在离合器盖和飞轮之间加垫片。

4. 故障案例

一辆别克赛欧汽车在踩下离合器踏板后，不能挂档。试踩下离合器踏板，发现比正常阻力小很多，而且离合器踏板不能回位。举升车辆，发现离合器工作缸出现漏油。离合器工作缸漏油，会导致离合器分离不彻底，于是挂不了档。

更换离合器工作缸，排完空气。起动发动机，踩下离合器，还是不能正常挂档，说明离合器还是分离不彻底。踩下离合器踏板，发现离合器工作缸推杆已经推到极限。拆检发现离合器拨叉机构已经严重变形，将其更换后，故障排除。

学习任务二　手动变速器的结构原理与维修

一、手动变速器的结构

1. 变速器的基本原理

汽车发动机的转矩和转速变化范围较小，而道路变化非常复杂，这就要求汽车配置变速器来实现汽车牵引力和行驶速度在相当大的范围内变化。变速器前进档主要用于改变发动机转速，实现转矩的需要；变速器空档可以中断动力；变速器倒档用于倒退行驶。

如图 2-35 所示，一对直径不同、齿数不等的齿轮啮合传动时，可以实现变速变矩。大齿轮将动力传递给小齿轮。在相同的时间内转动时，小齿轮比大齿轮转速快，转动力矩小。前进档中的超速档（一般为 5 档）就是应用此原理。

发动机转矩变化很小，而复杂的使用条件要求汽车的牵引力和车速能在较大的范围内变化。小齿轮将动力传递给大齿轮，大齿轮比小齿轮转速慢，转矩增加。前进档中的降速档（一般为1、2、3档）和倒档都需要增大力矩，就是应用此原理。

惰轮的作用只是改变转向并不能改变传动比，所以称之为惰轮。如图2-36所示，惰轮在两个不互相接触的传动齿轮中间传递动力，用来改变从动齿轮的转动方向，使之与主动齿轮相同。汽车变速器中倒档多采用惰轮来改变旋转方向。

图 2-35　齿轮传动原理　　　　图 2-36　惰轮

2. 手动变速器的特点

变速器可以分为手动变速器和自动变速器。手动变速器换档需要踩下离合器，拨动如图2-37所示的变速杆档杆，抬起离合器完成换档。对于新手来说，换档过程比较复杂，容易熄火，换档过早会挂不上档或抖动，换档过晚会费油。如果可以熟练运用手动变速器，手动变速器不仅省油，操控感强，还具有驾驶乐趣。目前常见的手动变速器有5个前进档和1个倒档。

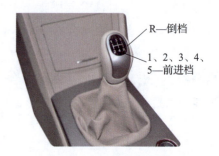

图 2-37　手动变速器变速杆

3. 手动变速器的齿轮传动机构

如图2-38所示，手动变速器一般由齿轮传动机构、操纵机构、壳体等组成，齿轮传动机构包括齿轮、输入轴、输出轴等，通过齿轮传动机构可以实现档位传递路线的变换。操纵机构包括变速杆、拨叉、锁止装置等，通过移动变速杆，可以实现档位切换。

手动变速器分为二轴式和三轴式变速器，二轴式手动变速器用在发动机前置前轮驱动汽车上。二轴式变速器齿轮传动机构结构如图2-39所示，变速器包括输入轴和输出轴，输入轴也叫第一轴或主动轴，它连接离合器，其上包括各个档位的主动齿轮，输出轴上各从动齿轮是通过轴承与输出轴连接，只有挂入相应档位时，它们才能传递动力，主减速器的主动齿轮也安装在变速器输出轴的输出端。

三轴式变速器结构如图2-40所示，它包括输入轴、中间轴和输出轴。输入轴和输出轴同轴线，中间有滚针轴承支撑，输入轴上的常啮合齿轮和输入轴制成一体，输出轴上的齿轮都是通过滚针轴承或套筒安装在输出轴上。中间轴上的齿轮基本上和轴制成一体，个别通过花键连接。有的变速器倒档从动齿轮和1、2档同步器的接合套制成一体。

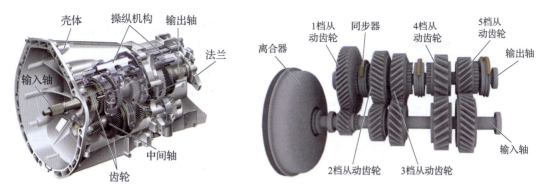

图 2-38 手动变速器的组成

图 2-39 二轴式手动变速器齿轮传动机构

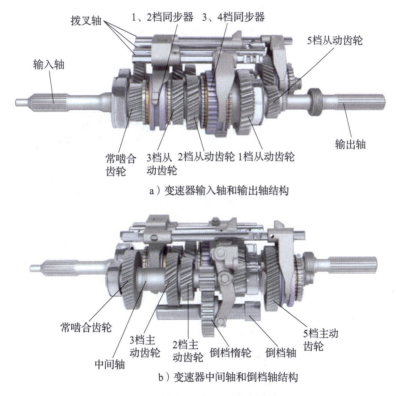

a）变速器输入轴和输出轴结构

b）变速器中间轴和倒档轴结构

图 2-40 三轴式手动变速器齿轮传动机构

4. 手动变速器的操纵机构

变速器换档时，驾驶人操纵变速杆，变速杆带动拨叉轴上的拨叉移动，拨叉带动同步器接合套移动，完成换档动作，如图 2-41 所示。如图 2-42 所示，锁止装置包括自锁装置、互锁装置和倒档锁止装置。自锁装置是采用弹簧和定位钢球对拨叉轴进行定位和锁止，如图 2-43 所示，当钢球对准拨叉轴上相应的凹槽时，拨叉轴被锁止，这样可以防止脱档和同时挂入两个档，或误挂倒档。

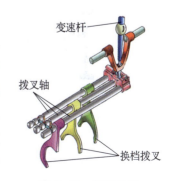

图 2-41 操纵机构

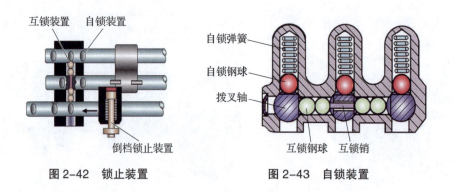

图 2-42　锁止装置　　　　　　图 2-43　自锁装置

5. 变速器换档过程

手动变速器齿轮和轴的连接形式包括以下三种（图 2-44）：齿轮通过滚针轴承或滑动轴承（图 2-45）与轴连接，这种连接形式中齿轮与轴之间没有动力传递；齿轮通过花键和轴连接，这种连接形式中齿轮与轴之间可以传递动力；齿轮和轴制成一体。

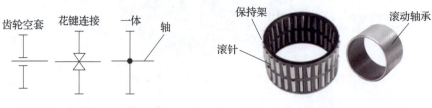

图 2-44　齿轮和轴连接形式　　　　图 2-45　滚针轴承和滑动轴承

手动变速器如果没有同步器，换档容易冲击，过程还相当的复杂。如图 2-46 所示，齿轮空套在轴上，齿轮前端有接合齿圈（图 2-47），花键毂通过花键与轴连接，接合套套在花键毂上。驾驶人需要通过加速踏板及离合器控制接合齿和花键毂同速，才能让接合套可以左右移动与齿轮前的接合齿啮合，实现齿轮与轴之间的动力传递。

a）未接合状态　　　b）接合状态

图 2-46　无同步器换档过程　　　　图 2-47　与同步器连接的齿轮

同步器是一种辅助换档装置，常用的同步器包括锁环式和锁销式。锁环式同步器尺寸小、结构紧凑、摩擦力矩也小，多用于轿车和轻型车辆，大中型货车普遍采用锁销式同步器。如图 2-48 所示，锁环式同步器由同步环、花键毂、定位滑块、接合套等组成。同步环内锥面和齿轮锥面接触后，它上面细密的螺纹可以破坏油膜，使与同步环相连的接合套和齿轮上的接合齿圈迅速达到相同转向，从而消除换档冲击，缩短换档时间，简化换档过程，使换档操作简捷而轻便。

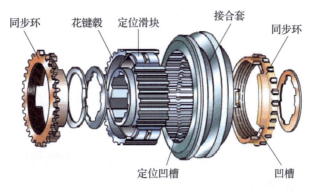

同步环　花键毂　定位滑块　　接合套　　　同步环

定位凹槽　　　　凹槽

图 2-48　锁环式同步器的组成

锁环式同步器工作原理如图 2-49 所示，在空档位置，待啮合齿轮与接合套以不同的转速转动。当驾驶人通过施加在变速杆的推力推动接合套、滑块向左移动，滑块进而推动同步环移向待啮合齿轮，此时，同步环和接合齿圈的锥面接触，由于两个锥面有转速差，所以产生摩擦力矩，通过摩擦作用，可以使待啮合齿轮、同步环、接合套等达到同转速运转，完成换档过程。

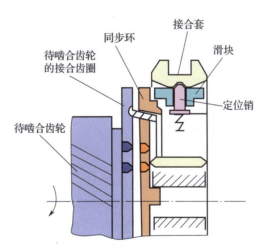

同步环　接合套　滑块

待啮合齿轮的接合齿圈　　定位销

待啮合齿轮

图 2-49　锁环式同步器的工作原理

// 思　政 //

中国汽车之父是谁？

饶斌（1913—1987 年），原名饶鸿熹，出生于吉林省吉林市，毕业于同济大学，祖籍江苏南京。中国汽车工业奠基人，享有"中国汽车之父"的盛誉。

锁销式同步器的结构和工作原理如图 2-50 和图 2-51 所示，该同步器包括摩擦锥盘、摩擦锥环、锁销、定位销等。两个带有内锥面的摩擦锥盘，分别以内花键固装在带有接合齿圈的斜齿轮上，随着齿轮一同转动。两个有外锥面的摩擦锥环上有三个锁销和三个定位销，它们和接合套装在一起。定位销与接合套孔内弹簧和钢球一同起到定位作用。锁销中部环槽的两端和接合套相应孔两端切有相同的倒角，锁销与孔对中时，接合套才能沿锁销轴向移动。

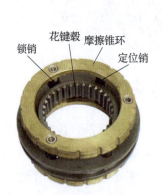

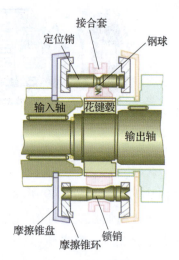

图 2-50　锁销式同步器的结构　　图 2-51　锁销式同步器的工作原理

换档时，接合套受到拨叉的轴向推力作用，通过钢球、定位销推动摩擦锥环向前移动，因为摩擦锥环和摩擦锥盘有转速差，所以摩擦锥盘和摩擦锥环接触后会产生摩擦作用，摩擦作用使摩擦锥环和锁销相对于接合套转过一个角度，摩擦锥环和摩擦锥盘达到同步，完成换档。

二、手动变速器的工作原理

1. 三轴式变速器的工作原理

1）如图 2-52 所示，三轴式变速器在挂入 1 档时，变速器传动路线为：输入轴→输入轴上常啮合齿轮→中间轴上常啮合齿轮→中间轴→中间轴 1 档主动齿轮→输出轴 1 档从动齿轮→1、2 档接合套→1、2 档花键毂→输出轴。

2）三轴式变速器 4 档通常为直接档，在直接档时输入轴和输出轴的传动比等于 1，动力无须经过中间轴传递，三轴式变速器直接档的动力传递路线为：输入轴→输入轴上常啮合齿轮接合齿→3、4 档同步器→输出轴。

三轴式变速器除了直接档外，其他档位动力传递都需要通过中间轴，其 3 档动力传递路线为：输入轴及常啮合主动齿轮→中间轴常啮合从动齿轮→中间轴→中间轴 3 档主动齿轮→输出轴 3 档从动齿轮→3、4 档同步器→输出轴。

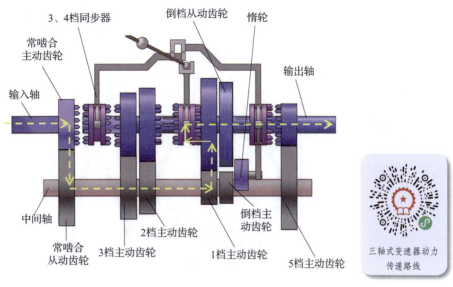

图 2-52 三轴式变速器 1 档动力传递路线

3) 三轴式变速器倒档时动力传递路线为：输入轴→输入轴常啮合齿轮→中间轴上常啮合齿轮→中间轴→中间轴上倒档主动齿轮→惰轮→输出轴上倒档从动齿轮→输出轴。

2. 二轴式变速器的工作原理

二轴式变速器挂入 5 档时，变速器动力传递情况如下：输入轴→输入轴 5 档主动齿轮→输出轴 5 档从动齿轮→输出轴 5 档同步器→输出轴，如图 2-53 所示。二轴式变速器其他前进档档位动力传递路线和 5 档动力传递路线类似，其倒档也需要经过惰轮改变动力传递方向，此处不一一介绍。

图 2-53 二轴式变速器 5 档动力传递路线

三、手动变速器拆装注意事项

1) 分解手动变速器前，先对手动变速器壳体外的灰尘进行清理。

2) 手动变速器中有齿轮油，拆装前需要备好放油盘，拆装作业中防止齿轮油洒落到地面。

3) 拆装齿环定位卡环时，需要选择合适的卡环钳，如图 2-54 所示，不能将卡环钳尖头部分打磨得过尖，以免伤人。

4）装配前，必须对零件进行认真的清洗；装配轴承和齿轮时，应涂抹齿轮油进行润滑；清除旧的密封垫，安装新的密封垫时，注意按要求涂抹密封胶。

5）装入油封前，需在油封的刃口涂少量润滑脂，要垂直压入，并注意安装方向。

图 2-54　卡环和卡环钳

一汽大众捷达 020 手动变速器的分解

四、手动变速器的检修

1）手动变速器的润滑油使用期限大约为 3 年或 40000~60000km（以先到者为准），冷态下就车拆下手动变速器注油螺塞，正常情况下应有润滑油流出，否则说明油位过低，油量不足，需要添加或更换润滑油。

检查手动变速器润滑油是否发黑、变质，或有刺鼻的气味。如有，必须更换手动变速器润滑油。

一汽大众捷达 020 手动变速器的组装

2）检查所有的齿轮，齿面有轻微的斑点，可以用油石修磨，当齿厚磨损超过 0.2mm，齿长磨损超过原齿长的 15%，或斑点面积超过齿面 15%，都应更换成对的齿轮。

3）检查轴承与轴承座的配合间隙，不应有明显的间隙，或根据维修手册，间隙不能超过标准值。转动轴承不应该发卡，检查轴承滚子和轴承座的接触面，不应有明显磨损或脱落，如图 2-55 所示。

4）检查输入轴和输出轴，不应有裂纹，轴颈及花键不应有严重磨损，检查轴的径向圆跳动，不应超过 0.05mm，否则应更换。

脱落处

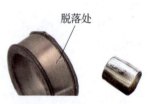

图 2-55　轴承的检查

5）检查同步器，将同步环压在各自齿轮的锥面上，按压转动同步环时要有阻力，用塞尺测量环齿与轮齿之间的间隙，通常间隙极限值不大于 0.05mm。

6）检查变速器壳体不应有裂纹，变速器轴承孔磨损过大应该更换。检查壳体接合面是否翘曲变形，其平面度误差不应大于 0.15mm，否则需要更换。

7）检查拨叉和拨叉轴。如图 2-56 所示，检查拨叉是否变形、是否磨损过度，检查拨叉轴应无明显弯曲。

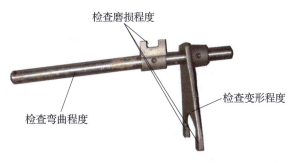

检查磨损程度

检查变形程度

检查弯曲程度

图 2-56 拨叉和拨叉轴的检查

五、手动变速器故障诊断与排除

（一）手动变速器跳档的故障原因与诊断

1. 手动变速器跳档故障现象

手动变速器的常见故障主要有跳档、乱档和挂档困难等。手动变速器跳档是汽车在加速、减速、爬坡或汽车剧烈振动时，变速杆自动跳回空档位置。

2. 手动变速器跳档故障原因

1）自锁装置的钢球未进入凹槽内，钢球或凹槽磨损严重，自锁弹簧疲劳过软或折断，造成锁止力量不足，使拨叉不能可靠地定位，如图 2-57 所示。

2）齿轮、接合齿、接合套沿齿长方向磨损成锥形或磨损过度，或挂档后齿轮未达到全齿长啮合。

3）拨叉弯曲变形，磨损过度、固定螺钉松动或变速杆变形等，使齿轮不能正常啮合。

4）轴、轴承、轴承承孔磨损严重，轴向间隙过大，或三轴式手动变速器输入轴、输出轴与中间轴不平行，或二轴式手动变速器输入轴与输出轴不平行，使齿轮不能正常啮合而上下摆动引起跳档。

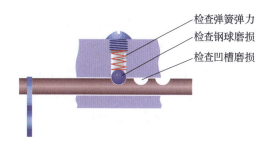

检查弹簧弹力

检查钢球磨损

检查凹槽磨损

图 2-57 检查凹槽和钢球

5）轴的花键齿与滑动齿轮花键槽磨损过度。

6）锁销式同步器锁销松动，或同步器散架。

7）变速器固定不牢固。

一汽大众捷达 020
手动变速器的检修

3. 手动变速器跳档故障诊断

1）发现手动变速器某档跳档时，将变速杆挂入该档，然后小心拆下变速器盖，取下变速器盖时要防止齿轮移动，查看齿轮或接合套啮合情况。

2）如果齿轮或接合套啮合良好，应检查锁止机构。用手推动跳档的拨叉，检查定位锁止是否正常，如果锁止不良，需拆下拨叉轴。检查定位钢球及弹簧，如弹簧过软或折断应更换。若拨叉轴凹槽磨损过度应修理或更换。

3）如果齿轮或接合套未完全啮合，用手推动跳档的齿轮或接合套能正确啮合，应检查拨叉是否弯曲或磨损过度，以及拨叉固定螺钉是否松动，拨叉端部是否磨损过大。

4）如果锁止装置良好，而齿轮或齿套又能正确啮合，则应检查齿轮是否磨损成锥形，如磨损严重应更换。

5）检查变速器轴的支撑轴承，如果轴承松旷，应更换。检查变速器轴有无异常的磨损或变形，如有异常，需要更换或维修。

6）检查同步器工作情况，如有故障应更换。

7）检查变速器固定螺栓，如松动应紧固。

4. 故障案例

一辆宝骏730汽车2档行驶时经常会跳到空档。检查换档手柄和换档拉索，正常。分解该手动变速器，检查自锁机构和互锁机构，也正常。分解齿轮组和同步器，发现2档齿轮接合齿磨损严重，检查其他齿轮和轴，没有发现异常磨损或变形。检查1、2档同步器，发现2档齿轮侧同步环磨损严重。更换1、2档同步器同步环和2档齿轮，故障排除。

（二）手动变速器乱档故障原因与诊断

1. 手动变速器乱档的故障现象

在离合器正常的情况下，变速器同时挂上两个档或挂需要档位时，结果挂入别的档位。

2. 手动变速器乱档的故障原因

1）互锁装置失效，如拨叉轴、互锁销或互锁钢球磨损过度。

2）变速杆下端与拨块凹槽接触位置磨损过大，拨叉轴上拨块的凹槽磨损过大，如图2-58所示。

3）变速杆球头定位销折断或球孔、球头磨损过于松旷。

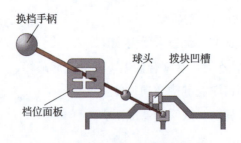

图2-58　变速杆拨块凹槽位置

3. 手动变速器乱档的故障诊断

1）挂需要档位时，结果挂入了别的档位。摇动变速杆，检查其摆转角度，若超出正常范围，则故障由变速杆下端球头定位销与定位槽配合松旷或球头、球孔磨损过大引起；变速杆摆转360°，则为定位销折断。

2）如摆转角度正常，仍挂不上或摘不下档，则故障是由变速杆下端从凹槽中脱出引起的，脱出的原因是下端弧形工作面磨损或导槽磨损。

3）如果同时挂入两个档，则故障由互锁装置失效引起。

学习任务三 自动变速器的结构原理与维修

一、自动变速器的结构

使用自动变速器的车辆没有离合器，换档自动进行，不需要踩离合器，操作便捷，但自动变速器的传动效率比手动变速器低，因此油耗会高于手动变速器。常用的自动变速器主要有电控液力自动变速器（AT）、电控机械式变速器（AMT）、电控机械无级变速器（CVT）、双离合器变速器（DCT）。

自动变速器虽然操作简便，但也使驾驶者失去操纵乐趣。手自一体变速器的出现，让驾驶者可以自由选择自己认为合适的档位和换档时机，大大提高了驾驶乐趣。手自一体变速器是在传统的自动变速器基础上，增加了一套手动换档模式以及电子保护程序，结构并没有很大变化，如不能满足汽车电脑预先设定的换档条件，电脑会阻止换档或自动纠正档位。

如图 2-59 所示，自动变速器变速杆上的锁止开关可以有效防止高速行驶中误操作，例如，防止误挂入 R 位。自动变速器变速杆操作面板上通常包括 P、R、N、D、M 位，P 位是驻车档，用于停车使用，可用于起动；R 代表倒档；N 代表空档，临时停车，可用于起动；D 代表前进档，用于正常行车；M 代表手动模式。

图 2-59　自动变速器变速杆

自动变速器变速杆 S（或 2）是低速前进档，用于湿滑路面起步，或者慢速前进时作为限制档使用，以防止频繁跳档。L（或 1）也是低速档，用于爬坡和长距离下坡。

（一）无级变速器的结构

无级变速器（CVT）的结构比传统变速器简单，体积更小，它既没有手动变速器那么多齿轮，也没有自动变速器复杂的行星齿轮组，它主要靠主、从动轮和金属带来实现速比的无级变化。CVT 能实现良好的经济性、动力性和驾驶平顺性，而且降低了排放和成本。但 CVT 承受扭力的能力较差，对于速度变化反应较慢。CVT 变速杆和普通 AT 变速杆相同。

如图 2-60 所示，无级变速器 CVT 由行星齿轮机构、无级变速机构、控制系统等组成，行星齿轮机构用于实现前进档和倒档之间的切换操作。无级变速机构主要包括主动锥盘、从动锥盘和传动钢带。

如图 2-61 所示，发动机输出的动力传递到 CVT 的主动锥盘后，主动锥盘依靠摩擦力带动传动钢带，然后传动钢带同样依靠摩擦力驱动从动锥盘，最后再由从动锥盘将动力输出。CVT 通过改变主、从动锥盘的旋转半径，就能实现对传动比的改变。

主、从动锥盘对传动钢带增大或减小压紧力，可以促使传动钢带向内或向外移动。主动固定锥盘上带有感应齿环，输出轴上也有感应齿环，用于电控单元检测其转速。

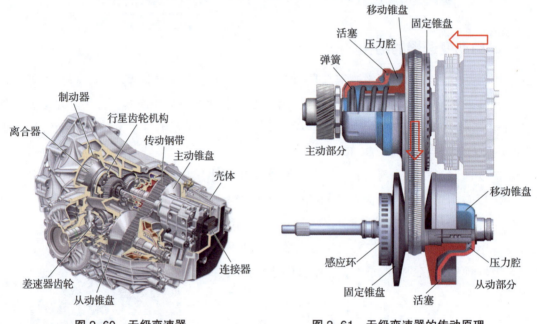

图 2-60　无级变速器　　　　　图 2-61　无级变速器的传动原理

CVT 也有行星齿轮机构，它和离合器、制动器一起用来实现前进档和倒档的功能，如图 2-62 所示。当倒档制动器工作时，行星齿轮机构的行星架被固定，太阳轮主动，齿圈从动，从而实现倒档反向传动。当前进离合器工作时，行星齿轮机构行星架和齿圈被连接在一起，行星齿轮机构作为一个整体运转，传动比为 1，转向相同。

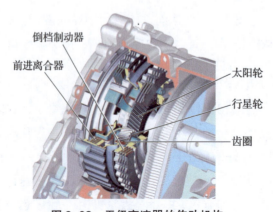

图 2-62　无级变速器的传动机构

（二）电控机械式变速器的结构

如图 2-63 所示，电控机械式自动变速器（AMT）是在手动变速器、离合器的结构基本不变的情况下，增加离合器控制装置、换档机构（包括换档位置传感器、选档位置传感器、选档电动机、换档电动机）、电控单元 ECU 等电子控制系统，通过电子控制系统，来实现自动换档变速。

AMT 没有 P 位，它比手动变速器操作简单，操控类似于自动档；相对于自动档，它又有着较高的传动效率，跑起来比较省油。AMT 的缺点是行驶中顿挫感强烈，舒适性较低。

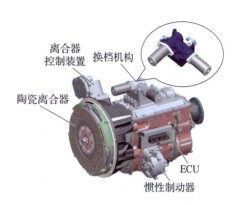

图 2-63 AMT

AMT 采用电动执行器或电控液压执行器，AMT 控制计算机通过执行器执行实现选档、换档和离合器的分离接合。离合器由离合器控制装置控制，通过电控液压执行器或电动机推动离合器拨叉完成离合器的分离和结合。换档执行机构执行电控单元的指令，完成变速器中档位的变换，包括选档和换档两个电动机，分别执行选档和换档的动作。

AMT 惯性制动器用于升档时对变速器轴进行减速，坡道辅助起步以及选档时对输入轴的制动。例如，在坡道停车起步时，松开制动踏板后，控制系统会通过惯性制动器，保持对整车 3s 的制动，给驾驶者足够的时间转换到加速踏板，防止车辆在坡道上溜车。

AMT 的齿轮传动机构如图 2-64 所示，其基本结构和手动变速器类似。例如，1 档动力传递路线为输入轴→输入轴常啮合齿轮→中间轴常啮合齿轮→中间轴→中间轴上 1 档主动齿轮→输出轴上 1 档从动齿轮→输出轴上 1、2 档接合套及花键毂→输出轴。

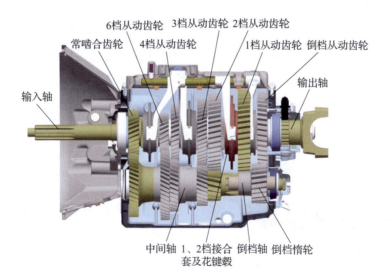

图 2-64 AMT 齿轮传动机构

（三）双离合器变速器的结构

双离合器变速器（DCT）可以媲美手动变速器的高效率和极快的换档速度，燃油经济性高，能承受较大转矩，但操作时可能会出现顿挫等现象。双离合器变速器现在已经广泛用于汽车领域，它主要适合更加看重运动和驾驶乐趣的顾客。很多双离合器变速器变速杆，在操作面板 D 字旁有"＋""－"符号，操纵变速杆向右可以切换到手动模式。

如图 2-65 所示，双离合器变速器跟手动变速器不同，它有两个离合器，离合器有干式和湿式两种。干式离合器摩擦片相互接合可以带来最直接的传递效率，但它也更容易发热，适合功率小的发动机。湿式双离合器有很好的调节能力，能够传递较大的转矩。双离合器变速器少了液力变矩器，简化了系统结构，提高了传动效率，油温更低。变速器内部省略了多个换档用的制动器和离合器，减少了密封件和漏油点。

图 2-65 双离合器变速器的结构

如图 2-66 和图 2-67 所示，双离合器变速器的两个离合器各连接一根输入轴，其中一根输入轴负责 1、3、5 奇数档，另一根输入轴负责 2、4、6 偶数档和倒档。双离合器变速器换档和离合操作都是通过控制计算机实现。计算机进行自动换档逻辑控制，并发令使换档电磁阀动作，完成档位的自动转换。双离合器变速器液压部分包括油泵、油路板、液压换档滑阀、双离合器和三个同步器的液压缸。

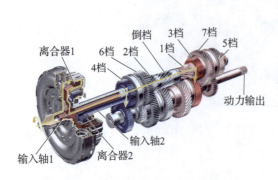

图 2-66 双离合器变速器动力传递方式

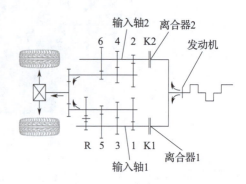

图 2-67 双离合器变速器原理图

双离合器变速器换档过程省去了挂入档位的时间，这种换档方式就像接力赛一样，当一个档位运作时，另一个档位已经在等待了，所以换档速度相当地快。例如，变速器处于1档时，连接1档的离合器与变速器接合，计算机根据汽车速度和转速对换档意图做出判断，预见性地控制另一个离合器与2档齿轮组相连，但仅处于准备状态，尚未与发动机动力相连。1档升2档时，连接1档的离合器断开，连接2档的离合器与发动机接合。

（四）电控液力自动变速器的结构

如图2-68所示，电控液力自动变速器（AT）由液力变矩器、行星齿轮机构、液压控制系统、电子控制系统、冷却滤油装置等组成。液力变矩器位于变速器前端，它将发动机的动力传给行星齿轮机构，并起到控制动力接合、改变转矩及转速的作用。行星齿轮机构可以改变转矩和转速，它包括输入轴、输出轴、行星齿轮组等部分。液压控制系统包括离合器、制动器、油泵等元件。

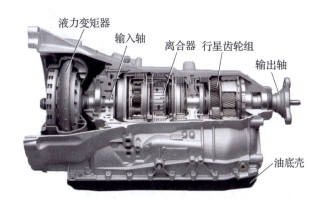

图2-68　电控液力自动变速器的组成

1. 液力变矩器的结构

自动变速器采用了液力变矩器，它除了具有离合器的作用，还可以利用液体流速传递转矩、无级变速，液力变矩器壳体还可以驱动油泵。如图2-69所示，液力变矩器由泵轮、导轮、涡轮和锁止离合器等组成。锁止离合器主动部分与变矩器壳体相连，从动部分与涡轮相连，当高速时，锁止离合器主动、从动部分接合，液力变矩器变为机械传动，传动效

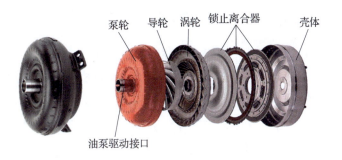

图2-69　液力变矩器的结构和组成

率等于 1。液力变矩器壳体连接发动机飞轮，并从飞轮处获得动力。如图 2-70 所示，液力变矩器的工作原理类似两个利用空气管道连接的风扇，右边未连接电源的风扇，其叶片受到左侧通电风扇吹出气流的作用也可以输出转矩。

在泵轮和涡轮的转速差较大的情况下，由涡轮甩出的自动变速器油（ATF）以逆时针方向冲击导轮叶片，此时导轮被单向离合器固定不动，如图 2-71 所示，导轮上特殊形状的叶片使得 ATF 改变为顺时针方向流回泵轮，泵轮再将来自发动机和从涡轮回流的能量一起传递给涡轮，使涡轮输出转矩增大。

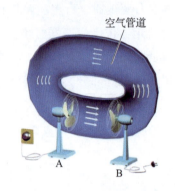

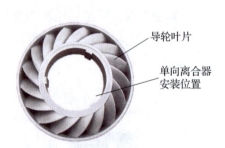

图 2-70　液力变矩器工作原理　　　　　图 2-71　导轮

2. 行星齿轮机构的工作原理

液力变矩器变矩作用小，不能满足行驶要求。行星齿轮机构能实现传动比的进一步变化，以提高增矩作用。变速器内有几组行星齿轮来实现不同的档位，一组行星齿轮机构由太阳轮、齿圈、行星架和行星轮组成，其结构和原理如图 2-72 所示。

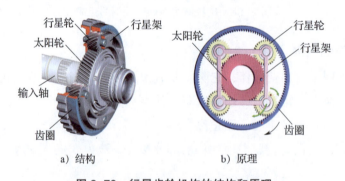

a）结构　　　　　　　　b）原理

图 2-72　行星齿轮机构的结构和原理

行星齿轮机构有多种传动方式，例如，齿圈固定，太阳轮主动，行星架被动，此种组合为降速传动，传动比一般为 2.5~5，转向相同。行星齿轮机构还可以把三个元件中任意两个元件通过离合器接合为一体，例如，把行星架和齿圈接合为一体作为主动件，太阳轮为从动件，或者把太阳轮和行星架接合为一体作为主动件，齿圈作为从动件，这种情况行星轮间没有相对运动，作为一个整体运转，传动比为 1，转向相同。汽车上常用此种组合方式组成直接档。

3. 液压控制系统的工作原理

自动变速器的自动控制是靠液压控制系统来完成的，液压控制系统由动力源、执行机构和控制机构三个部分组成。

自动变速器电子控制系统收集发动机节气门、车速等信号，然后对液压系统电磁阀进行控制，进而控制液压控制系统的离合器和制动器，实现对档位的控制。自动变速器离合器、制动器、单向离合器属于换档执行机构，离合器用于接合或分离两个元件，制动器用于固定某个元件。

如图 2-73 和图 2-74 所示，自动变速器中所用的离合器为湿式多片离合器。它通常由活塞、回位弹簧、钢片、摩擦片、离合器毂等组成。当活塞左腔有油压时，活塞克服回位弹簧力的作用右移，将摩擦片与钢片压紧，离合器接合产生摩擦力，动力从输入轴传递到输出轴。变速器控制油压就能对离合器和制动器进行控制，离合器和制动器工作，实现档位变换。

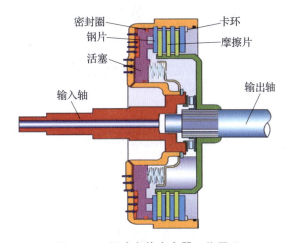

图 2-73　湿式多片离合器工作原理

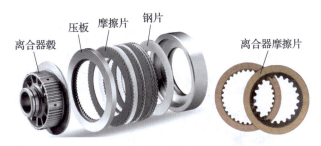

图 2-74　湿式多片离合器的组成

制动器的作用是将行星排中的某一元件加以固定，使之不能转动。目前，常见的是带式制动器和片式制动器。片式制动器的工作原理和湿式多片离合器基本相同，但片式制动鼓是固定在自动变速器壳体上的，当制动器工作时，与制动器鼓相连的行星排某一元件被固定住而不能转动。

带式制动器由制动带、制动鼓、活塞、推杆等组成，如图 2-75 所示。制动鼓与行星排的某一基本元件连接，并随之一起转动。当液压油压力推动活塞时，活塞克服弹簧弹力使推杆伸出，将制动带压紧在制动鼓上，于是制动鼓被固定住而不能旋转，此时，制动器处于制动状态。

单向离合器是依靠单向锁止原理来发挥固定或连接作用的，其固定和连接也只能单方向。当与之相连接的元件受力方向与锁止方向相同时，该元件即被固定或连接；当受力方向与锁止方向相反时，该元件即被释放或脱离连接。单向离合器结构如图 2-76 所示，单向离合器内的楔块可以保证导轮的单向锁止，即让导轮只能沿顺时针方向转动。

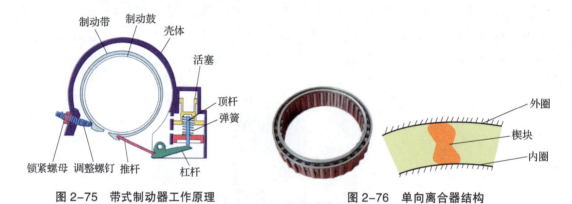

图 2-75　带式制动器工作原理　　　　图 2-76　单向离合器结构

自动变速器除了向控制机构、执行机构供给压力油以实现换档外，还给液力变矩器提供冷却补偿油，向行星齿轮机构供给润滑用油。常见的自动变速器油泵为内啮合齿轮泵，其结构如图 2-77 所示，发动机运转时，变矩器壳体后端轴套驱动主动齿轮顺时针运转，主动齿轮带动从动齿轮顺时针方向旋转。在吸油腔，因齿轮不断退出啮合，容积增大，形成真空吸油；在压油腔，因齿轮不断进入啮合，容积减小，将 ATF 压出。

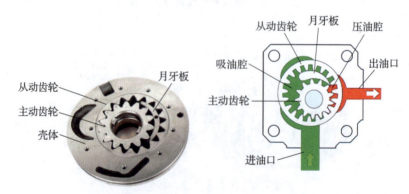

图 2-77　内啮合齿轮泵结构

如图 2-78 所示，控制机构包括液压控制阀和电磁控制阀，电磁控制阀受自动变速器电控单元的控制，液压控制阀包括主油路调压阀、手动阀、换档阀等。液压控制阀和电磁控制阀基本都是安装在自动变速器下方油底壳的内阀板上。如图 2-79 所示，调速阀根据车速来调节油压，车速越快油压越高。变速杆连接到手动阀。根据所选的齿轮，手动阀供应抑制相应齿轮的液压回路。换档阀将带压力的自动变速器油（ATF）供应到离合器和制动器，达到换档的目的。

图 2-78 自动变速器阀板

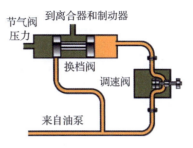

图 2-79 简单换档回路

4. 电子控制系统的工作原理

自动变速器电子控制系统包括电子控制单元、节气门位置传感器、冷却液温度传感器、车速传感器、电磁控制阀等。电子控制系统根据车速和发动机负荷，自动控制变速器换档时机和液力变矩器锁止时机，使汽车获得良好的动力性和燃油经济性。除此以外，电子控制系统还有失效保护功能和故障自诊断功能。

5. 冷却滤油装置的工作原理

自动变速器的专用润滑油简称 ATF，ATF 一般为红色，如图 2-80 所示。液力变矩器在传递动力的过程中，因传动效率低，从而使部分能量转换为 ATF 的热能，会使 ATF 的温度急剧升高。油温过高，会使油液变质，缩短其使用寿命。因此，ATF 需要冷却，自动变速器 ATF 冷却器位于发动机前端散热器的附近。自动变速器滤网在油底壳，可以过滤油液中的杂质。

图 2-80 自动变速器专用润滑油（ATF）

二、自动变速器的工作原理

自动变速器通常有多排行星齿轮机构，如图 2-81 所示，丰田 A341E 自动变速器采用了 3 排行星齿轮机构，分别是超速行星排、前行星排和后行星排，前行星排和后行星排共

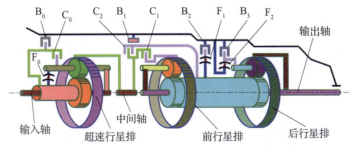

图 2-81 丰田 A341E 自动变速器动力传动示意图

辛普森式自动变速器的工作原理

用一个太阳轮，丰田 A341E 有四个前进档和一个倒档，四档是超速档。丰田 A341E 自动变速器各执行元件功能表见表 2-1，各档位工作情况见表 2-2。

表 2-1　丰田 A341E 自动变速器各执行元件功能表

	零部件名称	功能
C_0	O/D 档 – 直接档离合器	连接超速档太阳齿轮和超速档行星架
C_1	前进档离合器	连接输入轴和前齿圈
C_2	高档 – 倒档离合器	连接输入轴和前、后太阳轮
B_0	O/D 档制动器	防止超速太阳轮转动
B_1	2 档惯性制动器	防止前、后太阳轮转动
B_2	2 档制动器	防止 F1 的外圈转动，以防止前、后太阳轮逆时针方向转动
B_3	1 档 – 倒档制动器	防止后行星架转动
F_0	O/D 档单向离合器	当变速器开始被发动机驱动时，该离合器连接超速档太阳轮和超速档行星架
F_1	1 号单向离合器	当 B_2 工作时，此离合器防止前、后太阳轮逆时针转动
F_2	2 号单向离合器	防止后行星齿轮支架逆时针方向转动

表 2-2　丰田 A341E 自动变速器各档位工作情况

档位	执行机构									
	C_0	F_0	B_0	C_2	C_1	B_1	B_2	B_3	F_1	F_2
R	○	○		○				○		
D1	○	○			○					○
D2	○	○			○		○		○	
D3	○	○			○		●		●	
D4		○	○		○		●		●	
2（1）	○	○								○
2（2）	○	○			○	○	●		●	
L（1）	○	○						○		

注：○表示执行机构作用；●表示执行机构作用但不影响该档位。

1. D1 档动力传动路线

在 D1 档时 1 号电磁阀接通，2 号电磁阀不接通，以下执行器工作：O/D 档 – 直接档离合器 C_0、O/D 档单向离合器 F_0、前进档离合器 C_1、2 号单向离合器 F_2，其传动路线如图 2-82 所示。O/D 档 – 直接档离合器 C_0 和 O/D 档单向离合器 F_0 工作将超速排的太阳轮和行星架相连，此时超速行星排成为一个整体，超速行星排输入轴的动力顺时针传给超速行星架和超速齿圈，超速齿圈将动力传给中间轴。前进档离合器 C_1 工作，它将动力传给前排齿圈。

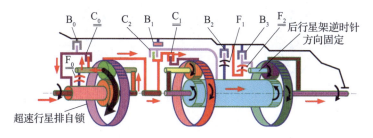

图 2-82　丰田 A341E 自动变速器 D1 档动力传动示意图

此时动力分两种情况传递：前行星架和驱动轮相连，起步前转速为零。前排行星轮顺时针自转，公用太阳轮逆时针转动，由于 2 号单向离合器 F_2 锁死后行星架，所以后行星轮顺时针自转，后齿圈顺时针转动，将动力传递给输出轴。变速器的前排行星轮与后排行星轮同时起作用，D1 的传动比是 2.53。

2. D2 档动力传动路线

在 D2 档时 1 号电磁阀接通，2 号电磁阀也接通，以下执行器工作：O/D 档 – 直接档离合器 C_0、O/D 档单向离合器 F_0、前进档离合器 C_1、1 号单向离合器 F_1、2 档制动器 B_2，其传动路线如图 2-83 所示。

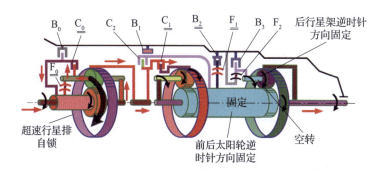

图 2-83　丰田 A341E 自动变速器 D2 档动力传动示意图

D2 档时超速行星排的工作情况和 D1 档时相同，中间轴将动力传给前进档离合器 C_1、前排齿圈，此时由于 2 档制动器 B_2 和 1 号单向离合器 F_1 的共同作用，共用太阳轮被固定，前排齿圈将动力传给前排行星架及输出轴。

3. D3 档动力传动路线

在 D3 档时 1 号电磁阀不接通，2 号电磁阀接通，以下执行器工作：O/D 档 – 直接档离合器 C_0、O/D 档单向离合器 F_0、前进档离合器 C_1、2 档制动器 B_2、高档 – 倒档离合器 C_2，其传动路线如图 2-84 所示。

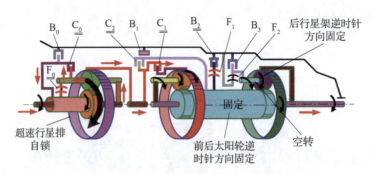

图 2-84　丰田 A341E 自动变速器 D3 档动力传动示意图

在 D3 档时超速行星排的工作情况和 D1 档时相同。由于前进档离合器 C_1 和高档 - 倒档离合器 C_2 同时结合，中间轴连接公用太阳轮、前排内齿圈，所以前排内齿圈、公用太阳轮、前排行星架作为一个整体运转，中间轴将动力传给前行星排，前行星排中行星架将动力传给输出轴。此时 2 档惯性制动器 B_1 虽然接合，但由于单向离合器的作用，对顺时针旋转的太阳轮没有约束作用，因此对 D3 档传动比没有影响。

D3 也被称为直接档，在 D3 档行驶时，超速行星排和前行星排中各自都有两个基本零件相互连接，从而使之成为 1 个整体而旋转，故 D3 档的传动比为 1。

4. 超速（O/D）档动力传动路线

在 O/D 档时 1 号电磁阀和 2 号电磁阀都断开，以下执行器工作：O/D 档制动器 B_0、前进档离合器 C_1、2 档惯性制动器 B_1、高档 - 倒档离合器 C_2，其传动路线如图 2-85 所示。此时 2 档惯性制动器 B1 的工作情况和 D3 档时相同。

动力传给超速输入轴后，超速输入轴将动力传递给超速行星架，由于 O/D 档制动器 B_0 工作使超速太阳轮被固定，超速行星架将动力传给超速齿圈和中间轴。前后排行星轮在 O/D 档的传动情况和 D3 档时相同。

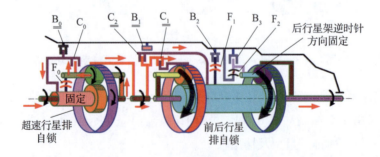

图 2-85　丰田 A341E 自动变速器超速档动力传动示意图

5. 倒档动力传动路线

自动变速器在倒档（R 位）时，执行元件 O/D 档 - 直接档离合器 C_0、O/D 档单向离合器 F_0、高档 - 倒档离合器 C_2、1 档 - 倒档制动器 B_3。

在倒档时，超速行星排的工作情况和 D1 档的情况相同，超速齿圈将动力传给中间轴，由于高档－倒档离合器 C_2 接合，中间轴将动力通过高档－倒档离合器 C_2 传给公用太阳轮，由于 1 档－倒档制动器 B_3 接合，后行星架被固定，后行星轮逆时针自转，后排齿圈连接输出轴输出动力。

6. S 位和 L 位的工作情况

S1 与 D1 工作情况完全相同，S2 档与 D2 基本相同，其区别在于 S2 档时，2 档制动器 B_2 和 2 档惯性制动器 B_1 和 1 号单向离合器 F_1 共同起作用，从而使公用太阳轮顺时针和逆时针双方向固定，这样可以保证 S2 档在滑行时具有发动机制动作用。

在 L 位时变速器只有 1 档工作，即 L1 档，L1 档和 D1 档工作情况基本相同，其区别在于 L1 档工作时，1 档－倒档制动器 B_3 与 2 号单向离合器 F_2 共同作用，从而使后排行星架顺时针和逆时针双方向固定，保证在 L1 档滑行时车辆具有发动机制动作用。

7. P 位工作情况

当操纵手柄位于该位置时，自动变速器将机械地锁止输出轴，使驱动轮不能转动，防止汽车移动，如图 2-86 所示，同时换档执行机构使自动变速器处于空档状态。该位置可以起动发动机。当操纵手柄移开该位置时，停车锁止机构即被释放。当操纵手柄位于 N 位置时，自动变速器处于空档状态。此位置可以起动发动机，此时发动机的动力虽输入自动变速器，但只能使之空转，输出轴无动力输出。

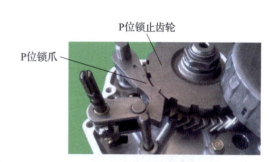

图 2-86　P 位锁止齿轮和锁爪

三、自动变速器拆装注意事项

1）自动变速器发生故障，需要根据故障现象进行检测，只有确认故障原因，才可以进行拆卸检修。

2）拆卸自动变速器时，可以借助于类似图 2-87 所示的拆装台，所有零件应按顺序放好，以利于装复。特别是分解阀体总成时，上面的阀门应与弹簧放在一起，必要时做标记及记录。

3）对自动变速器外部进行彻底清洗，以防污物造成精密配合副的卡滞而引发故障。

4）对分解后的自动变速器各零件进行彻底清洗，各油道、油孔、特别是液压控制阀体上油道等用压缩空气吹通，确保不被堵塞。

5）更换新的摩擦片时，在装配前须将其放入 ATF 中浸泡 15min 以上，原有的摩擦片也须浸泡 10min 左右，再进行组装。

6）所有密封圈、旋转件和滑动表面，在装配前都必须要涂抹自动变速器油。

7）所有滚针轴承与座圈滚道都应有正确的位置和方向。

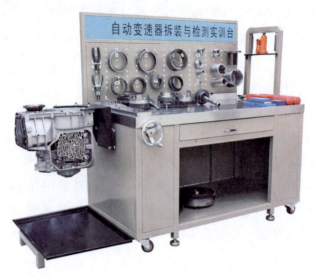

图 2-87　自动变速器拆装台

四、自动变速器的检修

1. 自动变速器油位检查

检查油位前，需使发动机和变速器处于正常工作温度（70~80℃）下。

1）将车辆停放在水平地面上，并施加驻车制动。

2）在发动机怠速且制动踏板踩下的情况下，将变速杆换到从 P 位至 L 位的所有位置，然后回到 P 位。

3）拉出机油尺并将其擦干净。

4）将机油尺完全推回到油管中。

5）再次拉出机油尺，并检查液位是否在 HOT 范围内，如图 2-88 所示。

如果液位低于 HOT 范围，加注新机油并重新检查液位。如果液位超过 HOT 范围，排放一次，添加适量的新机油并重新检查液位。

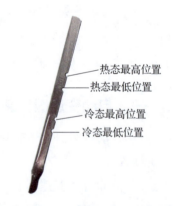

热态最高位置
热态最低位置
冷态最高位置
冷态最低位置

图 2-88　自动变速器油位的检查

// 思 政 //

新中国第一辆汽车。

　　新中国的第一辆汽车是解放牌汽车，名字为 CA10 货车。于 1956 年 7 月 13 日诞生，是中国生产的第一辆解放牌汽车，也是新中国的第一辆汽车。

2. 档位开关的检查

自动变速器档位开关位置结构如图 2-89 所示，它也叫多功能开关，它将档位的信息传给自动变速器控制单元，控制倒车灯的开启，制止起动机在行驶状态时啮合，并锁住变速杆。

1）拉紧驻车制动器，将点火开关置于 ON 位置。

2）踩下制动踏板，检查并确认当变速杆在 N 或 P 位时发动机能起动，而在其他位置时不起动。

3）检查并确认当变速杆在 R 位时倒车灯点亮，倒档警告蜂鸣器鸣响，但在其他位置不起作用。

4）断开档位开关的插接器，根据图 2-90 测量各个端子的导通情况。

图 2-89 档位开关

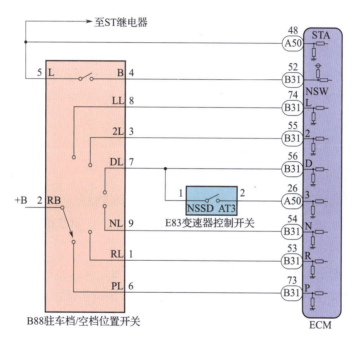

图 2-90 档位开关电路图

3. 油泵的检查

1）如图 2-91 所示，检查油泵时，需要检查油泵主、从动齿轮的间隙，标准间隙为 0.07~0.15 mm。

2）检查油泵泵体间隙，标准间隙为 0.10~0.15 mm，如果泵体间隙大于最大值，则更换机油泵体分总成。

3）用钢直尺和塞尺测量这两个齿轮的侧隙，标准侧隙为 0.02~0.05mm，如果侧隙大于最大值，则更换主动齿轮、从动齿轮或泵体。

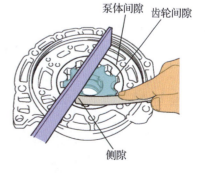

图 2-91 检查油泵

4. 离合器的检查

离合器总成分解后对每个零件进行清洗和检查，如离合器鼓、花键毂、离合器片、压盘等是否磨损严重、变形，回位弹簧是否断裂、弹性不足，单向球阀是否密封良好等，必要时更换零部件和总成。离合器装配后要检查离合器的间隙，装配间隙为 0.6~1.0mm，制动器的检查方法和离合器的检查类似，不再赘述。

五、自动变速器的故障诊断与检修

（一）自动变速器打滑的故障原因与诊断

1. 自动变速器打滑的故障现象

车辆起步时，驾驶人踩下加速踏板，此时发动机转速升高很快但车速升高缓慢。车辆在平路行驶时故障不明显，但上坡或急加速无力。

2. 自动变速器打滑的故障原因

1）变速器漏油或油变质导致液压油不足。

2）离合器或制动器的摩擦片严重磨损或烧焦，制动带严重磨损或烧焦。

3）自动变速器油泵损坏等原因导致油压不足。

4）单向离合器严重磨损或散架等原因，导致单向离合器打滑。

5）离合器活塞密封圈损坏，导致漏油。

3. 自动变速器打滑的故障诊断与检修

1）检查 ATF 油面高度和品质。如果油面过低，应检查是否漏油。如果油面过高，先调整至正常后再做检查。如果 ATF 呈棕黑色或有烧焦味，说明摩擦片或制动带有烧焦，应拆修自动变速器，检查故障的原因。

2）路试检查出现打滑的档位。汽车行驶时，将变速杆挂入不同的位置，如果升至某一档位时发动机转速突然升高，但车速没有相应地提高，即说明该档位打滑。

3）检查自动变速器的主油路油压，若主油路油压正常，一般只要更换磨损或烧焦的摩擦元件。若主油路油压不正常，相应地对油泵或阀板进行检修，并更换自动变速器的所有密封圈和密封环。

4. 故障案例

一辆凯美瑞 2.0 的车主反映车辆起步太慢，发动机提速很快，但车辆提速太慢。怀疑自动变速器打滑，试车，车辆起步后正常行驶时，感觉正常。使用 R 位起步也正常，停车检查 ATF 油质、油量，正常。怀疑 D1 工作的离合器打滑，拆解自动变速器，发现 C1 离合器间隙过大，摩擦片表明光滑。更换 C1 离合器摩擦片后，故障排除。

（二）汽车不能行驶的故障原因与诊断

1. 汽车不能行驶的故障现象

不管自动变速器变速杆处于前进档 D 位、前进低档 S 位或 L 位，或倒档，汽车都不能行驶，或是冷车能行驶，但热车不能行驶。

2.汽车不能行驶的故障原因

1）自动变速器油量不足。

2）ATF 太脏或其他原因导致主油路堵塞，密封圈损坏或其他原因导致严重泄漏。

3）油泵损坏，不能建立油压。

4）手动阀保持在空档或停车档位置。

3.汽车不能行驶的故障诊断与排除

1）检查自动变速器内有无液压油。如果严重缺少液压油，应检查原因。

2）检查变速杆与手动阀摇臂之间的连杆或拉索有无松脱。如有松脱，应予以装复，并重新调整好变速杆的位置。

3）拆下主油路测压孔上的螺塞，起动发动机，将变速杆拨至前进档或倒档位置，检查测压孔内有无液压油流出。若测压孔内有大量 ATF 喷出，说明主油路油压正常，故障出在自动变速器中的输入轴、行星齿轮排或输出轴，应拆检自动变速器。若测压孔内没有大量 ATF 喷出，说明自动变速器油泵损坏或油路故障。

学习任务四 分动器的结构原理

一、四轮驱动方式的种类

采用四轮驱动方式的车辆安装了分动器，分动器可以将变速器输出的动力分配到前、后驱动桥。因此，四轮驱动车辆的四个车轮都有独立驱动力，操控及抓地力均衡良好，更易在泥泞路面和崎岖不平的路面脱困。四轮驱动车辆可以提高轿车的操控性，增强越野车的通过性。但是，由于每个车轮都会承担动力输出，所以费油那是必然的，同时，四轮驱动系统结构复杂，保养和维修费用较高。汽车四轮驱动方式又可以分为分时四驱、全时四驱和适时四驱三种类型。

分时四驱是驾驶者根据路面情况，如图 2-92 所示，通过操作 2WD 和 4WD 选择器来

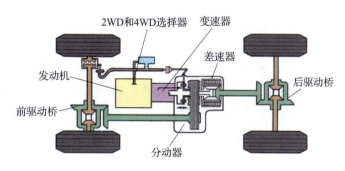

图 2-92 分时四驱

接通或断开分动器来变换两轮驱动或四轮驱动。分时四驱平常只利用前轮或是后轮的四轮驱动来行驶，在积雪或石砾路面上能切换成四轮驱动来行驶，也叫选择四轮驱动。这也是越野车或四驱 SUV 最常见的驱动模式。

全时四驱车辆结构如图 2-93 所示，这种车辆在整个行驶过程中一直保持四轮驱动，发动机输出转矩以固定的比例分配到前后轮，这种驱动模式能随时拥有较好的越野和操控性能，但不能够根据路面情况做出转矩分配的调整，并且油耗较高。适时四驱车辆只有在适当的时候才会转换为四轮驱动，而在其他情况下仍然是两轮驱动的驱动系统。控制系统会根据车辆的行驶路况自动切换为两驱或四驱模式。

图 2-93 全时四驱

二、分动器的工作原理

分动器将变速器输出的动力分配到前、后驱动桥，并且进一步增大转矩。分动器可以采用链条传动，也可以采用齿轮传动，如图 2-94 和图 2-95 所示。分动器输入轴与变速器的输出轴相连，分动器通常有两根输出轴，分别与前、后驱动桥连接。

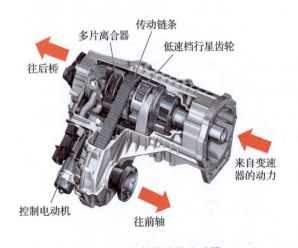

图 2-94 链条传动的分动器

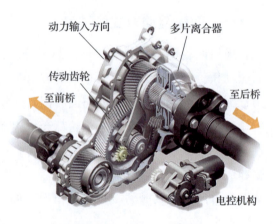

图 2-95 齿轮传动的分动器

很多车辆的四轮驱动系统采用多片离合器来控制动力分配。如图 2-96 所示，分动器用计算机通过电控机构控制动力分配到前后轴的比例，这种多片离合反应速度极快，这使得其操控性能得到很大提升。正常情况下，系统按照 40∶60 的比例分配动力，当遇到复杂路况时，计算机控制液压力压合多片离合器，进而改变前后轴的动力输出分配。

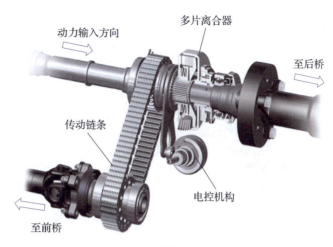

图2-96 分动器工作原理

学习任务五 万向传动装置的结构原理与维修

一、万向传动装置的结构

（一）万向传动装置的功用

在汽车传动系中，为了实现一些轴线相交或相对位置经常变化的转轴之间的动力传递，必须采用万向传动装置，例如，图2-97中主动轴的动力传到与其成一定角度的从动轴上。在传动系统，万向传动装置主要应用在以下场合：变速器与驱动桥之间；变速器与分动器之间；转向驱动桥中的主减速器与转向驱动轮之间。

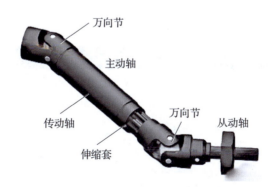

图2-97 万向传动装置作用

万向传动装置一般由万向节和传动轴组成，当传动路线较长时，万向传动装置有时还要有中间支撑装置，如图2-98所示。常见的轿车通常采用前置前驱方式，这种车辆没有中间支撑装置，也无需传动轴。

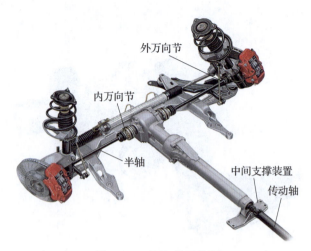

图 2-98 万向传动装置

（二）万向节

万向节能在不同轴线的轴之间传递动力，按万向节刚性大小，可分为刚性万向节和柔性万向节，柔性万向节结构如图 2-99 所示，它是依靠橡胶等弹性元件的弹性变形，来保证在相交的两轴之间传动时不发生机械干涉。常用的刚性万向节主要有十字轴式、球笼式和三枢轴式等。十字轴式刚性万向节用于发动机前置后驱的变速器与驱动桥之间，球笼式和三枢轴式万向节主要用于发动机前置前轮驱动的内、外半轴之间。

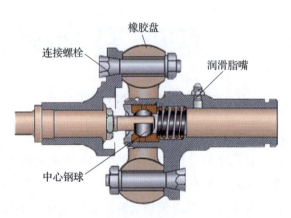

图 2-99 柔性万向节

1. 十字轴式刚性万向节

如图 2-100 所示，十字轴式刚性万向节由万向节叉、十字轴、滚针轴承、油封、套筒、轴承盖等组成。转动过程中滚针轴承中的滚针可自转，以便减轻摩擦。与输入动力连接的轴称为输入轴，经万向节输出的轴称为输出轴。

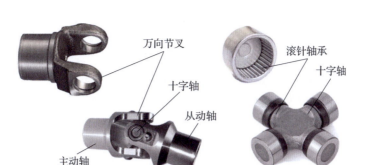

图 2-100　十字轴式刚性万向节

2. 球笼式万向节

球笼式万向节根据内、外滚道结构不同，分为伸缩式和固定式。伸缩式球笼万向节一般用于内万向节，固定式球笼万向节一般用于外万向节，如图 2-101 所示，内外万向节通过花键与传动轴连接。

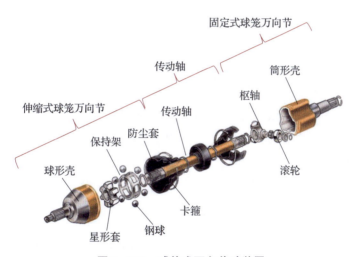

图 2-101　球笼式万向传动装置

固定式球笼万向节是外万向节，它轴向不可以伸缩，但它的摆动角度大，适应独立悬架前轮的跳动，外星轮端部为花键轴，花键轴与前轮毂配合。如图 2-102 所示，固定式球笼式万向节主要由球形壳（外星轮）、保持架（球笼）、钢球（滚珠）、星形套（内星轮）等组成。星形套以内花键与主动轴相连，其外表面有 6 条凹槽，形成内滚道。球形壳与带花键的外半轴制成一体，球形壳的内表面有相应的 6 条凹槽，形成外滚道，6 个钢球分别装在各条凹槽中，并由一保持架使之保持在一个平面内。动力由主动轴经钢球、

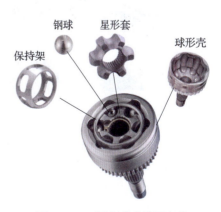

图 2-102　固定式球笼万向节

球形壳输出。

如图 2-103 所示，伸缩式球笼万向节是内万向节，它用螺栓与差速器传动轴凸缘相连接，这种万向节内外滚道是圆筒形的，在传递转矩的过程中，内外滚道可以沿轴向相对移动，故在轴向有一定的伸缩量，可以使前轮跳动时轴向长度的变化得到补偿。万向节是通过钢球传递转矩的，轴向移动阻力较小。

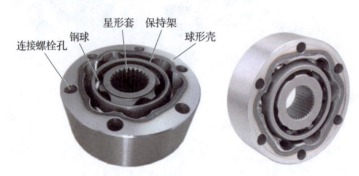

连接螺栓孔　钢球　星形套　保持架　球形壳

图 2-103　伸缩式球笼万向节

3. 三枢轴式万向节

三枢轴式万向节允许相邻两轴间有较大的夹角，它具有结构简单、体积小、质量轻等优点，因而广泛应用于越野车的转向驱动桥。如图 2-104 所示，三枢轴式万向节由筒形壳、枢轴、滚轮等组成。当筒形壳转动时，球形滚轮将带动三枢轴随其转动，而三枢轴与从动轴以花键连接，因此进而带动从动轴转动，实现动力的传递。

万向节需要使用润滑脂润滑，如图 2-105 所示，防尘套由卡箍固定在球形壳和半轴上，它可以防止灰尘、泥沙溅入万向节破坏其润滑。需要定期对万向节进行维护，更换润滑油脂，检查防尘套是否破裂，卡箍是否松动。

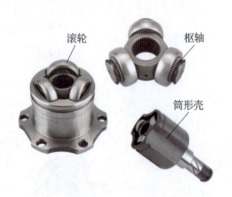

滚轮　枢轴　筒形壳

图 2-104　三枢轴式万向节

固定防尘套位置　卡箍　防尘套

图 2-105　防尘套和卡箍

（三）传动轴

发动机前置的后驱车辆，用传动轴连接变速器和后驱动桥。如图 2-106 所示，由于变速器与驱动桥之间的距离会发生变化，所以，传动轴一端设有伸缩套来调节，传动轴另一端焊有万向节叉来连接万向节。润滑脂嘴方便注入润滑脂用以润滑花键滑动部分。

传动轴中间支撑装置主要用于支撑较长的传动轴。如图2-107所示，中间支撑装置通过U形支架固定在车身底板上，中间支撑装置外面是起缓冲作用的橡胶垫，中间用于支撑传动轴的是轴承。

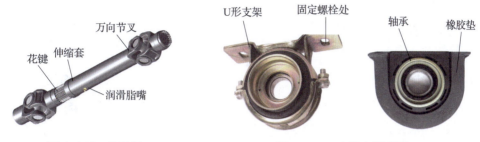

图2-106 传动轴　　　　　　　　　图2-107 中间支撑装置

半轴是差速器与驱动轮之间传递转矩的实心轴，如图2-108所示，轿车常采用断开式车桥，其半轴总成包括内万向节、半轴和外万向节，其内端一般通过花键与半轴齿轮连接，外端与车轮轮毂连接。货车常采用整体式车桥，其半轴如图2-109所示，其一端通过花键连接差速器，另一端通过凸缘用连接螺栓连接轮毂。

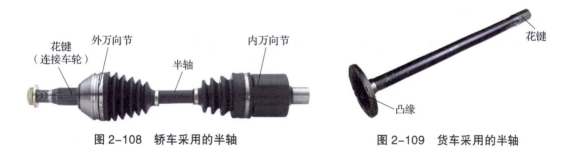

图2-108 轿车采用的半轴　　　　　　　图2-109 货车采用的半轴

二、万向传动装置的工作原理

按万向节的等速特性，可以将其分为准等速万向节和等速万向节，常见使用的是等速万向节，它又包括球笼式、球叉式和三枢轴式。

1. 固定式球笼的工作原理

固定式球笼的工作原理如图2-110所示，钢球外滚道中心A与内滚道中心B分别位于万向节中心O的两边，且与O等距离。钢球中心C到A、B两点的距离也相等。保持架的内外球面、星形壳的外球面和球形壳的内球面均以万向节中心O为球心。故当两轴交角变化时，保持架可沿内外球面滑动，以保持钢球在一定位置。

由于OA等于OB，CA等于CB，CO是两个三角形的

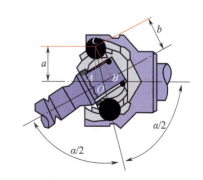

图2-110 固定式球笼的工作原理

公共边，所以两个三角形△COA 与△COB 全等。∠COA 等于∠COB，即两轴相交任意交角 α 时，传力的钢球 C 都位于交角平分面上。此时钢球中心到主、从动轴轴线的距离 a 和 b 相等，从而保证了从动轴与主动轴以相等的角速度旋转。

固定式球笼式等速万向节两轴允许交角范围较大（45°~50°），且在工作时，无论传动方向如何，6 个钢球全部传力。

2. 伸缩型球笼的工作原理

伸缩型球笼式万向节的结构如图 2-111 所示，伸缩型球笼式万向节和固定式球笼的工作原理基本相同，但它的内外滚道是圆筒形的，在传递转矩过程中，星形壳与筒形壳可以沿轴向相对移动，故可省去滑动花键。这种球笼阻力小，最适用于断开式驱动桥。伸缩型球笼式万向节适合两轴交角范围约 20°~25°，较十字轴刚性万向节相邻两轴的交角范围大。

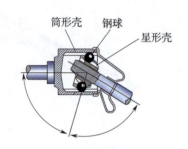

图 2-111　伸缩型球笼的工作原理

三、万向传动装置的拆装注意事项

1）使用汽油或清洗剂对零部件进行彻底的清洗，边清洗边检查，清洗后用压缩空气吹干。

2）若需要使用汽油作为清洗液，需要注意防火，需要配备灭火器。

3）不同万向节所需要的润滑脂不同，需要准备专用的润滑脂。

4）拆卸传动轴前，车辆应停放在水平的路面上，用三角块塞住车轮，防止拆卸传动轴时汽车移动造成事故。

5）装配时，涂抹润滑脂，装配转动万向节，应该灵活但不松旷。

四、万向传动装置的检修

1. 传动轴的检修

传动轴的主要损伤形式有弯曲、凹陷或裂纹等，使用 V 形架及百分表测量传动轴的径向圆跳动量，通常不能超过 1.5mm。检查传动轴不能有裂纹，空心的传动轴不能存在明显的凹瘪。

2. 十字轴式万向节的检修

检查万向节叉、十字轴是否有裂纹，是否存在明显的磨损痕迹，滚针轴承油封是否失效，滚针是否断裂，如图 2-112 所示，检查万向节十字轴与滚针轴承的配合间隙为 0.02~0.08mm，配合间隙过大，需要更换。

3. 球笼式万向节的检修

检查球笼壳上的花键是否损坏，检查螺纹是否出现明显损坏，每次拆装都必须更换轮毂的锁紧螺母,如图 2-113 所示。有的球笼上带有轮速传感器齿环,需要检查是否脏污、是否变形。检查球笼外壳、钢球、行星壳的工作表面是否出现金属剥落。

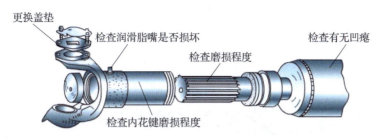

图 2-112　十字轴式万向节的检修

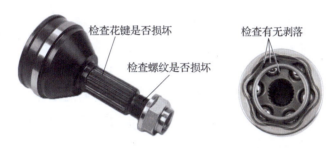

图 2-113　球笼式万向节的检修

五、万向传动装置的故障诊断与排除

1. 万向传动装置异响的故障现象

万向传动装置常见的故障现象是汽车在行程过程中发出异响,大部分汽车出现此故障现象后会在转向或急加减速时更加明显。

2. 万向传动装置异响的故障原因

车辆在维修后出现万向传动装置异响,极有可能是装配不当。车辆在正常行车时出现万向传动装置异响,其根本原因是万向传动装置的连接处磨损松旷,或传动轴弯曲等原因。具体原因包括:

1)十字轴式万向节套筒与万向节叉孔磨损松旷,或是万向节叉凸缘连接螺栓松动。

2)传动轴伸缩节花键严重磨损。

3)传动轴弯曲,传动轴平衡片失落或凹陷。

4)伸缩节未按标记安装。

5)中间支撑橡胶垫损坏、滚动轴承损坏、固定螺栓松动。

6)球笼式万向节内部缺少润滑脂,或是球笼滚珠、星形壳、筒形壳或球形壳出现了严重磨损。

3. 万向传动装置异响的故障诊断和排除

汽车行驶中产生一种连续的"呜呜"的响声,汽车速度越快响声会越大,说明是中间支撑异响。汽车起步或突然改变车速时，传动装置发出"兀兀"的声音，当汽车匀速行驶时，故障现象减弱或消失，说明是万向节响。汽车行驶中发出周期性的响声，速度越快时响声越大，严重时车身发出抖振，转向盘也有强烈的振动感，说明异响是传动轴发生了弯曲引起的。

学习任务六 驱动桥的结构原理与维修

一、驱动桥的结构

（一）驱动桥的功用

整体式（非断开式）车桥的驱动桥结构如图 2-114 所示，它是由主减速器、差速器、半轴和桥壳等组成。驱动桥壳由中间的主减速器壳和两边与之刚性连接的半轴套管组成，通过减振器、弹簧等悬架与车身或车架相连。两侧车轮安装在此刚性桥壳上，半轴与车轮不可能在横向平面内做相对运动。

断开式车桥的驱动桥结构如图 2-115 所示，这种车桥采用铰链连接，其车轮和车架相对独立，主减速器固定在车架上。驱动桥是传动系统的最后一个总成，发动机的动力传到驱动桥后，主减速器将转矩放大并降低转速，经差速器分配给左右半轴，最后通过半轴外端的凸缘传到驱动车轮的轮毂。主减速器和差速器位于桥壳内，桥壳内有润滑油脂可以对运行部件进行润滑。

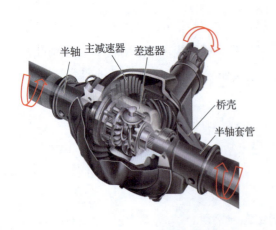

图 2-114　整体式车桥的驱动桥

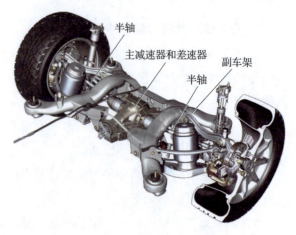

图 2-115　断开式车桥的驱动桥

（二）主减速器

前驱或后驱车辆只有前桥或后桥是驱动桥，四驱汽车的前桥和后桥都是驱动桥，如

图 2-116 所示。采用发动机前置前桥驱动形式的汽车，一般将变速器和驱动桥合为一体，布置在一个壳体内，称之为变速驱动桥，其结构如图 2-117 所示。发动机动力经过变速器变速以后，传给主减速器。主减速器增大传动力矩后将动力传递给差速器，差速器根据两侧车轮阻力，将动力分配并传给两侧连接车轮的半轴。

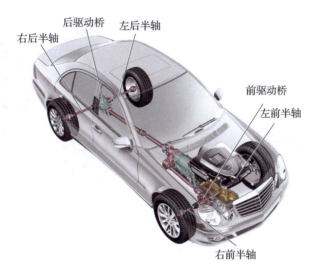

图 2-116　四轮驱动车辆驱动桥的位置

图 2-117　变速驱动桥

发动机前置后驱车辆的主减速器结构如图 2-118 所示，主减速器主要包括一个主动锥齿轮和一个从动锥齿轮，主动锥齿轮齿数较少，从动锥齿轮齿数较多，因而可以增大力矩。

采用两个锥形齿轮，可以改变动力传递方向，以便于车轮转动的需要。主减速器主动齿轮安装在壳体内，它采用两个滚轴轴承支撑。主减速器从动齿轮用螺栓安装在差速器壳体上，如图 2-119 所示。

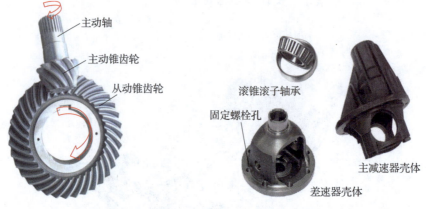

图 2-118　主减速器的工作原理　　　　图 2-119　主减速器支撑轴承及壳体

（三）差速器

如图 2-120 所示，在汽车转弯时，外侧车轮转速高于内侧车轮，如果驱动车轮间没有安装差速器，会导致内侧车轮发生"制动"现象。转弯时，左右车轮受到的阻力不一样，这时差速器行星齿轮绕着半轴公转的同时自转，从而吸收阻力差，使外侧车轮的转速可以高于内侧车轮的转速。

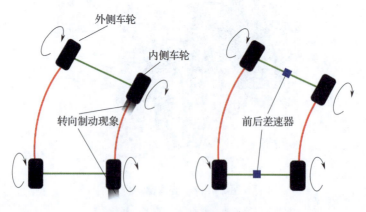

图 2-120　车辆转弯状态

差速器按其用途可分为轮间差速器和轴间差速器。轮间差速器装在同一驱动桥两侧驱动轮之间，而轴间差速器装在各驱动桥之间。无论是轮间差速器还是轴间差速器按其工作特性均可以分为普通差速器和防滑差速器两大类。普通差速器安装在差速器壳体内，主要包括半轴齿轮、行星齿轮和行星齿轮轴，如图 2-121 所示。

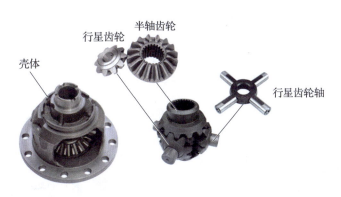

图 2-121　差速器的组成

二、驱动桥的工作原理

1. 主减速器的工作原理

主减速器的工作原理如图 2-122 所示，主减速器将来自传动轴或变速器的动力传给从动齿轮。主减速器传动比通常为 3.5~5.0，它将动力进行了再次减速，以增加转矩，之后将动力传递给差速器。

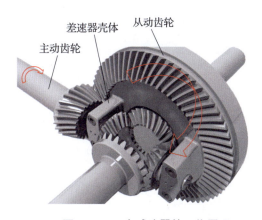

图 2-122　主减速器的工作原理

2. 普通差速器的工作原理

当汽车在平直道路上直线行驶时，两个驱动轮所受的阻力相等。如图 2-123 所示，行星齿轮不产生自转，而是与差速器壳作为一个单元一起转动。左、右半轴齿轮也是与差速器壳转动速度相同，使两个驱动轮以相同的速度转动。此时，差速器在左、右车轮阻力相同时，行星齿轮只绕半轴齿轮公转，差速器不起差速作用。

在转向时或道路不平引起车轮以不同速度转动时，差速器起到差速的作用。例如，如图 2-124 所示，在向左转向时，左侧车轮为内轮，内轮遇到的道路阻力比外轮更大，内轮转动速度比外轮慢。差速器壳和行星齿轮作为一个单元转动，行星齿轮既公转也自转，即行星齿轮沿半轴齿轮转动。因此，外侧车轮半轴上的半轴齿轮比内侧车轮半轴上的半轴齿轮转动得快，外侧车轮比内侧车轮转动得快。

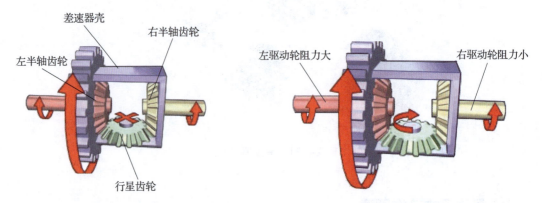

图 2-123　差速器在平直道路直行时的运转情况　　图 2-124　差速器在左转向时的运转情况

冰雪或泥沙路面，车轮可能会产生原地滑转。当右侧驱动轮因路面有冰雪等情况没有阻力或阻力特别小时，右侧驱动轮原地滑转时，如图 2-125 所示，左侧驱动轮阻力较大，左侧驱动轮会在地面保持不动。此时，差速器左侧半轴齿轮不转动，行星齿轮既公转又自转，它带动右侧半轴齿轮迅速运转。车辆因右侧车轮原地打滑，左侧车轮不转动而无法获得驱动力。

齿轮式差速器的原理

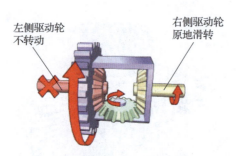

图 2-125　差速器不工作时的运转情况

3. 防滑差速器的工作原理

为了防止车辆因一侧驱动轮打滑而无法获得驱动力，有的汽车采用了牙嵌式差速器。如图 2-126 所示，当一侧车轮打滑时，差速器的差速锁把一侧半轴及半轴齿轮和差速器壳连接在一起，此时，差速器壳带动差速锁半轴齿轮作为一个整体运转，这样空转侧的动力可以传到另外一侧车轮，让车辆脱困。

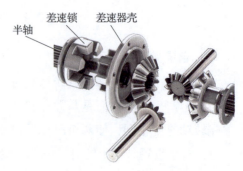

图 2-126　牙嵌式差速锁

很多中高档轿车采用托森防滑差速器，如图 2-127 所示，托森防滑差速器利用的是蜗轮蜗杆不可逆向传动的原理，实现前后轴的限滑与自锁。某个车轮出现打滑现象时，中央差速器可主动地将动力分配给附着力更好的车轴。有的车前轴配备了限滑差速器，在车辆高速过弯时，可以帮助外侧的车轮获得更多的动力，减少前驱车在高速过弯时会出现的比较明显的转向不足。四驱汽车前、后驱动桥由传动轴相连，为消除各桥驱动轮的滑动现象，在各驱动桥之间装设中央差速器。

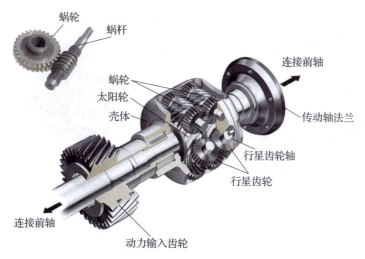

图 2-127　中央托森差速器

主减速器和差速器
拆卸与安装

行星型齿轮差速器
的原理

三、驱动桥的拆装注意事项

1）准备好接油盘，拆卸放油螺塞，将主减速器内齿轮油放入接油盘。

2）有的紧固螺栓是自动锁紧的，一经拆卸就必须更换。

3）检查十字轴与壳体及行星齿轮、差速器轴承与轴颈、半轴齿轮与差速器座孔的配合间隙。

4）驱动桥的零部件较重，小心跌落，砸伤脚部。

5）驱动桥中主减速器主动齿轮的前后圆锥滚子轴承、差速器左右轴承盖、调整螺母等不得互换，拆卸前需要仔细检查装配记号，若无记号需要重新做上标记。

四、驱动桥的检修

1. 预紧度的调整

圆锥滚子轴承结构如图 2-128 所示，它由外圈、保持架、滚锥、内圈组成，为了增大滚锥与内外圈的接触面积，在安装圆锥滚子轴承时必须使轴承滚道预先承受一定的载荷，这个载荷就是预紧力，也称为预紧度。

安装时通过调整两轴承间衬套或垫片的尺寸，其位置如图 2-129 所示，主齿轮可获得合适的预紧度。如图 2-130

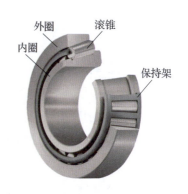

图 2-128　圆锥滚子轴承的组成

所示，通过调整差速器壳体左右两端的调整螺母，就可以调整从动齿轮的预紧度。减速器安装时必须保证支撑轴承的合适预紧力，预紧力过大会产生高温，高温会导致轴承磨损过快等现象，预紧力过小，会使轴的支撑刚度下降，进而破坏齿轮副的正常啮合，会导致齿轮磨损严重。

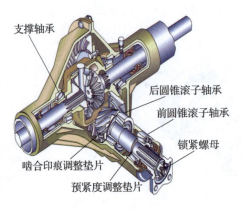

图 2-129　主动齿轮预紧度调整位置

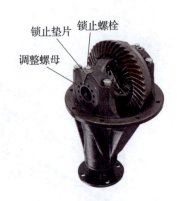

图 2-130　从动齿轮预紧度调整位置

2. 啮合印痕的调整

主减速器主动齿轮和从动齿轮啮合印痕如图 2-131 所示，啮合印痕应位于齿高的中间偏小端，并占齿宽的 60% 以上。如果啮合印痕位于齿宽方向的大端，应该增加主动齿轮和后圆锥滚子轴承之间垫片（图 2-129 所示中啮合印痕调整垫片）的厚度，反之，如果啮合过于靠近印痕齿宽方向的小端，应该减少主动齿轮和后圆锥滚子轴承之间垫片的厚度。

如果啮合印痕位于齿顶（齿高方向的顶端），应该通过调整差速器左右端调整螺母使从动齿轮靠近主动齿轮，反之，如果啮合印痕位于齿根（齿高方向的底端），应该调整差速器左右端调整螺母使从动齿轮远离主动齿轮。

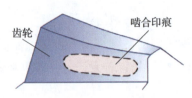

图 2-131　啮合印痕

3. 零部件的检修

1）拆卸前检查壳体是否有漏油的地方，如果有，则需要仔细检查壳体是否存在裂纹。检查轴承承孔的磨损情况，轴承外壳不能松旷。

2）主减速器主、从动圆锥齿轮的检修。齿轮工作表面不应有明显的斑点、剥落缺损或阶梯形磨损，否则应予以更换。

3）通气螺塞堵塞会导致漏油等故障，检查通气螺塞是否被污物堵塞。

4）检查轴承均应转动灵活、无卡滞。如图 2-132 所示，检查轴承外圈、内圈、滚子上有无伤痕、剥落、严重黑斑或烧损变色，检查保持架不得有缺口、裂纹或滚子脱出等现象，否则应予更换。

5）检查行星齿轮轴。分别测量行星齿轮轴的外径与行星齿轮的内径，行星齿轮轴测量直径位置如图 2-133 所示，其差值应在 0.1～0.2mm 之间，否则，应更换新件。

图 2-132　检查轴承　　　　　图 2-133　检查行星齿轮轴

6）检查止推垫圈。检查行星齿轮垫圈和半轴垫圈，如图 2-134 所示，检查止推垫圈的正面和背面，不应有过度磨损和破损现象，否则，应更换新件。

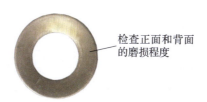

图 2-134　行星齿轮止推垫圈的检查

7）检查半轴不应有裂纹，检查半轴不应存在明显的扭曲及其他形式的变形，检查半轴上的花键，不应有过度的磨损。

五、驱动桥的故障诊断与排除

1. 驱动桥异响的故障现象

驱动桥常见的故障是行车时发出异响。有的故障车辆直线行驶时无异响，当汽车转向时驱动桥处有异响。有的故障车辆行驶时异响较大，而脱档滑行或低速时，响声消失或减弱。

2. 驱动桥异响的故障原因

1）驱动桥内润滑油不足或变质。

2）齿轮严重磨损或损坏。

3）啮合间隙过大，导致了较大的冲击。

4）半轴齿轮和半轴配合间隙大。

5）轴承配合松旷，或预紧力过大导致配合间隙小，轴承的滚子严重磨损。

6）行星齿轮和半轴齿轮不匹配，主减速器主动齿轮和从动齿轮不匹配，啮合不良。

7）差速器行星齿轮轴严重磨损或折断。

8）预紧力调整垫片、行星齿轮垫片磨薄。

3. 驱动桥异响的故障诊断与排除

1）起动发动机，挂上1档，举升车辆。可以使用类似图2-135所示的汽修用的听诊器，确定声音来源是否是驱动桥。

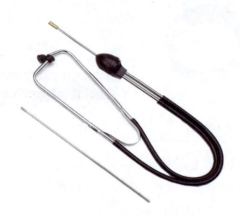

图2-135 汽修用听诊器

2）将车辆降落，把发动机熄火并将变速杆挂入空档，用手转动主动锥齿轮凸缘或是半轴凸缘，感觉间隙不应该有明显的松旷或是毫无活动的感觉，否则说明间隙过大或过小。

3）汽车行驶中，车速越高，响声越大，而滑行时响声减小或消失，一般是轴承磨损松旷或主、从动锥齿轮间隙偏大所致。

4）汽车转弯时发出异响，而低速直线行驶时响声减弱，一般是差速器行星齿轮与半轴齿轮的啮合间隙过大或半轴齿轮及键槽磨损。

5）行驶中如果驱动桥突然发生异响，多半是齿轮损坏，应立即停车，将车拖至维修厂检查。如果继续行驶，可能会引起更多的轮齿损坏。

学习任务七 新能源汽车传动系统的特点与维修

一、新能源汽车传动系统的特点

早期的新能源汽车底盘传动系统大多是经过燃油汽车底盘系统传动改造而成，现在的新能源汽车底盘传动系统基本上是专门为新能源汽车开发的，新能源汽车底盘传动系统有以下的特点。

1）混合动力发动机和电机都能单独驱动车轮，也可以同时工作，共同驱动汽车。有的混合动力汽车装有发电机，发动机和电机协同驱动汽车行驶的同时，发动机还能带动发电机为动力电池充电。如图 2-136 所示，混合动力汽车底盘传动系统和燃油汽车类似，绝大多数混合动力汽车传动系统采用具有自动变速器的传动系统，个别混合动力汽车采用具有离合器和手动变速器的传动系统。

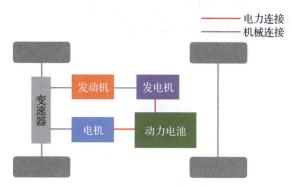

图 2-136 混合动力汽车传动系统

2）目前电动汽车大多是采用电机+单级减速机+差速器的驱动方式，即中央驱动方式。中央驱动方式的传动系统不论是前轮驱动或是后轮驱动都省去了离合器和变速器，其驱动电机和固定速比的减速器合为一体，减速器将动力经过万向传动装置传给驱动轮。

3）如图 2-137 所示，增程式混合动力汽车发动机带动发电机为动力电池充电，其底盘传动系统和纯电动汽车基本相同。

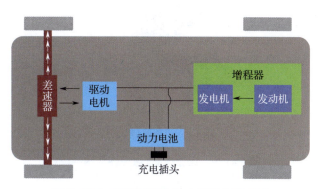

图 2-137 增程式混合动力汽车传动系统

4）采用轮毂电机的纯电动汽车传动系统的特点。采用轮毂电机的纯电动汽车其轮毂电机和车轮融为一体，轮毂电机分为外转子式和内转子式。

外转子式电机的最高转速在 1000~1500r/min，传动系统无减速装置，车轮的速度和电机相同，采用低速外转子电机，外转子就安装在车轮的轮缘上，而且电机转速和车轮转速相等，因而不需要减速装置。内转子式电机采用高速内转子电机，电机的转速可高达10000r/min，需要配备固定传动比的减速器，也称轮边减速器，如图 2-138 所示。

图 2-138　轮毂电机和减速器

二、新能源汽车传动系统的结构原理

比亚迪 E5 减速器也被称为变速器，用于将驱动电机输出高速旋转的转矩转换成推动车辆向前行进所需的力矩。减速器包括差速器和两级减速器，其原理如图 2-139 所示，其传动路线为：驱动电机→主轴→一级减速器主动齿轮（也称主轴齿轮）→副轴一级主减速器从动齿轮（也称为副轴齿轮）→副轴→二级减速器主动齿轮→二级减速器从动齿轮。

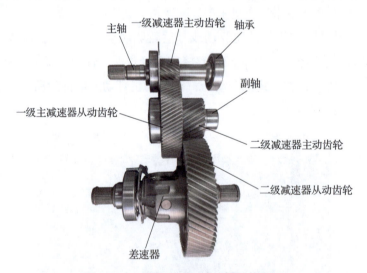

图 2-139　比亚迪 E5 减速器结构原理

// 思　政 //

2010 年 10 月，国务院发布了《国务院关于加快培育和发展战略性新兴产业的决定》，文中提到"根据战略性新兴产业的特征，立足我国国情和科技、产业基础，现阶段重点培育和发展节能环保、新一代信息技术、生物、高端装备制造、新能源、新材料、新能源汽车等产业。"

比亚迪 E5 减速器内也包括了差速器，如图 2-140 所示，该差速器和普通轿车差速器结构相同，都是由差速器壳、行星齿轮轴、行星齿轮、半轴、半轴齿轮等组成。

差速器壳

行星齿轮

半轴

行星齿轮轴

半轴齿轮

图 2-140　比亚迪 E5 差速器

三、新能源汽车传动系统拆装注意事项

拆装比亚迪 E5 减速器时，需要注意以下事项：

1）为防止减速器箱体因为拆装变形，应对角或交错拧开或拧紧用于固定减速器箱体与电机的六角法兰面螺栓，交错拧开或拧紧用于连接固定变速器前后箱体的螺栓。

2）拆装时注意检查所有固定螺栓和螺栓孔是否损坏。

3）分离减速器箱体和电机总成时，需要使用一字螺丝刀。为避免划伤箱体，使用一字螺丝刀时要用垫布（或裹胶布）的方法加以保护。

4）安装时要用润滑油润滑所有的轴承，也可以在轴承内外圈与轴、箱体座孔结合的柱面上涂抹润滑脂。

5）同样尺寸的轴承外圈与内圈不可以更换，同一轴上的圆锥滚子轴承应同时更换，轴承型号应相同。

6）拆卸时注意保管好前箱体上的磁铁槽中的磁铁，安装时要注意放入该磁铁。

7）拆装过程中注意保护半轴上的花键，可以使用软布或毛巾包裹。

8）每次拆卸油封后，无论油封是否受损，都应该更换新的。

9）有的轴上的轴承内圈很难拆下，可以用车削的方法拆下。如果使用磨削的方法，很容易伤到轴。

四、新能源汽车传动系统的维护和检修

1. 减速器的维护

比亚迪 E5 减速器采用浸油润滑方式，常用的齿轮油型号有 GL1、GL2、GL3、GL4、GL5、GL6 六种，比亚迪 E5 减速器使用 API GL4 齿轮油或 SAE 80W-90 齿轮油。对减速器维护时，可以采用以下步骤。

1）打开减速器放油螺塞和注油螺塞，如图 2-141 所示，将减速器内的润滑油排放干净，检查放油螺塞组件和 O 型圈是否完好，如果已损坏，更换完好的零件。

2）排放润滑油后，旋紧放油螺塞组件。不要拧得太紧，以免 O 型密封圈压坏。

3）从注油孔中加注 0.75~0.85L 齿轮油，观察是否有渗漏现象，如果有渗漏，将相应部位拆开，重新进行密封处理，待密封胶完全凝固后，由加油口注入润滑油。比亚迪 E5 减速器需要加入 1.8L 润滑油，加油时可以加至油液与加油口底面齐平就停止加注。最后，旋紧注油螺塞。

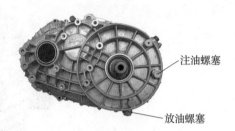

注油螺塞

放油螺塞

图 2-141　放油螺塞和注油螺塞位置

4）将变速器箱体静置，观察是否有润滑油渗漏，如果有渗漏，将相应部位拆开，重新进行密封处理。

2. 减速器的检修

1）检查轴承内圈、外圈、滚子表面是否磨损严重，检查轴承保持架是否变形，如有损坏，更换整套圆锥滚子轴承。

2）检查调整垫片是否有损坏，如果有损坏，在后箱体拆出轴承外圈时，更换同等厚度的副轴调整垫片。副轴轴承垫片和差速器使用的垫片外形相似、但厚度不同，需要注意保管和区分。

3）检查减速器前后壳体是否有裂纹或其他形式的损坏，如果有，将其更换。

4）检查减速器内各个齿轮的齿面是否存在麻点、过度磨损、拉伤等损坏，如果有，将其更换。

3. 减速器副轴和差速器调整垫片的选择

选择合适厚度垫片的目的是将支撑轴承的预紧度调整在合理的范围。选择减速器副轴和差速器调整垫片合适厚度的垫片步骤如下。

1）首先确认合箱面足够平整，如仍有胶渍请注意清除。

2）将前箱体放置在工作台上，保持前箱体合箱面向上且尽量水平。用高度尺测量副轴支撑轴承外圈端面（图中为 B 面）到合箱面（图中为 A 面）的距离，记录测量结果为 H_1，用高度尺测量二级减速器从动齿轮支撑轴承外圈端面（图中为 C 面）到合箱面（图中为 A 面）的距离，记录测量结果为 H_2。如图 2-142 所示，为测量方便，在长度合适的垫板，用游标卡尺测量垫板的厚度。计算高度时需要将 H_1 和 H_2 加上垫板的厚度，测量深度时，需要减去垫板的厚度。

3）测量时，固定高度尺的底座，二个人配合测量，一人把持住尺，并压住待测的副轴组件或者是差速器组件，对于每个组件都需要测量至少三次，最后计算平均值，测量期间转动组件并适当调整外圈角度。测量时对于同一组件的结果偏差应在 0.05mm 以内。

4）如图 2-143 所示，将后箱体放置在工作台上，保持前后箱体的合箱面向上且尽量水平。用深度尺测量副轴轴承安放轴承孔座的环面（图中为 B 面）到前后箱合箱面（图中为

A 面）的距离，记录测量结果为 D_1，用深度尺测量差速器轴承安放轴承孔座的环面（图中为 C 面）到前后箱合箱面（图中为 A 面）的距离，记录测量结果为 D_2。

选择一个合适的位置固定测量基准板。二个人配合测量，一人把持住基准板，并适当调整位置，使得测量者可以在底孔环状沿儿上测量多次。对于同一组件的结果（D_1 和 D_2 的值）偏差在 0.05mm 以内可结束测量。

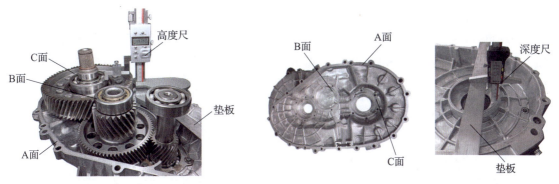

图 2-142　测量支撑轴承高度　　　　　　　　图 2-143　测量轴承安放轴承孔深度

5）确定副轴和差速器调整垫片的厚度尺寸。$i_1 = D_1 - H_1 + (0.05 \sim 0.1)$，$i_1$ 为在副轴垫片选择时，深度和高度之间的差值，即间隙。$i_2 = D_2 - H_2 + (0.05 \sim 0.1)$，$i_2$ 为在差速器垫片选择时，深度和高度之间的差值，即间隙。副轴调整垫片的组别见表 2-3，选择的范围不会超过此表内记录的范围，除非零件中有影响到组件装配的尺寸超差。

将选择好合适厚度的调整垫片放入后箱体，依此装入轴承外圈和副轴组件及差速器壳体组件。

表 2-3　副轴调整垫片标记和厚度

序号	厚度 /mm	序号	厚度 /mm	序号	厚度 /mm
1	0.60	7	0.90	13	1.20
2	0.65	8	0.95	14	1.25
3	0.70	9	1.00	15	1.30
4	0.75	10	1.05	16	1.35
5	0.80	11	1.10	17	1.40
6	0.85	12	1.15	18	1.45

行驶系统是汽车底盘的重要组成部分，它将汽车构成一个整体，并支撑汽车的总质量。行驶系统功用是接收传动系的动力，通过驱动轮与路面的作用产生牵引力，使汽车正常行驶；承受汽车的总重量和地面的反力；缓和不平路面对车身造成的冲击，衰减汽车行驶中的振动，保持行驶的平顺性；与转向系统配合，保证汽车操纵稳定性。

行驶系统由车架（或承载式车身）、车桥、车轮和悬架等组成，如图 3-1 所示，其中，车架或承载式车身是全车装配的基体，将整车有机地连接为整体，并承受汽车的载荷。车桥用于连接左右车轮，承受并传递由车轮传来的载荷。车轮用于支撑整车，连接车身与地面。悬架将汽车行驶过程中车轮产生的力和力矩，传递到车架。

图 3-1　行驶系统

学习任务一　车架的结构与维修

一、车架的结构

车架是跨接在汽车前后车桥上的框架式结构，俗称大梁，是汽车的基体。车架将各总成固定在上面，如发动机、变速器、驱动桥和悬架等，并使之保持正确的相对位置，同时也承受和传递力和力矩，如图 3-2 所示。车架要具有足够的强度、合适的刚度，尽量轻的重量。应该满足相关操作机构的布置要求。如果车架离地面近，则汽车重心低，有利于稳定行驶。

目前，按照车架纵梁和横梁的结构特点，汽车车架的结构形式基本上有边梁式、中梁式、综合式和无梁式（承载式车身）四种。

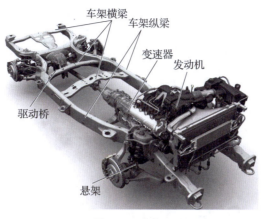

图 3-2　车架

1. 边梁式车架的结构

　　边梁式车架的结构非常简单，边梁式车架由两根位于两边纵梁和若干根横梁组成，用铆接法或焊接法将纵梁与横梁连接成坚固刚性构架，如图 3-2 所示。纵梁常用低碳合金钢钢板冲压而成，其断面多为槽形，也有的制成箱形断面，如图 3-3 所示。纵梁可以制成水平面内或纵向垂直平面内弯曲的形状。这种车架的优点在于结构简单，生产工艺要求较低，能够提供很强的承载能力和抗扭强度。边梁式车架多用于大载重量的货车、中大型客车，以及对车架刚度要求很高的越野车，很多越野性能特别好的汽车多采用这类结构。

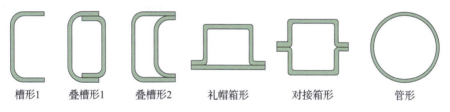

槽形1　　叠槽形1　　叠槽形2　　礼帽箱形　　对接箱形　　管形

图 3-3　车架纵梁断面形状

2. 中梁式车架的结构

　　中梁式车架主要由一根贯穿于中央的纵梁和若干横向悬伸托架构成，亦称为脊骨式车架，如图 3-4 所示，传动轴从中梁内穿过，主减速器通常固定在其尾端，发动机固定在前

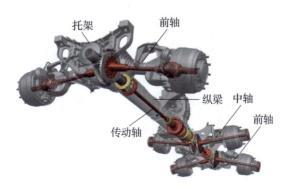

图 3-4　中梁式车架

悬伸出的托架上。中梁的断面管形或箱形，有较大的扭转刚度，车轮有较大的运动空间，便于采用独立悬架，车架较轻，减小了整车重量，重心也较低，行驶稳定性好。但这种车架制造工艺复杂，精度要求高，总成安装比较困难，维修也不方便，故目前应用不多。

3. 综合式车架的结构

综合式车架前部是边梁式，而后部是中梁式的，这种车架称为综合式车架，也称复合式车架，如图 3-5 所示。它同时具有中梁式和边梁式车架的特点。该车架的边梁用以安装发动机，悬伸出来的支架可以固定车身，这种车架实际上属于中梁式车架的一种变形。

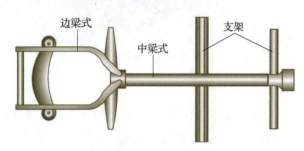

图 3-5 综合式车架

4. 承载式车身的结构

无梁式车架是以车身兼代车架，绝大多数的总成和零部件都安装在车身上，作用于车身的各种力和力矩均由车身承受，所以这种车架也称为承载式车身。承载式车身将车架和车身合二为一，重量轻，可利用空间大，重心低，较好地解决了大梁式车架的质量重、体积大、重心高等问题，目前大多数轿车多采用承载式车身。

承载式车身由前纵梁、前横梁、防撞梁、减振器支座、底板纵梁、底板横梁等组成，如图 3-6 所示。承载式车身冲压成型的制造方式十分适合现代化的大批量生产，但是对设计和生产工艺的要求都很高。车身的刚度，尤其是抗扭刚度不足也是承载式车身的一大缺陷。对于追求大功率、高转矩的跑车来说，承载式车身明显刚度不足。由于承载式车身将全车连成一体，具有很好的操控反应，而且传递的振动、噪声都较少。因此一些大型的越野车也放弃边梁式车架而采用承载式车架，这就是大众所认知的"城市 SUV"。

燃油轿车为了更好地支撑发动机，在发动机的下部安装了前副车架（图 3-7），有的前副车架其形状像元宝，所以俗称其为"元宝梁"。前副车架通过螺栓紧固在车身上，发动机通过悬置（机脚）安装在前副车架上。

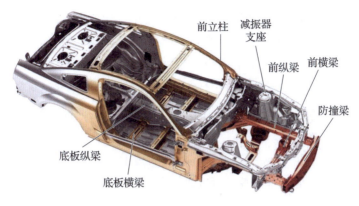

图 3-6　承载式车身

图 3-7　前副车架

二、承载式车身的受力分析

汽车行驶系的受力情况分析如图 3-8 所示，在垂直地平面方向上，汽车总重力 G 通过悬架和车桥（图 3-9）先传到前、后车轮再传到地面，引起地面作用于前轮和后轮上的垂直反力 Z_1 和 Z_2。

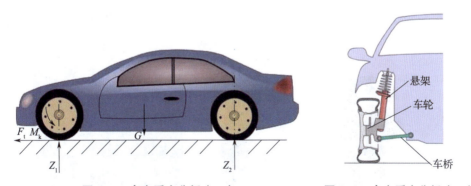

图 3-8　车身受力分析（一）　　　　　　图 3-9　车身受力分析（二）

在水平方向上，当汽车发动机或 / 和驱动电机，动力通过传动系变速器等传到前轮上时，产生转矩 M_k，通过车轮与路面的附着作用，产生推动汽车前进的纵向反作用力——驱动力 F_t。在汽车制动时，同时产生一个与 M_k 相反的制动力矩，作用于车轮上便产生一个与汽车行驶方向相反的制动力，这个制动力通过悬架和车桥传到车身上。

汽车的驱动力一部分用以克服驱动轮本身的滚动阻力；另一部分驱动力通过车桥、悬架传到车身，用来克服作用于汽车上的空气阻力、坡道阻力和加速阻力；还有一部分驱动力由车身经过后悬架传至从动桥，作用于自由支撑在从动桥两端转向节上的从动轮中心，使后轮克服滚动阻力向前滚动。只有当驱动力足以克服上述各种阻力之和时，汽车才能保持前进。

汽车弯道行驶时，离心力或汽车重量在横向坡道上的分力的作用，有使汽车侧向滑动的趋势，路面将阻止车轮侧滑而产生作用于车轮的侧向力，此力由行驶系来传递和承受。

三、更换车架的注意事项

汽车保险杠通过在中低速碰撞时利用自身的变形过程，来吸收碰撞时产生的能量，以减轻对乘员的伤害。在较严重的交通事故中，防撞梁的变形情况比较常见。当防撞梁变形严重时，为了保证其强度，一般会采取更换前防撞梁的措施。现在以更换前防撞梁为例，介绍更换车架时的注意事项。

1）检查缓冲材料有无损坏，如有损坏将其更换。如图 3-10 所示，缓冲材料由泡沫制成，在汽车碰撞时能吸收能量。

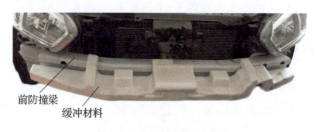

前防撞梁
缓冲材料

图 3-10　保险杠缓冲材料

2）在拆装前保险杠时，有类似图 3-11 所示的卡扣会损坏，安装时，需要采用新的卡扣，拆装。

图 3-11　塑料卡扣及拆装工具

3）在关闭点火开关后，电子风扇依然可能启动，需要拆卸蓄电池负极，并且勿将手或工具触及风扇叶片转动的范围内。

4）拆装时要用翼子板布进行遮蔽，避免划伤前翼子板等处的油漆。

5）对损坏的前防撞梁不能进行修复，因为达不到原来的强度，如果再次发生碰撞事故时起不到保护作用，因此，对损坏后的前防撞梁不建议修复，应予以更换。

四、边梁式车架的检修

车架在使用过程中，由于承受着很复杂的力，会发生弯曲、扭斜变形、裂纹及铆钉松动等情况。车架如果出现了这些损伤要及时检修，因为车架弯扭变形后，将破坏各总成的相对位置，引起总成早期损坏，例如，前轴、前轮定位误差，促使轮胎异常磨损。另外，车架铆钉松脱，将降低车架的强度和刚度，加速其变形和断裂。当车架弯扭变形、裂纹、铆钉松动，将严重地影响车辆行驶的稳定性和制动效果，危及行车安全。

1. 车架裂纹的维修

发现纵、横梁开裂，应及早修理，避免裂纹扩展，增加修理难度，甚至引起相关零件的损坏。当发现车架出现裂纹时，先清洗裂纹表面或用砂布打磨裂纹周围20mm范围，使之露出金属光泽，找出裂纹的始末端，然后按规定修复裂纹。如图3-12所示，焊修时，裂纹处要开槽，在裂纹尽头钻直径5mm左右的止裂孔，然后用电焊修复。这种焊修裂纹的方法，一般用于车架受力较小的部位或其纵、横梁翼面上裂纹长度不超过翼面宽度2/3的情况。裂纹较长而且出现在重要受力部位，焊接后还应进行帮补，以增加其强度。

2. 车架铆接松动的维修

车架校正后，应对车架上的铆钉进行检查，以防在校正时铆钉松动。车架校正后，应用锤子对车架全部铆钉进行敲击检查，以防在校正时铆钉松动，如图3-13所示，有的铆钉位置比较隐蔽，检查时不要错过。检查时注意从空响声来判断是否松动，若有松动、错头、歪斜等，均应按下述方法进行修正。

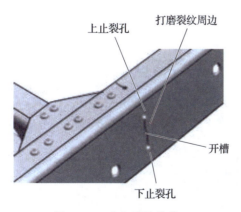

图 3-12 车架裂纹维修

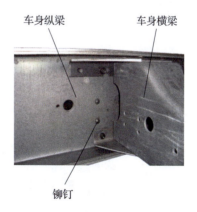

图 3-13 车架铆接位置

1）用钻通或其他方法消除旧铆钉。

2）铆钉孔变形或错位，可扩孔修理。其孔径应为大一级铆钉孔的尺寸。

3）当铆钉孔磨损大于标准要求 2mm 时，应填焊旧铆钉孔，并重新钻铆钉孔。

4）冷铆用的铆钉以 10 号、15 号钢为宜，铆钉表面不允许有裂纹、碰伤、条痕、平顶和金属瘤，末端不允许失圆。

5）铆接时，压力要适度，若压力太小，则铆得不紧，压力太大则铆钉易变形。铆接以后，铆钉头与铆接零件表面应紧密贴合，两铆接零件的结合面应贴合无间隙，铆接通常需要对正、拉铆、变形、断尾成型等过程，如图 3-14 所示。

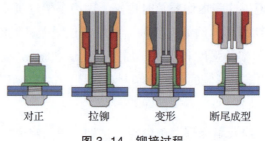

对正　　拉铆　　变形　　断尾成型

图 3-14　铆接过程

学习任务二 车桥的结构原理与维修

一、车桥的结构

普通汽车有前桥和后桥，车桥是通过悬架和车架相连，两端安装汽车的车轮，如图 3-15 所示。车桥的作用就是安装车轮，承受车辆的垂直载荷，并传递车架与车轮之间各方向作用力及其力矩。车桥对汽车的动力性、稳定性、承载能力等性能有着重要的影响。如果是作为驱动桥，除了承载作用外还起到驱动、减速和差速的作用。

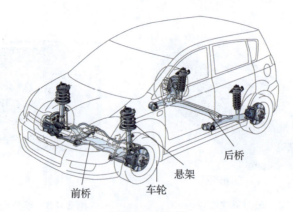

后桥

悬架

前桥　车轮

图 3-15　车桥

根据车桥的安装位置，可以将其分为前桥和后桥。根据悬架结构的不同，车桥可分为断开式和整体式两种。断开式车桥为活动关节式结构，它与独立悬架配合使用，如图 3-16

所示。整体式车桥的中部是刚性实心或空心梁，如图 3-17 所示，它多配用非独立悬架。

按车轮的作用不同，车桥又可分为转向桥、驱动桥、转向驱动桥和支持桥四种类型。其中，转向桥和支持桥均属于从动桥。

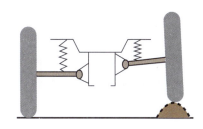

图 3-16　断开式车桥

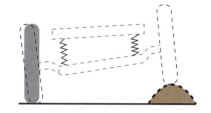

图 3-17　整体式车桥

在后轮驱动的汽车中，前桥为转向桥，其不仅用于承载，而且兼起转向作用。后桥不仅用于承载，而且兼起驱动的作用，称为驱动桥。

前轮驱动汽车的前桥，除了承载和转向的作用外，还兼起驱动作用，所以称为转向驱动桥。只起支撑作用的车桥称为支持桥，挂车的车桥是支持桥。支持桥不能转向，其他功能和结构与转向桥相同。此外，也可以将车桥类型细分为：整体式转向桥、断开式转向桥、整体式转向驱动桥、断开式转向驱动桥、整体式驱动桥、断开式驱动桥、支持桥。

1. 转向桥的结构

转向桥是指承担转向任务的车桥。一般的汽车都是前桥承担转向任务，四轮转向汽车的前后桥，都是转向桥。转向桥的作用是支撑部分重量，安装前轮及制动器，连接车架，承受车架与车轮之间的作用及其产生的弯矩和转矩，同时还要使前轮偏转以实现转向。

整体式转向桥采用非独立悬架，两侧车轮连接为一个整体，当一侧车轮遇到凹凸路面时整个车身都会倾斜，影响舒适性，如图 3-18 所示。它主要由前轴、转向节、主销和轮毂四部分组成。

如图 3-19 所示，前轴用中碳钢锻造而成，是一根中部下凹两端上翘的长轴。断面采用工字形以提高抗弯强度。中部下凹处左右各加工出一个安装钢板弹簧的底座。前轴两端各

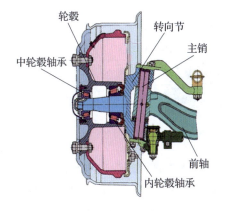

图 3-18　整体式转向桥

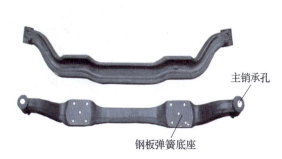

图 3-19　前轴

有一个加粗部分呈拳形，其中有通孔，以安装主销。

如图 3-20 所示，转向节是用中碳钢锻造而成的叉形部件，上下两叉制有同轴销孔，通过主销与前轴的拳部相连。转向节可绕主销转动一定角度。为了减小磨损，销孔内压入青铜或尼龙衬套，衬套上开有油槽，用装在转向节的润滑脂嘴注入润滑脂进行润滑。转向节内大外小，用来安装内外轮毂轴承。

如图 3-21 所示，楔型锁销小端带有螺纹，锁销通过与主销中部的凹槽配合将主销固定在前轴拳部孔内，使之不能转动，而主销与转向节上下两叉销孔是间隙配合，使转向节绕主销摆动以实现车轮的转向。

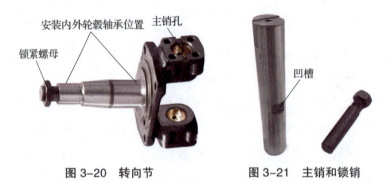

图 3-20 转向节　　　　图 3-21 主销和锁销

车轮轮毂通过内外两个轮毂轴承支撑在转向节轴颈上。轴承的预紧度可用调整螺母调整。轮毂外端用冲压的金属防尘罩盖住，以防泥水和尘土侵入，内侧装有油封、挡油盘，以防润滑油进入制动器内。

断开式转向桥通常采用独立悬架与车架或非承载式车身相连，可以有效地减少非簧载质量，降低发动机高度，从而提高汽车的行驶平顺性和操纵稳定性。断开式转向桥由转向节、主销、稳定杆以及副车架等组成，如图 3-22 所示。通常断开式转向桥的主销为虚拟主销，转向时转向轮主销中心轴线代替了实际的主销。

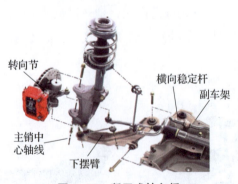

图 3-22 断开式转向桥

断开式转向桥的转向节为活动关节式的结构，上下摆臂通过球头连接转向节，可让两侧的车轮在汽车的横向平面内相对运动，左右车轮单独跳动，互不干涉，能减小车身的倾斜和振动，如图 3-23 所示。

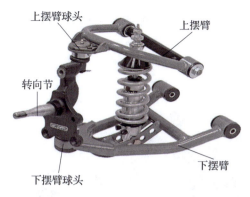

图 3-23 断开式转向桥的转向节

2. 驱动桥的结构

驱动桥是指将来自变速器的转速和转矩传递给驱动轮的车桥，其作用主要是通过桥壳和车轮实现承载及传递动力。驱动桥分非断开式与断开式两大类型，非断开式驱动桥也称为整体式驱动桥，前文已做介绍，不再赘述。

如图 3-24 所示，断开式驱动桥通常采用独立悬架，即主减速器及差速器壳固定在副车架上，两侧的半轴和驱动轮能在横向平面相对于车体有相对运动。为了与独立悬架相配合，将主减速器壳固定在车架（或车身）上，驱动桥壳分段并通过铰链连接；或除主减速器壳外不再布置驱动桥壳的其他部分。为了适应驱动轮独立上下跳动的需要，差速器与车轮之间的半轴各段之间用万向节连接。

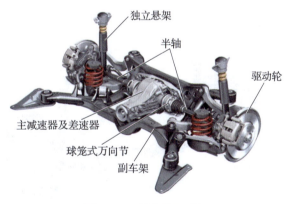

图 3-24 断开式驱动桥

3. 转向驱动桥的结构

转向驱动桥是既承担转向任务，又承担传递动力给驱动轮的机构。转向驱动桥主要用于一些前轮驱动轿车与全轮驱动的汽车前桥上。转向驱动桥分为整体式转向驱动桥和断开式转向驱动桥。

图 3-25 所示为断开式转向驱动桥，断开式转向驱动桥一般用于发动机前置前驱的轿车上。与整体式转向驱动桥相比，断开式转向驱动桥采用独立悬架，左右两个半轴在与差

速器连接处，各增加了一个等速万向节，两侧的半轴和驱动轮能在横向平面相对于车体有相对运动，主减速器和差速器则与变速器一体式安装。断开式转向驱动桥通常无驱动桥壳，在等速万向节处安装防尘套，防止杂物进入万向节。

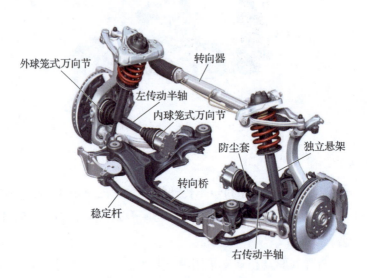

图 3-25　断开式转向驱动桥

4. 支持桥的结构

既无转向功能又无驱动功能的车桥称为支持桥，发动机前置前轮驱动轿车的后桥为典型的支持桥。支持桥主要由后桥焊接总成、橡胶－金属支撑座、后车轮总成等元件组成。图 3-26 所示为支持桥。

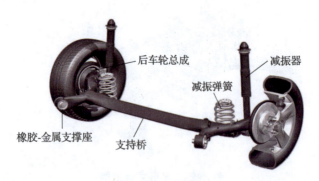

图 3-26　支持桥

二、转向桥的工作原理

为了保证汽车直线行驶的稳定性和操纵的轻便性，减少轮胎和其他机件的磨损，转向轮、转向节和主销三者与车架的安装应保持一定的相对位关系，这种安装位置关系称为转向车轮定位。

转向轮定位包括车轮外倾、主销后倾、主销内倾及前轮前束四个参数。现以有主销的转向桥为例说明转向车轮定位。

1. 主销后倾

主销安装在前轴上，其上端略向后倾斜，这种现象称为主销后倾。在垂直于汽车支撑平面的纵向平面内，主销轴线与汽车支撑平面垂线之间的夹角 γ 称为主销后倾角，如图 3-27a 所示。

如图 3-27b 所示，主销轴线的延长线与路面的交点 A，车轮与路面的接触点为 B，主销后倾时，A 点在 B 点前面，B 点到主销轴线延长线之间的垂直距离为 L。直线行驶时，汽车转向轮如果向右偏转，汽车则会偏离直线行驶方向而向右转弯。汽车转向时产生离心作用，在车轮与路面接触点 B 处将产生一个路面对车轮的侧向反作用力 Y（即向心力）。由于反作用力 Y 不通过主销轴线，因而形成了使车轮绕主销轴线旋转的力矩 YL，力矩 YL 的方向与车轮偏转方向相反。力矩 YL 有使车轮恢复到原来中间位置的作用，从而保证了汽车直线行驶的稳定性，所以称之为稳定力矩。

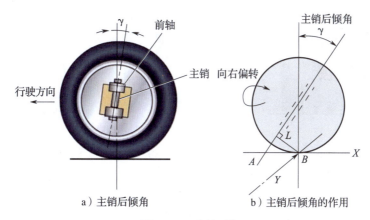

a）主销后倾角　　　　　b）主销后倾角的作用

图 3-27　主销后倾

主销后倾角越大，车速越高，稳定力矩也越大，车轮偏转后自动回正的能力也越强，车轮的行驶稳定性越好。主销后倾角不能过大，一般不超过 2°~3°，否则相应的转向时转动转向盘也就越费力。

此外，有些汽车由于采用超低压轮胎，弹性增加，转向时因轮胎弹性变形而使轮胎与路面的接触点后移，使回正力矩增加，故主销后倾角可以减小，甚至为负值，即主销前倾。主销后倾角一般是将前轴连同悬架安装在车架上时，使前轴向后倾斜而形成的。

2. 主销内倾

主销安装在前轴上，其上端略向内侧倾斜，这种现象称为主销内倾。在垂直于汽车支撑平面的横向平面内，主销轴线与汽车支撑平面垂线之间的夹角 β 称为主销内倾角，如图 3-28 所示。

主销内倾可以使转向轻便。由于主销内倾，主销轴线延长线与路面的交点到车轮中心与路面的交点之间的距离 C 缩短，由于力臂 C 减小，转向时路面作用在转向轮上阻止转向轮偏转的力矩也减小，这样可以减少转向时驾驶人施加在转向盘上的力，使转向操纵轻便。同理，主销内倾还可以减小路面不平对转向盘的冲击力。

主销内倾可以使转向轮自动回正。为了方便理解和阐述，假如转向轮在外力的作用下绕主销轴线旋转 180°，即转向轮由图 3-29 中实际位置旋转到假想位置，可以看出转向轮处于实际位置时，轮辋凸起位置在转向轮中心线左侧，转向轮处于假想位置时，轮辋凸起位置在转向轮中心线右侧。由于主销是向内倾斜的，转向轮的最低点将陷入路面以下 H 处，即车轮须将路面低压距离 H 后才能旋转过来，但是实际上路面不可能被压低，转向轮不可能旋转到假想位置，转向轮不可能陷入路面之下，而是转向轮连同车桥及整个汽车前部被向上抬起相应的高度 H。

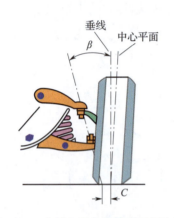

图 3-28 主销内倾角的转向轻便作用

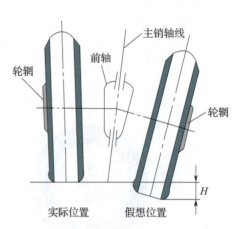

图 3-29 主销内倾角的自动回正作用

当使转向轮偏转的外力消失，转向轮就会在汽车前部重力作用下力图自动恢复到旋转前的中间位置。主销内倾角越大，或者转向车轮偏转的角度越大，汽车的车桥及车身前部就被抬起得越高，转向轮自动回位的作用就越大。

由于主销内倾角的存在，使得车轮转向时的趋势使车轮整体下移，但是由于我们日常行驶的铺装路面均为硬质路面，因此在转向时，车轮会抵抗重力将车头抬起，而当转向力消失时，车轮便会在重力的作用下自动回正。主销内倾角越大，这种回正作用越明显，但是角度过大也会造成轮胎的过度磨损。

3. 车轮外倾

转向轮安装在转向节上时，其旋转平面上端向外倾斜，这种现象称为转向车轮外倾。车轮旋转平面与垂直于车辆支撑面的纵向平面之间的夹角 α 称为车轮外倾角，如图 3-30 所示。

车轮外倾角的功用是提高车轮工作的安全性和转向操纵的轻便性。如果车辆在空载状态下保持车轮垂直于路面的状态，那么当加上负载甚至满载时，由于悬架行程压缩及变形、活动面间隙减少，车轮便会呈现"八"字的"内倾"状态，使轮胎磨损增加。另外，车轮内倾将使路面对车轮的垂直反作用力的轴向分力压向轮毂外端的小轴承，使该轴承及其锁紧螺母等件承受的载荷增大，降低了它们的使用寿命，严重时会损坏锁紧螺母而使车轮脱落。为了减少这种影响，便设计了"车轮外倾"这个提前量来抵消"内倾"的出现，这样在车辆加上载荷之后，车轮便能以更好的角度与路面接触，减少了偏磨和轴承的负担。不过，过大的外倾角也会导致轮胎的横向偏磨增加。

通常轿车的车轮外倾角不可以调整，少数汽车通过调节或更换转向节和减振器的紧固螺栓，可以调节车轮外倾角，如图 3-31 所示。

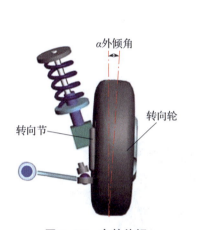
图 3-30 车轮外倾

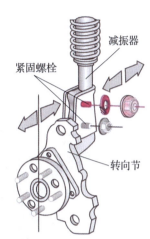
图 3-31 车轮外倾角的调整位置

4. 前轮前束

车轮安装在车桥上，两前车轮的中心平面不平行，其前端略向内侧收束，这种现象称为前轮前束。两前轮后端距离 A 大于前端距离 B，其差值 $A-B$ 称为前轮前束值，如图 3-32 所示。前束的作用是能够抵消因外倾导致的两侧车轮向外张开的状态，前束状态下造成的两侧车轮向内侧的滑动也会与外倾导致的滑动相抵消，使车轮基本能够以无滑动的方式平行向前滚动。车轮前端距离大于后端时，称之为负前束，或前展，这种设定是为了抵消车轮内倾带来的不良影响，同样是为了车轮能够平行地向前滚动。前轮前束值通常可以通过转向横拉杆球头进行调整。

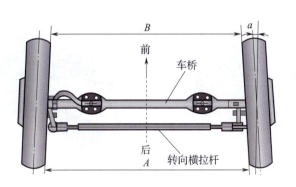

前轮前束的功用

图 3-32 前轮前束

5. 非转向轮定位

后轮与后轴之间的相对安装位置关系，称为后轮定位。随着车速的不断提高，为了提高汽车高速行驶的稳定性，在结构设计上应确保汽车具有不足转向特性。为此，转向轮定位的内容已扩展到非转向轮（后轮）。汽车后轮具有一定程度的外倾角和前束。后轮定位内容主要包括后轮外倾角和后轮前束。如图 3-33 所示，它们通过调整后桥弹簧拉杆与辅助边框之间的螺栓来调整前束，通过横摆臂和辅助边框之间的螺栓来调整车轮外倾。

后轮外倾角为了对载荷进行补偿，采用独立后悬架的大多数车辆常带有一个较小的正后轮外倾角。后轮前束的作用与前轮前束基本相同。一般前驱汽车，前驱动轮宜采用正前束，后从动轮宜采用负前束；对于后驱汽车，前从动轮宜采用负前束，后驱动轮宜采用正前束。

图 3-33　非转向轮定位调整

三、车桥的拆装注意事项

1）拆卸上摆臂的球头和下摆臂的球头（图 3-34）时，需要使用球头顶拔器（图 3-35），禁止使用撬棍撬动球头，以免造成球头损坏。

2）更换上、下摆臂后，车轮定位会发生改变，需要重新进行车轮定位。

图 3-34　下摆臂球头

图 3-35　球头顶拔器

3）更换摆臂或车桥胶套时，需要使用类似图 3-36 所示的胶套拆装工具，禁止使用直接敲击的方法拆装胶套。压入胶套前，在胶套上涂上润滑脂。

图 3-36 胶套拆装工具

四、车桥的检修和车轮的定位

（一）车桥的检修

1）检查摆臂的衬套、后桥的衬套不应有松动、凸起或损坏，否则应更换新件，图 3-37 所示为摆臂衬套位置。

图 3-37 下摆臂衬套

2）检查摆臂的球头是否存在严重的磨损，如果有较为严重的磨损，需要更换摆臂球头或摆臂。

3）检查摆臂、车桥等有无变形、裂纹，摆臂支撑孔是否磨损严重，如有损伤，应更换新件。

（二）车轮定位的调整

在车辆的行驶性能受到了影响，即出现车辆跑偏、转动转向盘不自动回轮等情况时，还有在车辆因事故造成底盘及悬架的损伤，以及轮胎出现磨损异常和车桥和悬架的零件被拆下过后，一般都要进行四轮定位。

在进行对车轮定位有影响的任何调整前，为确保定位读数正确，应先对相关部件总成进行检查，并对不符合参数要求的情况进行调整。定位仪通常需要配合专用的子母举升机使用，使用子母举升机时，一定要注意两边的锁止机构是否锁止，如图 3-38 所示。

图 3-38　使用子母举升机举升车辆

1. 检查影响车轮定位的部件

定位前需要检查的部件如下。

1）轮胎胎压是否正确，检查轮胎有无不规则磨损。

2）检查车轮和轮胎的径向跳动量。

3）车轮轴承是否存在游隙或间隙过大。

4）球节、转向横拉杆接头、控制臂和稳定杆是否松动或磨损。

5）车架上的转向器是否松动。

6）减振器是否有磨损、泄漏或任何可听到的噪声。

7）转向盘是否因连杆机构或悬架部件僵硬或锈蚀而拖滞过大或回正性差。

8）燃油油位是否符合要求。

另外，在进行定位时还应考虑额外的载荷，比如工具箱等较重物品。如燃油箱未加满，应向车辆增加相应的补偿载荷。此外，一些较重的物品通常装在车上时，在进行定位调整时应将它们保留在车上，例如备胎。

2. 安装车轮卡具

拉起车辆的驻车制动，确保转向盘处于中间位置，将自动变速器置于驻车档，如果是手动变速器应置于空档。在左后轮的前后放上挡块，防止车辆移动。将举升机升到定位高度，安装快速卡具，如图 3-39 所示，安装时两卡爪位置处于基本水平即可，且目标板无需对准车轮中心。

3. 开始定位

在类似图 3-40 所示的定位仪计算机中启动定位程序，按程序中的要求填写车型的制造商、车辆型号等相关信

图 3-39　安装卡具

息。填写完后，进行偏差补偿。进行偏差补偿前，需要确认转盘和滑板上的锁销锁紧。在后轮大约 20cm 处放上挡块，限制车辆后移。打正转向盘，安装转向盘锁。放开驻车制动，

将变速器置于空档，向后移动车辆，直到定位程序显示"成功"，例如，定位程序中条线图变成绿色。

四个目标全部得到补偿后，拉上驻车制动，将自动变速器置于驻车档，手动变速器的车辆应置于空档。安装制动锁，在左后轮的前后放上挡块，防止车辆移动。补偿结束后，程序会提示测量车辆的后倾角和内倾角，根据屏幕提示执行或进行跳过。按程序提示，转动转向盘，完成转向补偿，完成补偿后，定位程序显示相关测量结果。

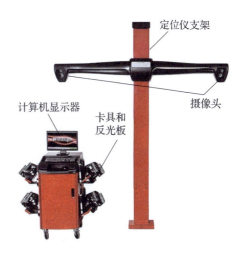

图 3-40　四轮定位仪

4. 调整并打印输出

在定位程序中，按下类似"继续定位过程"功能，开始调整，调整时界面通常类似图 3-41 所示，在调整过程中，相关数据随着调整随之改变。调整前束时，松开转向横拉杆防松螺母，通过转动外拉杆，将内横拉杆调整至规定值，如图 3-42 所示。将横拉杆防松螺母紧固至规定力矩，一般车辆的前后轮后倾角和外倾角、后轮前束不可调整。如果不在规定范围内，检查悬架支架是否错位或前悬架是否损坏。必要时，更换所有损坏的悬架部件。

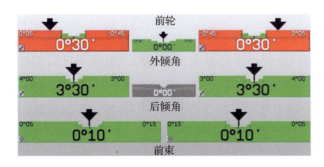

图 3-41　定位程序中调整界面

图 3-42　调整前束位置

五、车桥的故障诊断与排除

1. 前轮异常磨损的故障现象

车桥常见的故障是前轮磨损不正常，轮胎异常磨损的形式包括轮胎胎冠中部磨损，胎冠两侧磨损，胎面的花纹一侧磨损较大，一侧磨损较小（图 3-43），胎面存在锯齿形磨损等。

2. 前轮异常磨损的故障原因

1）轮胎外侧磨损较大引起的原因包括：前轮前束过大引起，前轮外倾角过大。

图 3-43　异常磨损的轮胎

2）轮胎内侧磨损较大引起的原因包括：前轮前束过小引起，前轮外倾角过小。

3）轮胎中间位置磨损较大，一般是因为气压过大导致。过大的气压会使轮胎中间胎面会鼓出来，使得轮胎中间跟路面接触更多，而两边与路面接触减少，所以出现轮胎中间位置磨损较大。

4）轮胎上某个局部磨平，一般是由于偶尔进行了一次强烈制动，或长时间在某个区域驻车引起的。

5）胎面呈现随机的高低不平交替的现象，这往往由以下原因导致：车轮动平衡存在问题，减振器、摆臂衬套、车轮轴承、摆臂球头销、转向横拉杆球头销等影响车轮定位的零部件出现损坏。

3. 前轮异常磨损的故障诊断与排除

1）前轮外倾角过大导致的轮胎偏磨，轮胎的形状更像圆锥形。前束过大导致的偏磨，"偏"的范围更小，而且严重地往往出现"羽毛"状。

2）检查轮胎气压。

3）检查汽车减振器、摆臂衬套、车轮轴承、球头销等零部件有没有出现损坏。

4）检查前轮定位。

5）了解轮胎出现异常磨损的时间，如果是车辆事故后出现轮胎异常磨损，可能是前纵梁、减振器塔座等出现变形。

4. 维修案例

一辆凯美瑞轿车行驶 12 万 km 后，用户反映该车行驶中向右跑偏。检查胎压和花纹，均正常。晃动车轮检查车轮轴承预紧度，正常。做车轮定位，右前轮的后倾角为 1° 40′，偏离正常值 2° 45′ ± 45′。仔细观察发现前副车架后部的 2 个胶套左右装反，重新安装后，定位正常，车辆不再跑偏，故障排除。

学习任务三　车轮和轮胎的结构原理与维修

一、车轮和轮胎的结构

汽车车轮总成是由车轮和轮胎两大部分组成的，如图 3-44 所示。车轮是汽车行驶系中非常重要的零部件，它处于车轴和地面之间。车轮支撑整车重量，包括在汽车重量上下运动时产生的惯性动载荷；缓和由路面传递来的冲击载荷；通过轮胎和路面之间的附着作用，产生驱动和阻止汽车运动的外力，即为汽车提供驱动力和制动力；产生

轮胎

轮胎紧固螺栓孔

车轮

图 3-44　车轮总成

平衡汽车转向离心力的侧向力，以便顺利转向，并通过轮胎产生的自动回正力矩，使车轮具有保持直线行驶的能力；承担跨越障碍的作用，保证汽车的通过性。

　　针对车轮和轮胎的使用情况，要求它们具有足够的强度和刚度，重量轻，散热能力强，具有良好的弹性特性和摩擦特性，保证足够的使用寿命等特点。

> **⚠ 安全警示**
> 　　长时间高速行驶会使充气压力过低的轮胎频繁地受到变形挤压。轮胎温度因此而剧增。这样可能会导致花纹裂开甚至轮胎爆裂，从而有发生事故的危险！

（一）车轮

　　车轮是介于轮胎和车桥之间承受负荷的旋转组件，其功用是安装轮胎，承受轮胎与车桥之间的各种载荷的作用。车轮一般由轮毂、轮辋和轮辐组成，如图 3-45 所示。轮毂通过圆锥滚子轴承装在车桥或转向节轴径上，用于连接车轮与车桥。轮辋用于安装和固定轮胎。轮辐用于将轮毂和轮辋连接起来，并通过螺栓与轮毂连接起来。

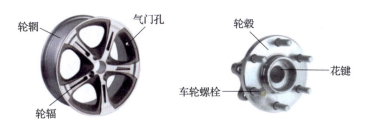

图 3-45　车轮的组成

1. 轮辐的结构

　　按轮辐结构的不同，车轮可以分为辐板式车轮和辐条式车轮两种形式。图 3-46 所示为辐板式车轮。大中客车、货车采用的辐板式车轮由挡圈、轮辋、轮辐和气门嘴伸出口组成，车轮中用以连接轮毂和轮辋的圆盘称为辐板，辐板通过冲压或铸造而成。轿车辐板式车轮中没有挡圈，其辐板较薄，常冲压成起伏多变的形状，用来提高其刚度。

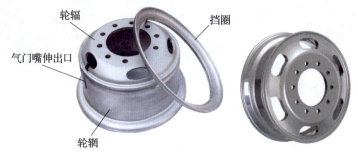

a）货车辐板式车轮　　　　　　b）轿车辐板式车轮

图 3-46　辐板式车轮

辐条式车轮按辐条结构的不同分为钢丝辐条式车轮和铸造辐条式车轮。钢丝辐条式车轮的结构与自行车车轮完全一样。因为其价格昂贵、维修安装不便，故仅用于赛车和某些高级轿车上。现代轿车广泛采用铝合金辐条式车轮，如图 3-47 所示，即辐条与轮辋铸成一体，其重量轻、尺寸精度高、生产工艺好、美观大方，能明显改善车轮的空气动力学特性，降低汽车油耗。但由于钢质车轮成本更加低廉，结构上较铝合金更为坚固，在货车或者承载量较大的车辆中使用较多。

图 3-47　辐条式车轮

2. 轮辋的结构

轮辋是轮胎的装配和固定基础，其尺寸及形式应符合有关标准的规定，每种规格的轮胎应配用标准轮辋。如果轮辋选用不当，尤其是使用过窄的轮辋，会使轮胎过早的损坏，影响汽车的行驶性能。

按轮辋结构不同，其常见结构形式有：深槽轮辋、平底轮辋和对开式轮辋。此外，还有半深槽轮辋、深槽宽轮辋、平底宽轮辋、全斜底轮辋等。

深槽轮辋结构如图 3-48a 所示，深槽轮辋代号 DC，深槽轮辋一般都采用钢板冲压成形，它是一种整体式轮辋。深槽轮辋结构简单、刚度大、重量轻，轮辋中部制成深凹槽使小尺寸弹性较大的轮胎易于装卸。

平底轮辋结构如图 3-48b 所示，平底轮辋代号 FB，轮辋中部平直，其两侧凸缘与轮辋制成一体，也可以一侧用可拆挡圈当凸缘，挡圈可拆，轮胎拆装方便。

对开式轮辋结构如图 3-48c 所示，对开式轮辋代号 DT，由内、外可分的两个轮辋组成，当其可靠地紧固在一起时，就形成固定轮缘的车轮。这种轮辋在拆装轮胎时，只需拆下螺栓即可。

a）深槽轮辋　　　　　　　　b）平底轮辋　　　　　　　　c）对开式轮辋

图 3-48　轮辋的常见结构形式

3. 轮毂的结构

非驱动桥车轮轮毂通过圆锥滚子轴承装在转向节轴径上，通过调整螺母可以调整轮毂支撑内外轴承的预紧度，如图 3-49 所示。驱动桥上传动轴需要穿过车轮轮毂来传递动力，车轮轮毂通过圆锥滚子轴承安装车桥上，如图 3-50 所示。

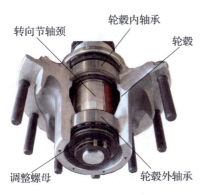

图 3-49　非驱动桥车轮轮毂

图 3-50　驱动桥车轮轮毂（一）

　　轿车的轮毂通常通过双列圆锥滚子轴承支撑在转向节上，轮毂的后端安装了轮速传感器感应环，如图 3-51 所示。轮速传感器感应环用于制动防抱死系统轮速传感器感应车轮转速。双列圆锥滚子轴承能够承受较重的复合（径向与轴向）载荷，刚性强。轮毂上安装了车轮紧固螺栓，用于安装制动盘和车轮。

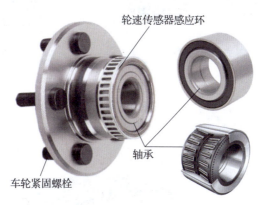

图 3-51　驱动桥车轮轮毂（二）

（二）轮胎

1. 轮胎的功用和类型

　　轮胎由橡胶制成，安装在车轮轮辋上，直接与路面接触，是汽车上最重要的部件之一。轮胎的功用是：支撑汽车的总重量；与汽车悬架共同吸收和缓和汽车行驶时所受到的冲击和振动，以保证汽车具有良好乘坐舒适性和行驶平顺性；保证车轮与路面的良好附着而不致打滑，使汽车行驶平稳。

　　汽车轮胎按胎体结构不同可分为充气轮胎和实心轮胎。现代汽车绝大多数采用充气轮胎，充气轮胎按组成结构不同，可分为有内胎轮胎和无内胎轮胎两种。按胎体帘线排列方向不同可分为普通斜交轮胎和子午线轮胎。

2. 轮胎的结构

（1）有内胎轮胎　如图 3-52 所示。有内胎轮胎由外胎、内胎和垫带等组成，使用时安装在汽车车轮的轮辋上。内胎是一个环形的橡胶管，上面装有气门嘴，用于充气或排出空气，内胎尺寸应稍小于外胎的内壁尺寸。垫带是一个环形的橡胶带，垫在内胎和轮辋之间，用于保护内胎不被轮辋和胎圈磨伤。

（2）无内胎轮胎　无内胎轮胎在外观上与有内胎轮胎相似，如图 3-53 所示，但没有内胎和垫带，空气通过气门嘴直接压入外胎中，因此要求轮辋和外胎之间密封性要好。无内胎轮胎外胎内壁上附加了一层厚约 2~3mm 的专门用来封气体的橡胶密封层，它是用硫化的方法黏附上去的，密封层正对着的胎面下面贴着一层特殊混合物制成的自黏层。当轮胎穿孔时，自黏层能自行将刺穿的孔黏合。近年来，轿车均使用无内胎轮胎。

图 3-52　有内胎的轮胎结构　　　　图 3-53　无内胎的轮胎结构

（3）外胎的结构　外胎是轮胎的主要组成部分，它是用耐磨橡胶以及帘线制成的强度较高而又有弹性的外壳，外胎直接与地面接触，它主要由胎面、胎圈和胎体等组成，如图 3-54 所示。

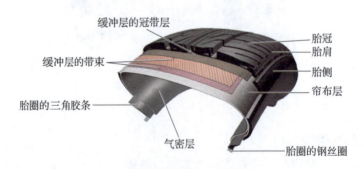

图 3-54　外胎的结构

胎面是轮胎的外表面，可分为胎冠、胎肩和胎侧三部分。胎冠是指外胎两胎肩中间的部位，也称行驶面，由耐磨橡胶制成。胎冠最外层与路面接触的带有花纹的外胎胶层称为胎面，它的作用是与路面直接接触，产生摩擦阻力、驱动力和制动力，保护胎体，防止其早期磨损和损伤。

胎体是由帘布层与缓冲层（带束层）组成的整体，它是充气轮胎的受力结构。胎肩是较厚的胎冠和较薄的胎侧间的过渡部分，一般胎肩上制有各种花纹，用以提高该部位的散热性能。

胎侧又称胎壁，它由数层橡胶构成，覆盖轮胎两侧，保护内胎免受外部损坏。胎侧可承受较大的挠曲变形，在行驶过程中，不断地在载荷作用下挠曲变形。胎侧上标有厂家名称、轮胎尺寸及其他资料。

胎圈是帘布层的根基，由钢丝圈、帘布层包边和胎圈包布组成，具有很大的刚度和强度，可以使外胎牢固地安装在轮辋上。

胎体由帘布层和缓冲层组成，帘布层是外胎的骨架，主要用于承受载荷，保持外胎的形状和尺寸，并使其具有足够的强度。为使载荷均匀分布，帘布层通常由成偶数的多层帘布用橡胶贴合而成，相邻层的帘线交叉排列。帘布层数越多，轮胎的强度越大，但弹性下降。

缓冲层夹在胎面和帘布层之间，由两层（如图 3-54 所示中的冠带层和带束）或多层较稀疏的帘布和橡胶制成，弹性较大。缓冲层的作用是加强胎面与帘布层之间的结合，防止汽车紧急制动时胎面与帘布层脱离，并缓和汽车行驶时所受到的路面冲击。

（4）轮胎的花纹　为使轮胎与地面具有良好的附着性能，防止纵向和横向滑移，在胎面上制有各种花纹。轮胎花纹主要有普通花纹、混合花纹和越野花纹等，如图 3-55 所示。

　　a）普通花纹　　　　　　b）越野花纹　　　　　　c）混合花纹

图 3-55　轮胎花纹

普通花纹细而浅，花纹接地面积大，耐磨性和附着性都较好，适用于比较好的硬路面。其中的纵向花纹，适用于良好路面，轿车、货车都可选用。横向花纹适用于土石路面，仅用于货车。

越野花纹凹部深且粗，在软路面上与地面附着性好，越野能力强，适用于矿山和建筑工地等坏路面或无路地带，适用于越野车轮胎。越野花纹不宜在好路上使用，否则会加大花纹磨损。安装人字形越野花纹的轮胎时应注意驱动轮胎花纹的尖端与旋转方向一致。

混合花纹介于普通花纹和越野花纹之间，兼顾了两者的使用要求，中部为菱形，纵向为锯齿形或烟斗形花纹，两边为横向越野花纹，适用于在城市和乡村之间等使用条件变化不定的路面上行驶的汽车。现代货车驱动轮也采用这种花纹。

3. 轮胎规格的标记方法

轮胎是在专业化生产厂制造的，并具有高度的标准化、系列化的特点。轮胎的外径 D、断面宽度 B 和配用轮辋的名义直径 d 等轮胎尺寸符号如图 3-56 所示，其中轮辋名义直径就是轮胎内径。

（1）斜交轮胎的规格　普通斜交轮胎的规格用 B-d 表示，载货汽车斜交轮胎和轿车斜交轮胎的尺寸 B 和 d 均使用英寸（in，1in=25.4mm）为单位。例如 6.50-16 表示轮胎断面宽度为 6.50in，轮胎内径为 16in，如图 3-57 所示。

图 3-56　轮胎的尺寸标注

图 3-57　斜交轮胎的规格

（2）子午线轮胎的规格　子午线轮胎的规格标识中含有轮胎的断面宽度、扁平率、子午线标记、轮辋直径等参数。如图 3-58 所示，图中 215/55R17 94V 为子午线轮胎的规格。215 表示轮胎断面宽度为 215mm。55 表示扁平比为 55%，扁平比为轮胎高度 H 与宽度 B 之比。数字越小，轮胎越扁平，断面尺寸越宽。宽断面的轮胎接地面积大，接地比压小，磨损小，滚动阻力也小，侧向稳定性强，整车重心低，汽车行驶稳定性高。R 表示子午线轮胎，17 表示轮胎直径为 17 英寸（in）。

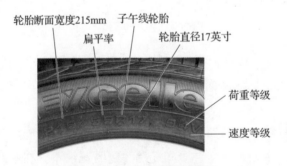

图 3-58　子午线轮胎的规格

94 表示荷重等级，即最大载荷质量为 670kg。常见的荷重等级及对应的最大载荷质量见表 3-1。V 表示速度等级，表明轮胎能行驶的最高车速。常见的速度等级及对应的最高车速见表 3-2。

表 3-1　荷重等级及对应的最大载荷质量

指数	最大载荷质量 /kg	指数	最大载荷质量 /kg	指数	最大载荷质量 /kg	指数	最大载荷质量 /kg	指数	最大载荷质量 /kg
70	335	78	425	86	530	94	670	102	850
71	345	79	437	87	545	95	690	103	875
72	355	80	450	88	560	96	710	104	900
73	365	81	462	89	580	97	730	105	925
74	375	82	475	90	600	98	750	106	950
75	387	83	487	91	615	99	775	107	975
76	400	84	500	92	630	100	800	108	1000
77	412	85	515	93	650	101	825		

表 3-2　速度等级及对应的最高车速

速度等级	最高速度 / (km/h)	速度等级	最高速度 / (km/h)	速度等级	最高速度 / (km/h)	速度等级	最高速度 / (km/h)
A1	5	B	50	L	120	U	200
A2	10	C	60	M	130	H	210
A3	15	D	65	N	140	V	240
A4	20	E	70	P	150	W	270
A5	25	F	80	Q	160	Y	300
A6	30	G	90	R	170	ZR	> 240
A7	35	J	100	S	180		
A8	40	K	110	T	190		

　　另外，在轮胎侧有一组四位数字表示轮胎的生产日期。前两位表示一年中的第几周，第 9 周即 3 月份，后两位数字表示年份，即 2009 年，如图 3-59 所示。

图 3-59　轮胎的生产日期

二、胎压监测系统的工作原理

充气轮胎按胎内空气压力大小可分为高压胎、低压胎和超低压胎三种。高压胎气压在 0.5~0.7MPa，低压胎气压在 0.15~0.5MPa，超低压胎气压在 0.15MPa 以下。胎压过低时，轮胎磨损会加剧，胎温升高，爆胎概率增加，油耗也会上升。当胎压过高时，轮胎与地面的接触面积会减小，轮胎的抓地力会受到影响，车辆行驶的稳定性和乘坐舒适性也受影响，在高温时爆胎的概率也增加。

胎压监测可以在汽车行驶过程中对轮胎气压进行实时自动监测，如图 3-60 所示，胎压监测系统将轮胎压力显示在仪表中，当胎压过低时系统会点亮图 3-61 所示的指示灯进行报警，以确保行车安全。胎压监测有间接式胎压监测系统和直接式胎压监测系统，以及复合式轮胎压力监测系统。

图 3-60　胎压监测

图 3-61　胎压过低指示灯

> **⊗ 安全警示**
>
> 切勿在轮胎压力过高时校正轮胎压力。这会导致轮胎严重损坏，甚至会导致轮胎爆裂，有发生事故的危险！

间接式胎压监测系统的工作原理是当某轮胎的气压降低时，车辆的重量会使该轮的滚动半径变小，导致其转速比其他车轮快。通过比较轮胎之间的转速差别，以达到监视胎压的目的。这种胎压检测系统的缺点是在车速 100km/h 以上时，系统的检测精度会受到影响。另外，因为该系统不是直接监测轮胎气压，如果在同一车轴的 2 个轮胎气压都低时，将无法判断出来。而且此系统校准极其复杂，因此间接式胎压监测系统已逐步淡出市场。

直接式胎压监测系统是利用安装在每一个轮胎里的胎压监测传感器（图 3-62）来直接测量轮胎的气压。如图 3-63 所示，内置胎压监测传感器和轮胎气嘴安装在一起，该传感器内部有气体压力传感器、电池和微处理器，它能利用无线发射器将压力信息从轮胎内部发送到中央接收器模块上，中央接收器模块通过显示屏对各轮胎气压和温度数据进行显示。当轮胎气压太低或漏气时，系统会自动报警。

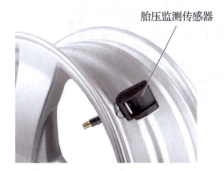

图 3-62　内置胎压监测传感器安装位置

 使用提示

　　为了确保轮胎压力监控系统正常工作，每次匹配轮胎压力（例如汽车的负荷状态改变），也要重新按规定程序存储轮胎的规定压力。

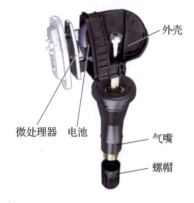

图 3-63　内置胎压监测传感器组成

 使用提示

　　轮胎压力监控系统可能因无线电干扰而无法工作。相同频率的发射设备（例如随身携带的无线耳机或对讲机）可能通过其强电磁场暂时干扰了该系统。

三、车轮和轮胎的拆装注意事项

1. 轮胎的更换

1）如果在行驶中轮胎爆胎了，要紧握转向盘，缓慢地减速，等车速降下来后，打开危险警告灯，注意后方车辆，靠路边停好。

2）靠边停车后，从行李舱中取出三角警示牌，放置在车后，如图 3-64 所示。在常规道路上，发生故障或者发生交通事故时，应将三角警示牌放置在车后 50~100m 处。在高速公路上，要放置在车后 150m 外。遇到雨雾天气或夜间的时候，放置距离应提升到 200m 或更远。

3）从行李舱取出备胎和随车工具。如果备胎长时间闲置，需要查看备胎的气压等状况，才能使用。

4）接着将备胎放置在车底，以防止在拆车轮时千斤顶下坠或车辆滑动使车身倾斜而发生危险。

5）将轮胎螺栓拧松。通常轮胎上的螺栓固定较紧，这时我们可以利用体重将螺栓压松，但是务必注意安全，如图 3-65 所示。

图 3-64 放置三角警示牌

图 3-65 拧松轮胎螺栓

6）用千斤顶将汽车支离地面，至轮胎离地面 2cm 即可，方便安装备胎。车辆的顶起位置要正确，如果千斤顶顶起位置错误，有可能顶坏车身，对车辆外观造成伤害。同时也要观察千斤顶是否直立放置，不要有倾斜。

7）取下轮胎，并与车底的备胎互换位置，安装好轮胎，对角拧紧轮胎固定螺栓。取出千斤顶，再次拧紧轮胎固定螺栓。收好损坏的轮胎，收回三角警示牌。

8）请注意，轮胎压力还与轮胎温度有关。轮胎温度每提高 10℃，轮胎压力就会增加 0.01MPa。行驶期间轮胎会产生热量且轮胎压力会升高。因此，只有在轮胎温度基本与环境温度一致时（冷态），才能校正轮胎充气压力。

9）有些车辆带有胎压监测系统，更换车轮后，监测系统需要对调换过的车轮重新执行学习过程。

2. 轮胎的拆装

轮胎拆装机是一种将汽车轮胎从轮辋上拆下、安装和充气的设备，它主要用于轮胎的修补、更换、安装等。轮胎拆装机目前在市场上主要有半自动侧摆臂式轮胎拆装机、半自动右倒臂式、全自动轮胎拆装机等。因半自动摆臂式轮胎拆装机的优点是使用方便，价格较适宜，被广泛采用。现以半自动摆臂式轮胎拆装机为例，简要介绍轮胎拆装机的基本组成和轮胎拆装过程，以及在拆装轮胎过程中的一些注意事项。图 3-66 所示为轮胎拆装机的基本组成，拆装轮胎时步骤如下。

1）操作时需要戴好护目镜，穿钢包头劳保鞋。给轮胎进行放气处理，清除车轮上的杂物和平衡块，以免发生危险。

2）如图 3-67 所示，将轮胎垂直放在分离铲与机座橡胶垫之间，避开气门嘴，把分离铲移向轮胎使轮胎松动，分离铲需距离轮辋边缘大约 1cm，避免分离铲损伤轮辋。转动轮胎后挤压几次，再翻转轮胎，松动另一侧。

3）将轮胎放置卡紧在工作盘，在轮胎外缘上涂抹润滑膏，压下升降杆，直至拆装头接触轮辋边缘。再转动手柄，锁住升降杆。

以拆装器的一端为支点，用撬板撬起外胎外缘，使之搭在拆装器上。踩下工作盘操作踏板，使轮胎随工作盘转动，直至轮胎上边缘完全拆出。用同样的方法，将外胎的下边缘

拆出，如图3-68所示。需要注意，在拆装轮胎时，需要使用平滑、专用的翘板，如图3-69
所示，如果轮胎翘板上有毛刺，极容易造成轮胎损伤。

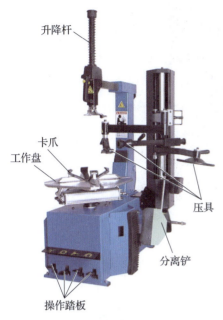

图 3-66　轮胎拆装机基本组成

图 3-67　分离轮胎

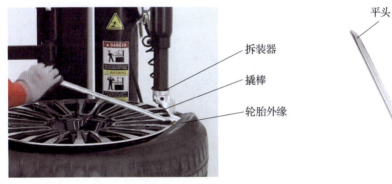

图 3-68　拆出轮胎边缘

图 3-69　拆装轮胎专用翘板

4）将轮胎下边缘放到轮辋上，往轮胎边缘涂上润滑脂，放下拆装器，使轮胎下边缘与
拆装器交叉。用手抬起轮胎，旋转工作盘，使轮胎下边缘脱离轮辋。

5）用同样的方法安装轮胎，安装轮胎上边缘时可借助专用压具，边转边压。安装完成
后，对轮胎进行充气及动平衡试验。

四、车轮和轮胎的检修

1. 轮胎压力的检查

轮胎气压可用气压表进行检查，如图3-70所示。不同的车辆，轮胎的气压值也许不

同，检查时应参考相应车辆的维修手册，一般在左前车门门框上有标识。另外备胎气压也需要经常检查，非全尺寸备胎气压通常高于其他轮胎，其气压标准也可以在门框上查阅。

图 3-70　检查轮胎气压

2. 轮胎磨损的检查

轮胎的检查内容有胎体变形、鼓包、橡胶开裂、穿刺异物、胎面花纹深度、轮胎气压和异常磨损。轮胎磨损过度是影响行车安全的重要因素，过度磨损的轮胎，除容易爆破外，还会使汽车操纵稳定性变坏。例如，汽车在雨中高速行驶时，由于不能及时排水，轮胎将会出现水滑现象，导致汽车失控。

当轮胎的胎冠部分磨损到磨损标志以下后，将会严重影响行车的安全，为了便于检查，轮胎生产时制有胎面磨损标志和胎面磨损标志符号，如图 3-71 所示。胎面磨损标志位于胎面花纹沟底部，当胎面磨损到此处时，花纹沟断开，轮胎必须停止使用。为便于用户找到磨损标志，通常在磨损标志对应的胎肩处标出"TWI"或者"△"符号。如果轮胎花纹接近磨损标志，应更换轮胎。

胎面磨损标志　　　　　胎面磨损标志符号

图 3-71　轮胎磨损标记

> **⚠ 安全警示**
>
> 　　当轮胎磨损到磨损标记时必须更换轮胎，否则会有发生事故的危险！在湿滑道路上高速行驶的情况下，轮胎的抓地能力会降低。此外，汽车也更容易"发漂"（滑水现象）。

轮胎胎冠的磨损也可以使用胎纹尺进行测量。通常轿车轮胎胎冠上花纹磨损至花纹深度小于 1.6mm，载货汽车转向轮胎胎冠上的花纹深度小于 3.2mm，其余轮胎胎冠花纹深度小于 1.6 mm 时，应停止使用。轮胎花纹深度可用深度尺进行测量，如图 3-72 所示。

3. 轮胎的换位

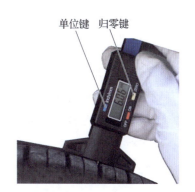

单位键　归零键

如果经过测量，前轮轮胎比后轮胎花纹磨损严重，应进行轮胎换位。这样可保持汽车各个轮胎磨损基本均匀，达到延长轮胎使用寿命的目的。轮胎换位时，需要注意以下事项。

1）按时换位可使轮胎磨损均匀，大约可延长 20% 的使用寿命，定期换位应结合车辆二级维护进行。在路面拱度较大的地区或夏季，轮胎磨损差别较大，可适当增加换位次数。

2）轮胎换位方法主要包括交叉换位法和平行换位法，如图 3-73 所示。

图 3-72　测量轮胎花纹深度

3）轮胎换位后，应按所换的胎位要求，重新调整气压。

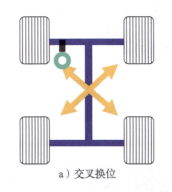
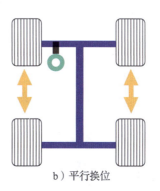

a）交叉换位　　　　　　　b）平行换位

图 3-73　轮胎换位方法

4）轮胎换位后必须做好记录，下次换位仍要按上次选定的换位方法换位。

5）不对称花纹轮胎（图 3-74）或单导向花纹轮胎（图 3-75）有固定的滚动方向，只能朝着一个方向跑，所以在安装时必须确认好，例如，标有 INSIDE 的面应朝内，标有 OUTSIDE 的面应向外。如果安装错误，行驶过程中可能出现轮胎抖动，加快磨损，雨天抓地力明显减弱等危险。

图 3-74　不对称花纹轮胎　　　　　图 3-75　单导向花纹轮胎

4. 修补轮胎

车辆在使用过程中，难免会遇到轮胎被钉子刺破的情况。当轮胎的胎侧和胎肩被扎破时，修补工序会很复杂，且质量较难保证，通常采取更换整条轮胎的方式处理。当胎面扎钉子时，可以进行修补。

轮胎的修补分为热补和冷补两种方法，冷补又分为外补和内补两种方式。轮胎外补的方式也称为胶条法或快速修补法，其原理就是先用螺纹钻将破损的洞口撑大，再将涂满胶水的胶条填充进洞内即可。这种操作方法简单，成本低，用时少，不用分离轮胎轮毂，也不用进行动平衡。

轮胎外补时常采用图 3-76 所示的工具，修补时，通常需要采用以下步骤。

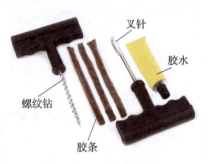

图 3-76　快速修补工具套装

1）如图 3-77 所示，找到轮胎刺破位置，拔出钉子或其他刺破物。

a）拔出刺破物　　b）用螺纹钻钻孔　　c）准备胶条　　d）插入胶条　　e）剪掉胶条

图 3-77　轮胎修补步骤

2）用螺纹钻插入轮胎，抽动螺纹钻清除孔内灰尘杂物。

3）将胶条一端剪成斜口插入插针工具前端孔眼，使孔眼两端的胶条长度基本一致。

4）将带胶条的插针沿破孔插入轮胎，确保胶条插入 2/3 长度，旋转插针一周后拔出插针。

5）在胎面 5mm 长度其余的部分剪掉胶条。

5. 车轮动平衡试验

做车轮动平衡试验是为了保证车轮圆周质量相等，避免车轮在高速运转时因离心力而产生较大的振动。如果车轮动不平衡，当车辆行驶在某一速度的时候还会产生共振，导致转向盘抖动。如果车轮失衡比较严重，时间长了会造成轮毂轴承劳损，缩短轮毂轴承的使用寿命。轮胎也可能因为不正常的横向摆动产生偏磨现象，影响使用寿命。

　　轮胎平衡机结构如图3-78所示，它包括机身、操作面板、平衡轴、平衡块槽、测量尺、轮罩等部分，通常还带有随机附件平衡块拆装钳、锥盘、快速螺母、平衡机量尺等。

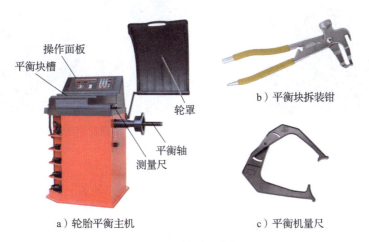

图3-78　轮胎平衡机

　　1）拆下车轮上的平衡块，清理胎面杂物，确保轮胎气压在标准范围内。

　　2）选择合适的锥盘（图3-79），将轮胎套装在动平衡仪主轴上，用锥盘和快锁螺母（图3-80）将车轮固定在主轴上，如图3-81所示。

图3-79　锥盘

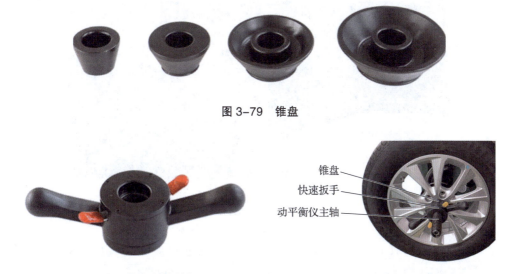

图3-80　锥盘和快锁螺母　　　　　图3-81　将车轮固定在主轴上

　　3）用卡尺测量轮辋宽度b，轮辋直径d（可由胎侧读出），轮辋宽度和轮辋直径单位为in（英寸），测量时平衡机量尺抵在轮辋边缘的平面上，需注意平衡机量尺与轮辋接触点要避开平衡块所在的位置，如图3-82所示。用平衡机上的标尺测量轮辋边缘至机箱距离a，其单位为cm（厘米），如图3-83所示。

图 3-82　用卡尺测量轮辋宽度 b　　　图 3-83　测量轮辋边缘至机箱距离 a

4）将 a、b、d 值输入动平衡仪。

5）放下车轮防护罩，按下启动键，轮胎平衡仪会令车轮旋转，当车轮自动制动后，观察显示仪上的数据。

6）用手慢慢转动车轮，当显示仪的左侧红色方块变成绿色时。在轮辋内左侧指示位置贴上相应数值平衡块。内、外侧车轮不平衡量要分别进行，平衡块安装要牢固。

车轮动平衡块的平衡块也称配重，通常有卡夹式和粘贴式两种类型，如图 3-84 所示。卡夹式平衡块用于有卷边的车轮。对于铝镁合金轮辋，因无卷边可夹，可使用粘贴式配重。粘贴式配重的外弯面有不干胶，可粘贴于轮辋内表面。

a）卡夹式平衡块　　　　　　　　b）粘贴式平衡块

图 3-84　安装平衡块

7）贴好平衡块后放下防尘罩，按下启动键，再次测量，显示仪两边显示数值的误差值在 5g 内，车轮即达到动平衡要求。指示装置显示"0"或"OK"时才符合要求。

8）完成车轮动平衡试验后，松开车轮锁紧扳手，拆下锥套，取下轮胎，切断电源。

五、车轮与轮胎的故障诊断与排除

1. 车轮动不平衡的故障现象

车轮出现动不平衡会出现以下故障现象：车轮会有规律地跳动，转向盘抖动；车辆行驶在某一速度时会产生共振；失衡比较严重时，轮胎也可能产生偏磨。

2. 车轮动不平衡的故障原因

1）轮胎磨损不均匀。

2）车轮碰撞变形。

3）车轮定位不当。

4）轮胎、轮辋、轮毂等损坏或质量不达标。

3. 车轮动不平衡的故障诊断与排除

1）清除轮胎上的石子、泥土等异物。

2）检查轮胎磨损是否存在不均匀，检查轮胎平衡块有没有丢失，检查轮胎气压是否在标准范围。

3）检查轮辋是否存在明显的变形，检查轮毂是否存在损坏。

4）使用轮胎平衡机检查车轮的动平衡。

5）如果故障还没有排除，检查车轮定位是否在标准范围内，如果没有在标准范围，需要重新调整。如果车轮定位在标准范围，则检查或更换有故障车轮的轮毂。

学习任务四 悬架的结构原理与维修

一、悬架的结构

悬架的位置如图 3-85 所示，悬架是车架（或车身）与车桥（或车轮）之间一切传力连接装置的总称。悬架的功用包括连接车架（或车身）和车轮，把路面作用到车轮的各种力传给车架（或车身）；缓和冲击，衰减振动，使乘坐舒适，具有良好的平顺性；保证汽车具有良好的操纵稳定性。

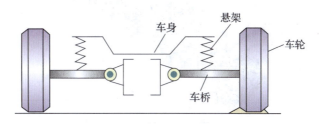

图 3-85 悬架的位置

（一）悬架的类型

按照控制形式不同，悬架可分为被动式悬架和主动式悬架两大类。被动式悬架是指汽车姿态只能被动地取决于路面及行驶状况和汽车的弹性元件、导向装置以及减振器等机械零件。主动式悬架可以根据路面和行驶工况自动调整悬架的刚度和阻尼，从而使车辆能主动地控制垂直振动及其车身或车架的姿态。主动悬架控制系统通常由传感器、控制阀、执行机构和悬架系统组成。

1. 被动式悬架

目前多数汽车上采用的是被动式悬架，被动式悬架又可以分为非独立悬架和独立悬架。

（1）非独立悬架　非独立悬架两侧车轮减振器及弹簧等安装在一根整体的车桥上，当一侧车轮因路面不平发生位置变化时，另一侧车轮的位置也随之发生变化。非独立悬架主要分为钢板弹簧非独立悬架和螺旋弹簧非独立悬架。钢板弹簧非独立悬架应用于客车、货车及皮卡、SUV 等车型，如图 3-86 所示，该悬架采用钢板弹簧作弹性元件，钢板弹簧既有缓冲减振功能，又起传力和导向作用，其结构简单。

图 3-86　钢板弹簧非独立悬架

螺旋弹簧非独立悬架一般只用作轿车的后悬架，其结构如图 3-87 所示，螺旋弹簧的上端装在车身的支座上，下端固定于后桥的座上，并设有纵向推力杆和横向导向杆。这种悬架的整个后桥、纵向推力杆及车轮可以绕支撑座的铰支点连线相对于车身上、下纵向摆动。

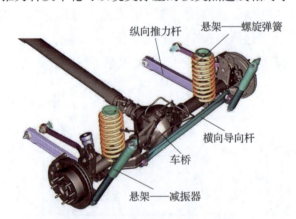

图 3-87　螺旋弹簧非独立悬架

（2）独立悬架　独立悬架两侧车轮各自独立地通过弹性元件悬挂在车身下面，其车桥是断开的，其断开式车桥通常由副车架和摆臂组成。当一侧车轮位置发生变化时，对另一侧车轮几乎不会产生影响。独立悬架具有平顺性好，可以增大牵引力等优点，因此被广泛应用。但独立悬架车辆车轮跳动时，由于车轮外倾角与轮距变化较大，轮胎磨损较严重。

常见的独立悬架有麦弗逊式悬架、双叉式悬架、纵臂式悬架、多连杆式悬架等形式。

麦弗逊式悬架是众多独立悬架中的一种，它结构简单、成本低廉、舒适性较好等，目前得到普遍使用。如图 3-88 所示，麦弗逊式悬架由螺旋弹簧、减振器、三角形的下摆臂组成，其减振器安装在螺旋弹簧的内部，绝大部分车型还安装了横向稳定杆。麦弗逊式悬架由于构造简单，性能优越的缘故，被行家誉为经典的设计。

如图 3-89 所示，麦弗逊式悬架没有传统的主销实体，减振器与套在它外面的螺旋弹簧合为一体，构成悬架的弹性支柱，支柱上端 A 与车身挠性连接，支柱下端 B 与转向节刚性连接。主销轴线设计在上下铰接点中心的连线 AB 上。当车轮上下跳动时，B 点随横摆臂摆动，因而主销轴线 AB 随之摆动。

图 3-88 麦弗逊式悬架

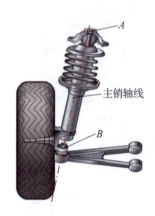

图 3-89 麦弗逊式悬架的虚拟主销

双叉式悬架的结构如图 3-90 所示，它一般是上下两个控制臂支撑安装在车轴的转向节上，在上下控制臂（上、下摆臂）之间安装减振器。上、下摆臂有等长的和不等长的，摆臂等长的独立悬架当车轮上下跳动时，车轮平面不倾斜，主销轴线的方向也不发生变化，但轮距却发生较大的变化，这会引起车轮侧滑和轮胎磨损。摆臂不等长的独立悬架车轮上下跳动时，车轮平面、主销轴线、轮距都在控制允许范围内变化，因此，这种形式的独立悬架应用较多。

图 3-90 双叉式悬架

　　纵臂式独立悬架又分为单纵臂式和双纵臂式两种。单纵臂式独立悬架其结构如图3-91所示，它主要由减振器、螺旋弹簧、单纵臂和纵向稳定杆等组成。如图3-92所示，如果单纵臂式独立悬架用于前轮，在路面不平时，车轮会在汽车纵向平面内摆动，车轮上下摆动时会使主销后倾角变化很大，影响直线行驶时转向的操纵性能，所以单纵臂式独立悬架都用于后轮。双纵臂式独立悬架的两纵摆臂一般长度相等，形成平行四连杆机构。当车轮上下跳动时，车轮外倾角、轮距和主销后倾角都不发生变化，所以这种形式的悬架适用于转向轮。

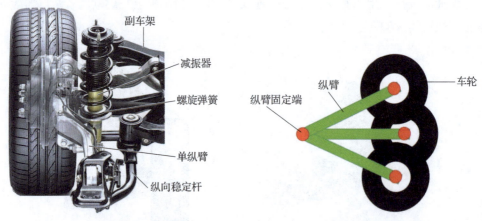

图 3-91　单纵臂式独立悬架　　　　图 3-92　单纵臂式独立悬架工作原理

　　多连杆式悬架系统又分为5连杆后悬架和4连杆前悬架系统。5连杆悬架的优点是构造简单、重量轻，减少悬架系统占用的空间。4连杆式独立悬架结构如图3-93所示，全新的4连杆前悬架系统多用于豪华轿车，其舒适性良好，有较好的支撑性能、提高了车辆的控制性能，减少转向不足的情况。

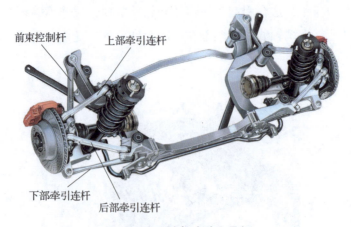

图 3-93　4 连杆式独立悬架

2. 主动悬架

传统汽车的悬架很难同时兼顾车辆的舒适性与操控性，只能按照车型的定位，在舒适性与操控性之间找一个平衡点。随着现代技术发展，现代很多中高档轿车悬架的弹簧刚度、减振器阻力、车身高度等可以实行控制，这种悬架称为半主动悬架或主动悬架。

目前主动悬架大体上分类4大类，空气式主动悬架、液压式主动悬架、电磁式主动悬架以及电子液力式主动悬架。

空气式主动悬架是在螺旋弹簧的位置更换成了可变高度的气体弹簧，如图3-94所示，这种悬架系统的电控单元能根据离地距离传感器和车速传感器等感受道路的不同起伏，控制气体弹簧自动压缩或伸长，从而降低或升高底盘离地间隙，以增加高速车身稳定性或复杂路况的通过性。

液压式主动悬架是利用液压变化来调节车身的悬架系统，它的核心部件是一个内置式电子液压集成模块，可以根据车辆行驶速度对减振器的伸缩频率和程度加以调整。液压式主动悬架通常在汽车重心的附近安装纵向和横向加速度横摆陀螺传感器，用来采集车身振动、车轮跳动以及倾斜状态等信号，这些信号经过行车电脑运算，并把相应执行信号传递给四个减振器的执行油缸，并以增减液压油的方式来改变离地间隙。

电磁式主动悬架是利用电磁反应来实现汽车底盘高度升降变化的一种悬架方式。电磁式主动悬架可以在极短的时间内做出反应，来抑制振动，保持车身稳定。电磁式主动悬架的核心部件是电磁减振器，如图3-95所示，电磁减振器其中充当阻尼介质的是电磁油液。电磁式主动悬架改变电磁线圈电流使磁通量发生改变，电磁油液的黏滞系数随着磁通量变化。电磁油液的黏滞系数变化，减振器阻尼也随之改变。

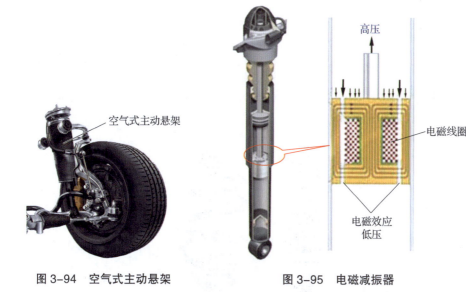

图3-94　空气式主动悬架　　　　　图3-95　电磁减振器

电子液力式主动悬架可以独立控制每个车轮的悬架阻尼，其电控单元能根据读取的路况信息，适时对减振器做出调整，使之在软硬间切换，从而迅速并准确地控制车身的侧倾、俯仰以及横摆跳动，提高车辆高速行驶和过弯的稳定性。

（二）悬架的主要零部件

悬架一般由弹性元件、减振装置和导向机构三部分组成。弹性元件包括钢板弹簧、螺旋弹簧、气体弹簧和扭杆弹簧等元件，弹性元件可以缓和不平路面带来的冲击，并承受和传递垂直载荷。减振装置主要指减振器，减振器可以衰减由于路面冲击产生的振动，使振动的振幅迅速减小。导向机构包括纵向推力杆和横向推力杆，用于传递纵向载荷和横向载荷，并保证车轮相对于车架（或车身）的运动关系协调。

1. 钢板弹簧

钢板弹簧结构简单，使用可靠，维修方便，因而广泛被载货汽车采用。如图 3-96 所示，它由若干等宽但不等长、厚度相等或不相等的钢板弹簧片组合而成。钢板弹簧中部通过 U 形螺栓固定在车桥上。钢板弹簧第一片最长，称为主片，其两端弯成卷耳，内装衬套，以便用钢板销与车架相连。多片弹簧钢板一般是靠中部的小孔和中心螺栓穿在一起，它和多个钢板弹簧夹可以防止隔片钢板弹簧横向滑动。

卷耳　钢板弹簧夹　中心螺栓　钢板弹簧片　U形螺栓

图 3-96　钢板弹簧总成

2. 螺旋弹簧

螺旋弹簧可以承受垂直载荷，它无需润滑，不怕泥污，质量小，占用空间小，目前广泛用于轿车。如图 3-97 所示，螺旋弹簧是由一根钢丝卷成的螺旋状弹簧。螺旋弹簧悬架中必须安装有导向机构，用来承受并传递除垂直载荷以外的各种力和力矩。螺旋弹簧变形时不产生摩擦力，因而没有衰减振动的作用，所以在悬架中必须安装减振器。

图 3-97　螺旋弹簧

3. 气体弹簧

气体弹簧可以分为空气弹簧和油气弹簧 2 种。如图 3-98 所示，空气弹簧是在一个密封的容器内充入压缩气体，利用气体的可压缩性实现弹簧作用，而且弹簧的刚度可以控制，通过控制充放气还能控制车辆的行驶高度。空气弹簧可以延长车辆使用寿命，可以提高整车的舒适性，同时降低车轮的动载荷，主要应用于大型客车上。

油气弹簧具有良好的行驶平顺性，而且体积小，质量小，目前主要应用于重型汽车和部分小客车上。油气弹簧结构如图 3-99 所示，当车辆载荷增加引起车架和车桥距离变小时，油气弹簧活塞会上移，工作缸容积减小，油压升高使油液推开阻尼阀而进入球形室，推动隔膜向气室方向移动，使气室容积减小，气室内高压氮气压力升高，弹簧刚度增大。反之，当车辆载荷减小，弹簧刚度减小。

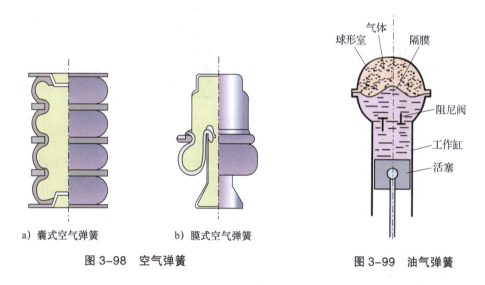

　　a）囊式空气弹簧　　　　　b）膜式空气弹簧

图 3-98　空气弹簧

图 3-99　油气弹簧

4. 扭杆弹簧

如图 3-100 所示，扭杆弹簧是由弹簧钢制成的杆件，其两端制成花键、方形、六角形等形状，以便一端固定在车架上，另一端固定在悬架的摆臂上。摆臂与车轮相连，当车轮跳动时，摆臂绕扭杆轴线摆动，使扭杆产生扭杆弹性变形，以保证车轮与车架的弹性联系。

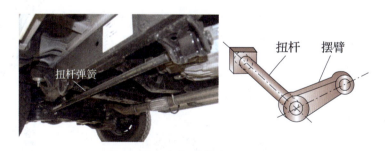

图 3-100　扭杆弹簧的结构和原理

5. 减振器

减振器结构如图 3-101 所示，减振器吸收弹性元件（弹簧、缓冲胶等）起落时的振动能量，使车辆迅速恢复平稳状态，改善汽车行驶的平顺性。减振器是利用内部液体流动来消耗振动能量的。减振器缓冲胶套在减振器活塞杆上，用来缓冲振动，减振器防尘套可以防止灰尘进入造成活塞杆磨损，如图 3-102 所示。遇到路面有沟有坎时，要提前减速，而不要硬生生地冲过去，否则容易损坏减振器、弹簧、悬架等部件。

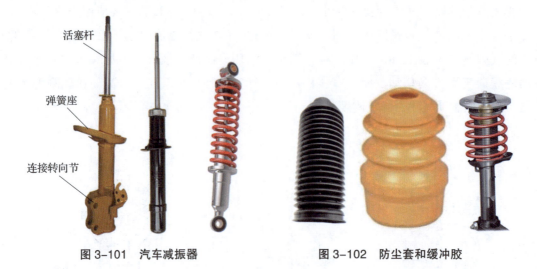

图 3-101　汽车减振器　　　　　　　　图 3-102　防尘套和缓冲胶

减振器和弹性元件是并联安装的。如图 3-103 所示，减振器上端用缓冲胶垫与平面轴承和车身连接，顶胶能减少路面传递到减振器的运动阻力，平面轴承用来保证转向时减振器能随转向轮转动。轿车减振器的下端通常安装在各车轮的转向节上。

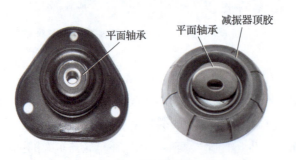

图 3-103　减振器顶胶

减振器可以分为摇臂式和筒式两种，筒式减振器又分为单向作用式和双向作用式，单向作用式减振器通常只是在伸张时起缓冲作用，双向作用式减振器在压缩伸张两个行程都起到缓冲作用。

双向作用筒式减振器工作原理如图 3-104 所示，压缩行程时，活塞下移使下腔室容积减少，油压升高。油液经过流通阀进入活塞上腔室。由于活塞杆占去上腔室一部分容积，故上腔室增加的

双向作用筒式减振器工作原理

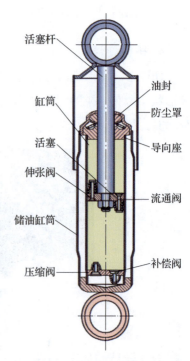

图 3-104　双向作用筒式减振器

容积小于上腔室减少的容积，使下腔室增加的容积小于下腔室减少的容积，下腔室油液不能全部流入上腔室，多余的油液则经压缩阀进入储油缸筒。在伸张行程时，下腔形成一定的真空，油液可以推开补偿阀进入下腔室。在压缩和伸张过程中，油液流动的阻尼力使减振器发挥了缓冲减振作用。

6. 平衡杆

横向稳定杆又称防倾杆、平衡杆，是汽车悬架中的一种辅助弹性元件，其位置如图 3-105 所示。当转向或路面原因，一侧车轮与车身距离发生变化时，通过横向稳定杆的作用，可相应地改变另一侧车轮与车身的距离，减少车身的倾斜。

图 3-105　横向稳定杆

二、主动悬架的工作原理

主动悬架的类型有很多，但工作原理类似，下面以电子液力式主动悬架为例对其工作原理进行介绍。如图 3-106 所示，电子液力式主动悬架主要由电子控制单元、CDC 减振器、CDC 控制阀、车身加速度传感器、车轮加速度传感器等部分组成。其中 CDC 是 Continuous Damping Control 的缩写，意为连续减振控制系统。

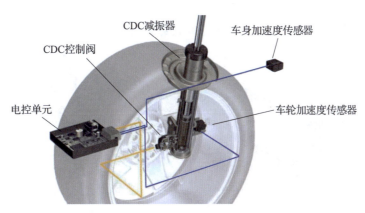

图 3-106　电子液力式主动悬架

如图 3-107 所示，CDC 减振器分为内外两个腔室，里面充满液压油。内外腔室的油液可以通过它们之间的空隙流动。而当车轮在颠簸时，减振器内的活塞会在套筒内上下移动，腔内的油液便在活塞的作用力下在内外腔室间流动。由于减振器内的油液对活塞有阻力，从而实现了减振器的减振作用。

电子液力式主动悬架电控单元通过车辆上的车身加速度、横向加速度等传感器来实时监测车辆当前的行驶状态，电控单元经过运算对比后，对图 3-108 所示的 CDC 控制阀发出相应的指令，CDC 控制阀控制 CDC 减振器内外腔室间小孔的大小，进而来提供适应当前路况的油压。

汽车减振器的拆检

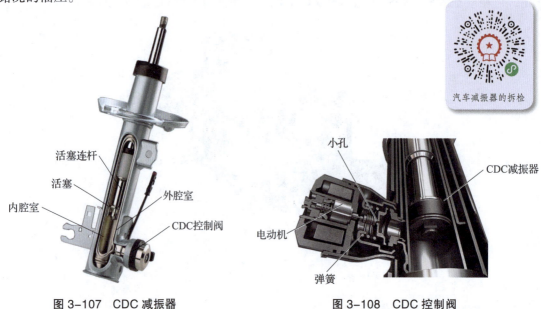

图 3-107　CDC 减振器　　　　图 3-108　CDC 控制阀

三、悬架的拆装注意事项

1）拆装螺旋弹簧时，为防止弹簧弹飞零件或工具，作业时最好佩戴护目镜。

2）在车辆上拆下减振器时，需要将车辆停稳，用三角块塞住车轮。需要用千斤顶或垫块支撑车桥。

3）选择合适的螺旋弹簧压缩器，如图 3-109 所示。

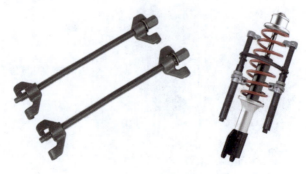

图 3-109　螺旋弹簧压缩器

4）选择专用的减振器开槽螺母及拆装卡头和专用套筒，如图 3-110 所示。

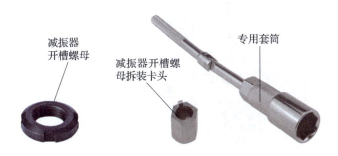

减振器
开槽螺母

减振器开槽螺
母拆装卡头

专用套筒

图 3-110　减振器开槽螺母及拆装卡头和专用套筒

5）拆装麦弗逊式悬架的减振器时，可以使用专用台架，如图 3-111 所示，将总成固定到弹簧压缩工具上，要确保挂钩正确挂接，操作踏板压缩弹簧，从减振器杆上拆卸锁止螺母，拆卸支柱座。拆卸弹簧上座等零件。松开弹簧，拆卸弹簧和弹簧下座。

6）通常车辆更换前减振器后，车轮定位会发生变化，所以更换减振器后，车轮必须进行定位。

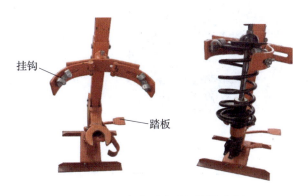

挂钩

踏板

图 3-111　麦弗逊式减振器的分解

四、悬架的检修

（一）被动悬架的检修

1.减振器的检修

当减振器损坏后，车辆行驶在较坏的路面时，减振器会发出异响，用手触摸减振器，正常的减振器会微热，损坏的减振器会烫手或不热。如图 3-112 所示，目测减振器若有轻微的漏油，还可以继续使用，如果严重漏油，则减振器需要更换。将拆下的减振器进行压缩和拉伸，应感觉到阻力，拉伸的阻力要比压缩时的阻力大很多。

检查减振器的防尘套是否出现裂开，如果出现裂开或其他形式的损坏，必须更换新件。减振器内部如果出现泥沙，可能是因为防尘套不能起到防尘作用，需要仔细检查防尘套是否松旷或存在其他形式的损坏。

图 3-112　减振器的检查

检查减振器缓冲胶、顶胶、胶套等是否出现损伤、龟裂及老化的现象，如有，需要更换新件。检查减振器支撑轴承是否出现损坏，转动减振器支撑轴承应灵活没有发卡的现象，如图 3-113 所示，否则应更换。

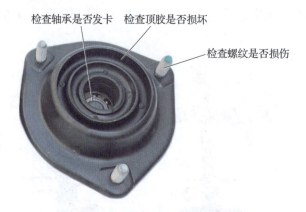

图 3-113　检查减振器顶胶和轴承

2. 弹簧的检查

检查螺旋弹簧有无损坏与变形，并测量螺旋弹簧的自由长度和标准件是否一致，如果相差较明显，需要将其更换。检查螺旋弹簧上座、下座和上下座的胶垫是否出现损坏，如有损坏对弹簧座进行修复或更换。

3. 平衡杆的检查

平衡杆通常不会出现损坏，但是平衡杆及连杆有很多缓冲胶套，检查胶套是否出现损坏，例如图 3-114 所示，检查平衡杆支撑座的胶套是否磨损，检查时可以用撬棒撬动平衡杆，如果观察到明显间隙，则需要更换平衡杆支撑座胶套。

检查平衡杆拉杆是否弯曲，如图 3-115 所示，检查平衡杆防尘套是否损坏，锁紧螺母是否松动。检查拉杆和平衡杆连接球头是否严重磨损，如出现上述损坏，应更换相应的部件。检查平衡杆拉杆和减振器塔柱连接球头、防尘套是否损坏，锁紧螺栓是否松动。

平衡杆支撑座胶套　　　平衡杆

平衡杆拉杆　　防尘套　　锁紧螺母　　平衡杆

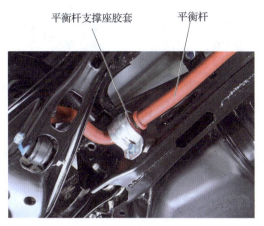 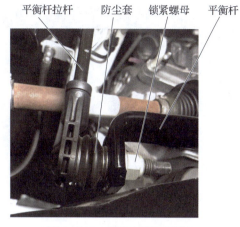

图 3-114　检查平衡杆胶套　　　　　　　图 3-115　检查平衡杆拉杆

检查后悬架锁闩连杆及胶套是否损坏，检查锁闩连杆是否弯曲变形，检查连接螺栓是否松动，检查防尘套是否损坏，检查胶套、连接球头是否严重磨损，如图 3-116 所示。

锁闩连杆

图 3-116　检查后悬架锁闩连杆及胶套

（二）主动悬架的检修

1. 加速度传感器的检修

加速度传感器是一种能够测量加速度的传感器，通常由质量块、阻尼器、弹性元件、敏感元件和适调电路等部分组成。

别克君威电子悬架控制系统包括三个壳体垂直加速度传感器和两个前轮垂直加速度传感器。三个壳体垂直加速度传感器分别位于左前、右前和后侧，两个前轮垂直加速度传感器位于滑柱，如图 3-117 和图 3-118 所示。它们的检测方法如下。

1）将点火开关置于 OFF 位置，断开加速度传感器和悬架控制模块之间的线束，检查加速度传感器和悬架模块之间的 3 条导线应无断路，没有短路，否则更换线束，测量时的参考电路如图 3-119 所示。

图 3-117　右前壳体垂直加速度传感器

图 3-118　前轮垂直加速度传感器

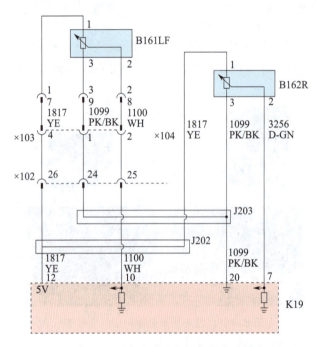

图 3-119　别克君威垂直加速度传感器电路

K19—悬架控制模块　B162R—后车身垂直加速度传感器　B161LF—车轮纵向加速度传感器

2）将加速度传感器线束连接到悬架控制模块，而线束和加速度传感器之间保持断开，将点火开关置于 ON 位置，测量电源线和搭铁线之间的电压应为 5V，否则检查悬架控制模块的电源电路，或更换悬架控制模块。

3）将点火开关置于 OFF 位置，用专用的连线连接加速度传感器和其线束，测量加速度传感器向悬架控制模块提供的信号，信号电压应为 0.5~4.5V。

2. 执行器的检修

别克君威电子悬架控制系统有四个集成在减振器内的减振器执行器（即 CDC 控制阀），悬架控制模块向各减振器执行器输入可变电流进行控制，其电流大小为 0~1.8A，执行器可以在几毫秒内回应悬架控制模块的指令。它们的检测方法如下。

1）检查减振器执行器位置是否存在明显漏油，如果漏油，则进行维修或更换。

2）将点火开关置于 OFF 位置，分别断开检查减振器执行器线束和减振器执行器及悬架控制模块之间的插接器，检查减振器执行器线束有无断路、有无短路，减振器执行器的电路如图 3-120 所示。

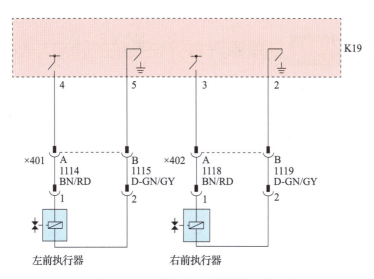

图 3-120 别克君威减振器执行器电路

K19—悬架控制模块

3）检查减振器执行器的电阻，电阻值应在 $10 \sim 30\,\Omega$ 之间或根据维修手册标准进行判断。

五、悬架的故障诊断与排除

1. 车身振动较大的故障现象

悬架常见的故障是车身振动强烈，汽车在不平的道路上行驶时，车身产生强烈且连续的振动。

2. 车身振动较大的故障原因

1）减振器漏油。

2）减振器连接销脱落，橡胶衬套磨损或破裂。

3）减振器内部阀门出现损坏。

4）减振弹簧损坏。

3. 车身振动较大的故障诊断与排除

1）检查发动机或电动机是否有强烈振动，排除发动机或电动机对车身振动的影响。

2）如果能感觉到车身某一方位振动最强烈，则检查该方位的减振器和弹簧，否则检查所有的减振器和弹簧。

3）检查减振器有没有明显的漏油，检查减振器衬套、顶胶等是否出现损坏，检查减振弹簧是否出现损坏。

4）拆下减振器，检查减振器是否出现损坏。

学习任务五 新能源汽车行驶系统的特点与维修

一、新能源汽车行驶系统的特点

电动汽车的行驶系统和燃料汽车相似，主要包括车架、车桥、车轮和悬架等。电动汽车行驶系统的作用是接收电机经传动系统传来的转矩，并通过驱动轮和路面间的附着作用，产生路面对电动汽车的牵引力，以确保整车正常行驶。此外，它应尽可能缓和不平路面对车身造成的冲击和振动，确保电动汽车正常行驶。

1. 纯电动汽车车身的特点

纯电动汽车大多也是使用承载式车身来替代车架。纯电动汽车的车身和传统燃油车的车身类似，由动力舱、前围、地板、侧围、顶盖、后围以及翼子板七大部分组成，其与传统燃油车不同的部分主要在动力舱和地板部分。燃油汽车车身发动机舱主要用来安装发动机，新能源车动力舱主要用来安装电机、减速器、电机控制器、充电器等，动力舱内一些安装支架是不同的。

新能源汽车最为核心的部分，莫过于动力电池，它约占整车重量的30%~40%。纯电动汽车由于车身地板下部需要布置电池，其地板下部结构与燃油汽车结构存在较大的差异。燃油汽车车身一般采用双纵梁结构布置，即前纵梁和地板中纵梁。如图3-121所示，纯电动车身地板由于电池结构限制，取消了地板中纵梁，前纵梁向地板外移，与门槛内板搭接形成双门槛形式。特斯拉式的纯电动车型地板下部仅有左、右门槛，没有设计纵横梁，在地板上部设计5根左、右横梁连接车身，起到抵抗碰撞作用。

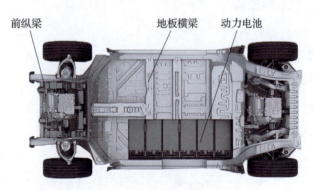

图3-121　纯电动汽车车身地板

2. 纯电动汽车轮胎的特点

1）纯电动汽车相比燃油汽车有沉重的动力电池，车身较重。燃油汽车的轮胎胎侧比较软，为了支撑较重的车身，如图 3-122 所示，电动汽车的轮胎胎侧较为坚硬，例如，吉利帝豪 22 EV 版 430km 网约版使用轮胎型号为 215/60 R16，吉利帝豪 22 第 4 代 1.5LCVT 豪华版的轮胎型号为 195/55 R16。

图 3-122　纯电动汽车要求

2）燃油汽车的轮胎胎面胎冠比较硬，因为发动机有较大的噪声，轮胎噪声也不会被注意。纯电动汽车噪声较小，如果轮胎胎面胎冠较硬，驾乘人员会感觉噪声很大，同时轮胎太硬与路面的接触面积小，也会影响到车辆的动力输出，所以纯电动汽车要选用胎面更加柔软，更加安静的轮胎。

3）电动汽车驱动转矩大，在起步时，加速可以瞬间达到峰值，对轮胎的抓地能力要求更高，否则在车辆起动时很容易出现轮胎打滑的现象。

二、新能源汽车行驶系统的检修

1. 纯电动汽车车身的检修

1）只能在推荐部位进行剖切，否则会破坏车辆结构的整体性，在车辆发生碰撞时可能导致人身伤害。

2）不要让室温硬化密封剂进入螺纹盲孔，否则紧固件在紧固时无法获得正确的夹紧力，不正确的夹紧力会使部件无法获得正确的密封，从而导致泄漏。紧固件无法正确紧固，会使部件松动或分离，从而导致车辆严重损坏。涉及动力电池固定螺栓的螺纹盲孔，更需要仔细检查。

3）如果车身底部尺寸不符合标准，利用车身校正仪校正车身保证车身各个部位尺寸符合要求，校正时可以参考车身维修手册中车身尺寸数据图，类似图 3-123 所示。

// 思　政 //

2022 年"大国工匠年度人物"发布活动揭晓评选结果。广西汽车集团有限公司钳工郑志明当选 2022 年"大国工匠年度人物"，成为广西首位"大国工匠"。1997 年，郑志明进入广西汽车集团，从一名职高毕业的普通钳工成长为集团首席技能专家。他始终奋战在生产一线，将钳工技能练得炉火纯青，成为国家级技能大师工作室负责人。

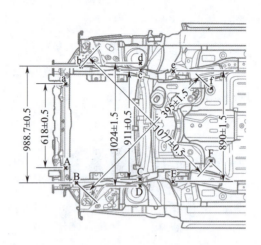

图 3-123　车身尺寸数据图（局部）

4）如图 3-124 所示，安装副车架时，如果车架不能正确地安装到车身上，则车架与车身定位不正确，确认车身定位不正确后更换副车架。

可以通过以下几个方面间接地来判断车架的定位：副车架不能正确地安装到车身上，转向臂间正确的几何关系，正确的车轮定位，如果副车架出现任何形式的损坏，更换副车架，不能对副车架进行维修。

图 3-124　副车架的安装位置

2. 纯电动汽车轮胎的检修

1）一般胎压在 230~250kPa 是比较妥当的，过低或者过高都非常危险。轮胎的负荷能力和充气压力是相对应的，根据车辆的负荷情况确定轮胎的合理气压。长时间高速行驶时应将轮胎气压提高 10%~15%。

2）新胎使用初期，会使轮胎外缘尺寸发生变化，轮胎气压会降低，应在使用 24h 或行驶 2000~3000km 后检查并调整气压。

3）当更换新汽车轮胎时，一定要和汽车出厂时汽车轮胎型号一致，包括汽车轮胎的尺寸、负荷指数和速度级别等。

转向系统的结构原理与维修

汽车转向系统是用来改变或保持汽车行驶方向的机构。它的功用是按照驾驶人的意愿控制汽车的行驶方向，在受到路面干扰时，与行驶系统配合，保持汽车直线行驶。汽车转向系统有机械转向系统、液压动力转向系统和电控动力转向系统等类型。机械转向系统靠驾驶人的手力操纵作为转向的动力源。汽车转向系统主要由转向器、转向操纵机构、转向传动机构三部分组成，如图4-1所示。

汽车转向系统还要求转向时必须轻巧灵敏，转向后车轮能自动回位，直行时不跑偏，车轮的振动及摆动不致使转向盘转动，转向时两轮的偏转角度应符合一定的规律。

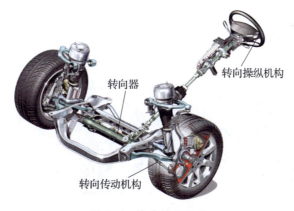

图4-1 汽车转向系统

学习任务一 机械转向系统的结构原理与维修

机械转向系统以驾驶人的体力作为转向能源，其中所有传力件都是机械的。机械转向系统主要由转向操纵机构、转向器和转向传动机构三大部分组成。

一、机械转向系统的结构

（一）转向操纵系统

汽车转向操纵系统是将驾驶人的操纵力传给转向器，如图4-2所示。它主要是由转向盘、转向柱、万向节和锁紧手柄等组成。

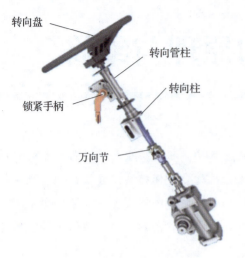

图 4-2 转向操纵系统的结构图

1. 转向盘

转向盘由轮毂、轮辐和轮圈组成，如图4-3所示。转向盘上装有喇叭开关，一些轿车的转向盘还装有车速控制开关，以及发生碰撞时保护驾驶人的安全气囊等装置。

图 4-3 转向盘

轮辐一般有三根或四根辐条，如图4-4所示。轮毂有圆孔及花键槽，利用键和螺母将其固定在转向轴的轴端。转向盘内由成形的金属骨架构成，骨架外面一般包有柔软的合成橡胶或树脂，也有包皮革的，以使它具有良好的手感，防止驾驶人手心出汗时转向盘打滑。

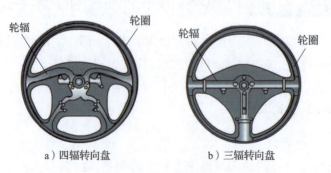

a）四辐转向盘　　　　　b）三辐转向盘

图 4-4 转向盘的轮辐

转向盘根据可调方向，分为上下调节和前后调节，根据调节方式又可分为手动调节和电动调节，如图 4-5 所示。调节转向盘时座位不能离转向盘过近，以免驾驶人手臂与腿都过分弯曲，驾驶人肌肉容易紧张，影响安全与健康。正常情况下只要不影响手脚操控，驾驶座椅离转向盘应预留适当的距离，这样驾驶时的视角更广大。

图 4-5　转向盘的调节

 安全警示

只能在汽车停稳时调节转向盘，否则有发生事故的危险。转向盘调节拨杆必须始终处于卡止状态，以免在行车时无意中改变转向盘的位置而引发事故。

由于转向系统各传动件之间存在着装配间隙，而且这些间隙将随着零件的磨损而增大。所以，在操控转向盘时，必须先消除这些间隙后，车轮才开始偏转，这时转向盘转过的角度称为转向盘自由行程。

2. 转向柱

转向管柱一般为管状，内壁两端一般装有轴承，支持其从里穿过的转向轴，转向管柱通过托架固定在车身上，如图 4-6 所示。通常将转向轴和转向管柱统称为转向柱。转向柱上安装了多方位转向盘锁，转向盘锁内有保险程度较高的锁芯。现代轿车愈来愈多地装有能改变转向盘工作角度和转向盘高度的机构，以方便不同体型驾驶人的操纵。

转向柱上设置能量吸收装置，当汽车紧急制动或发生撞车事故时，能量吸收装置吸收能量，起到减轻驾驶人受伤程度的作用，如图 4-7 所示。

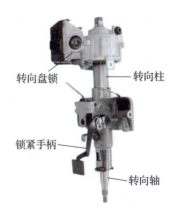

转向盘锁
转向柱
锁紧手柄
转向轴

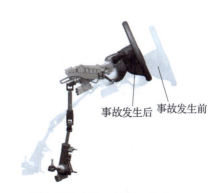

事故发生后　事故发生前

图 4-6　转向管柱　　　　图 4-7　缓冲吸能式转向操纵机构事故前后的对比

缓冲吸能式转向操纵机构从结构上能使转向轴和转向管柱受到冲击后，轴向收缩变形吸收冲击能量，从而有效地缓和转向盘对驾驶人的冲击，减少其所受的伤害程度。常用的缓冲吸能式转向操纵机构有波纹管吸能式、钢球滚压吸能式、可分离式和网格管式等，如图4-8所示。

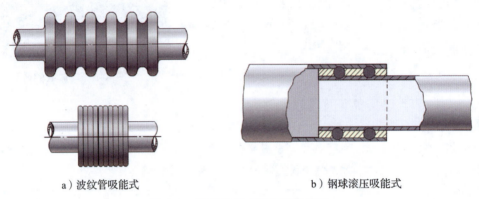

a）波纹管吸能式　　　　　　　　　b）钢球滚压吸能式

图4-8　缓冲吸能式转向操纵机构

转向轴和转向器轴线会错开一定的角度，如图4-9所示，转向轴采用十字轴万向节或柔性万向节间接与转向器输入轴相连接。在转向轴上和转向器主动齿轮轴上通常会有凹槽标记，方便拆装万向节时对准标记。

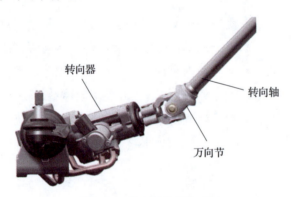

图4-9　转向轴和万向节

（二）机械转向器

转向器是完成由旋转运动到直线运动的一组齿轮机构，同时也是转向系统中的减速传动装置，并改变转向力矩的传动方向。目前较常用的有齿轮齿条式、循环球式、蜗杆曲柄指销式等。

1. 齿轮齿条式转向器

齿轮齿条式转向器属于可逆式转向器，其正效率与逆效率都很高，自动回正能力较强。齿轮齿条式转向器主要是由齿轮和齿条啮合传动的，如图4-10所示，齿轮齿条式转向器是利用齿轮顺时针或逆时针的转动带动齿条左右移动，再通过横拉杆推动转向节，达到转向的目的。转向器能增大驾驶人施加到转向盘上的力矩，并改变转向力的传递方向。齿轮齿条式转向器具有结构简单、轻巧、杆件少、操作灵敏等优点，目前轿车上普遍采用齿轮齿条转向器。

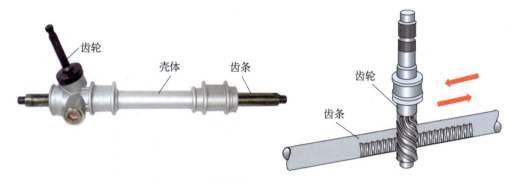

图4-10　齿轮齿条式转向器外形和原理

为保证齿轮齿条无间隙啮合，如图4-11所示，压紧弹簧产生的压紧力通过压块将转向齿轮和转向齿条压靠在一起。弹簧的预紧力可以通过调整螺塞进行调整。

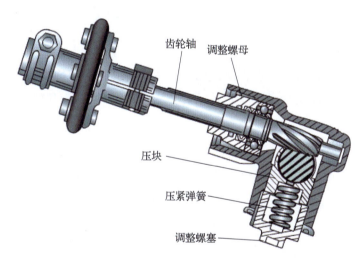

图4-11　齿轮齿条式转向器间隙调整机构

2. 循环球式转向器

循环球式转向器主要由钢球、螺母、螺杆、螺母外齿条、齿扇、摇臂轴和壳体等组成，如图4-12所示。循环球式转向器由两套传动副组成，一套是螺杆螺母传动副、一套是齿条齿扇传动副。当转动转向盘时，转向螺杆也随之转动，通过钢球将作用力传给螺母，螺母即产生轴向移动。同时，由于摩擦力的作用，所有钢球在螺

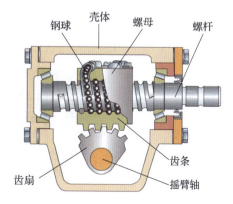

图4-12　循环球式转向器

杆与螺母之间滚动，形成"球流"。钢球在螺母内绕行两周后，流出螺母进入导管，再由导管流回螺母，随着螺母沿螺杆做轴向移动，其齿条带动齿扇运动，齿扇带动摇臂轴转动，从而使转向摇臂产生摆动，通过转向传动机构使转向轮偏转完成汽车转向。循环球式转向器最大优点是传递效率高，操纵轻便、工作可靠、使用寿命长。它的主要缺点是结构复杂、制造精度要求高、逆效率也高。

3. 蜗杆曲柄指销式转向器

蜗杆曲柄指销式转向器主要是由转向器壳体、转向蜗杆、曲柄、指销和摇臂轴等组成，如图4-13所示。汽车转向时，驾驶人通过转向盘转动转向蜗杆，与其相啮合的摇臂轴曲柄端部的指销一边自转，一边以曲柄为半径绕摇臂轴轴线沿圆弧运动，并带动曲柄、摇臂轴摆动，实现汽车转向。蜗杆曲柄指销

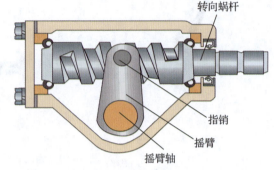

图 4-13　蜗杆曲柄指销式转向器

式转向器传动效率高，操纵轻便，磨损小，使用寿命长，但其逆传动效率低，路面冲击力很容易反传动至转向盘上，出现"打手"的感觉，通常用于转向力较大的载货汽车。

（三）转向传动机构

转向传动机构的功用是将转向器输出的力和运动传到转向桥两侧的转向节，使两侧转向轮偏转，且使两转向轮偏转角按一定关系变化，以保证汽车转向时车轮与地面的相对滑动尽可能小。

1. 转向直拉杆

转向直拉杆的作用是将转向摇臂传来的力和运动传给转向梯形臂，如图4-14所示。它所受的力既有拉力，也有压力，因此直拉杆都是采用优质特种钢材制造的，以保证工作可靠。在转向轮偏转或因悬架弹性变形而相对于车架跳动时，转向直拉杆与转向摇臂及转向节臂的相对运动都是空间运动，为了不发生运动干涉，上述三者间的连接都采用球头销。很多轿车上没有直拉杆。

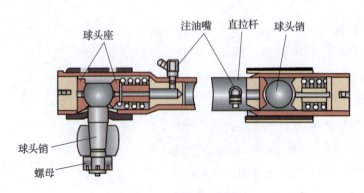

图 4-14　转向直拉杆

2. 转向横拉杆

齿轮齿条转向器的横拉杆可以安装在转向器两端，也可以安装在转向器中间位置，如图 4-15 所示。转向横拉杆总成由横拉杆和横拉杆接头等组成。横拉杆体用钢管制成，端面切有螺纹，与横拉杆接头连接。横拉杆接头的螺纹孔壁上开有轴向切口，故具有弹性，安装到横拉杆上可用螺栓夹紧。由于横拉杆左右两端是正反螺纹，因此，在旋松调节螺母以后，转动横拉杆体向里或向外移动而改变其长度，以调整前束值，如图 4-16 所示。

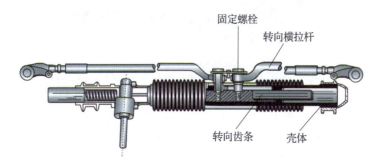

图 4-15　安装在转向器中间位置的转向横拉杆

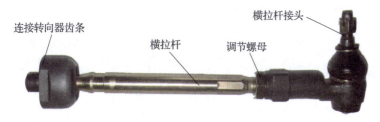

图 4-16　转向横拉杆

3. 转向梯形臂

转向直拉杆通过转向节臂与转向节相连，转向横拉杆两端经左、右梯形臂与转向节相连，如图 4-17 所示。转向节臂和梯形臂带锥形柱的一端与转向节锥形孔相配合，用螺母紧固后插入开口销将螺母锁住。转向节臂和梯形臂的另一端带有锥形孔，与相应拉杆的球头销锥形柱相配合，同样用螺母紧固后插入开口销将螺母锁住。轿车转向横拉杆大多通过转向节臂连接转向车轮，如图 4-18 所示，轿车转向节臂基本上和转向节制成一体。

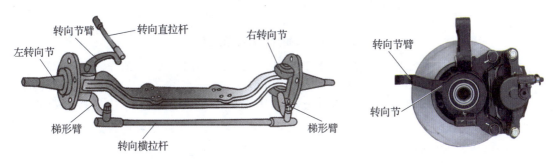

图 4-17　转向梯形臂　　　　　　　　　　　　　　图 4-18　转向节臂

4. 转向减振器

随着汽车车速的不断提高，现代汽车的转向轮有时会产生摆振，即转向轮绕主销轴线往复摆动，进而引起整车车身的振动，大大影响了汽车行驶的稳定性和舒适性，加剧了前轮轮胎的磨损。为此，越来越多的高速汽车在转向传动机构中安装了转向减振器。转向减振器一端与车身或前桥铰接，另一端与转向直拉杆或转向器铰连，其结构如图 4-19 所示。

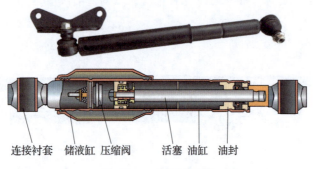

连接衬套　储液缸　压缩阀　　活塞　油缸　油封

图 4-19　转向减振器

二、机械转向系统的工作原理

为了避免轮胎过快磨损，要求转向系统能保证在汽车转向时，所有车轮均做纯滚动。显然，这只有在所有车轮的轴线都相交于一点时方能实现，如图 4-20 所示，此交点 O 称为转向中心。由转向中心 O 到外转向轮与地面接触点的距离为转弯半径。

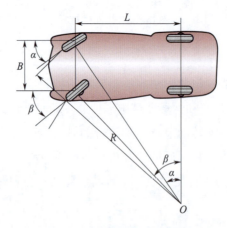

图 4-20　双轴汽车转向示意图

α—外转向轮偏转角　β—内转向轮偏转角　B—两侧主销中心距离　L—轴距　R—转弯半径

轿车的机械转向系统工作原理如图 4-21 所示，当需要转向时，驾驶人对转向盘施加转向力矩，该力矩通过转向盘及转向柱，输入转向器，转向力矩经过转向器的减速增力后传给左、右横拉杆及转向节臂，使转向节和它所支撑的转向轮偏转。

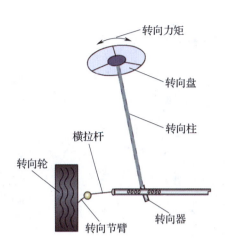

图 4-21　轿车机械转向系统原理图

货车和大客车转向系统如图 4-22 所示，其转向器将转向力矩传给转向摇臂、转向直拉杆、转向节臂，再传给左转向节，由于右转向节与左转向节之间用梯形臂和转向横拉杆连接，故右转向节及支撑的右轮也随之偏转相应的角度，实现了汽车转向。

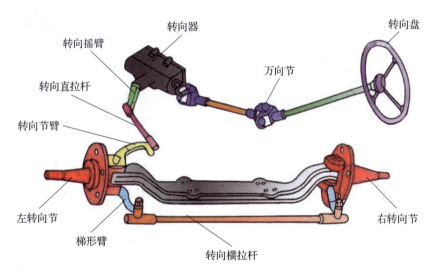

图 4-22　货车和大客车转向系统原理图

三、机械转向系统的拆装注意事项

1）维修转向系统的转向盘、转向柱时，需要断开蓄电池几分钟，并且避免敲击到安全气囊，以免损坏安全气囊或造成意外起爆的严重事故，具体可以阅读维修手册安全气囊相关规定。

2）转向盘没有回正时，不要将点火开关置于 ON（IG）位置。

3）检查转向盘是否处于中间位置，如果转向盘没有在中间位置，可以按如图 4-23 所示方法拆下转向盘紧固螺栓或螺母，取下转向盘重新对中。

a）转向盘固定螺栓位置　　　　　　　　b）转向盘固定螺栓拆卸方法

图 4-23　拆卸转向盘

4）拆装转向横拉杆时，需要使用两把呆扳手，一把呆扳手卡住转向横拉杆，另一把呆扳手拧松转向横拉杆拧紧螺母。拆转向横拉杆球头锁紧螺母时，需要使用球头顶拔器卡住球头，如图 4-24 所示。

四、机械转向系统的检修

图 4-24　拆转向横拉杆球头的球头顶拔器

1. 转向盘自由行程检查

一般来说，转向盘从相应于汽车直线行驶的中间位置向任一方向的自由行程最好不超过 10º~15º。当零件磨损严重到使转向盘自由行程超过 25º~30º 时，必须进行调整。

1）使汽车前轮处于直线行驶位置。

2）将检查器的刻度盘和指针分别夹持在转向轴管和转向盘上，或如图 4-25 所示安装转向参数测试仪。

3）如图 4-26 所示，向左、向右侧轻轻推动转向盘，在转向盘外圆周上测量手感变重时（即轮胎开始转动），记下指针所划过的角度就是转向盘自由行程。如该值在规定值之内（规定参考值：30mm），说明状况正常。

自由行程　　　　　　自由行程

图 4-25　安装转向参数测试仪　　　　　图 4-26　检查转向盘的自由行程

2. 转向盘自由行程过大的调整

1）检查轮毂轴承和转向节主销的间隙是否过大，出现此种情况，应调整。

2）检查转向器的左右转向拉杆连接是否松动，检查左右横拉杆接头处（图 4-27）是否磨损严重。检查横拉杆球头防尘套是否破损，检查横拉杆球头是否磨损严重，如图 4-28 所示。检查球头处的磨损时，可以使用翘板撬动来感觉其配合间隙的大小，如果间隙过大，则说明连接处磨损严重。

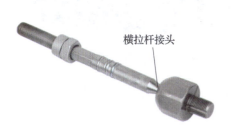

图 4-27　检查左右横拉杆接头

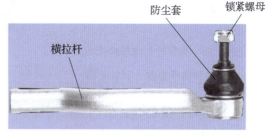

图 4-28　检查横拉杆球头

3）检查转向传动副的磨损是否过大。

4）机械式齿轮齿条式转向器和液压助力式齿轮齿条式转向器的转向自由行程调整方法基本相同，主要是通过调整转向器传动副的啮合间隙来进行的。如图 4-29 所示，松开锁紧螺母，向里转动调整螺塞，使啮合间隙减小，自由行程变小；反之则增大。调整后路试，转向盘自动回位，转向时不会发卡。

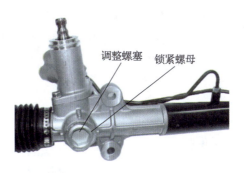

图 4-29　转向器自由行程调整螺母

3. 齿轮齿条式转向器部件检修

1）分解清洗后，检查转向齿轮与齿条的接触面有无磨损与损坏，转向器壳体上是否有裂纹，注意转向器上的零件不允许焊接或矫正，只能更换。

2）检查转向齿条是否挠曲，齿面是否磨损或损坏，齿条背面是否磨损或损坏。如图 4-30 所示，检查齿条挠曲时，可用 V 形架进行支撑，安装百分表后，旋转齿条，观察百分表的读数。齿条挠度极限值为 0.15mm，如挠度超过规定值，则应更换齿条。要注意清洁齿条时，不可使用钢丝刷。

3）检查转向齿条衬套（图4-31）是否磨损或有其他形式的损坏。

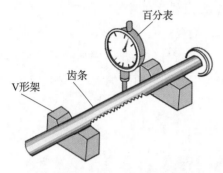

图4-30　检查转向齿条的挠曲度　　　　图4-31　检查转向齿条衬套

4）检查转向齿条压块、调整螺塞是否磨损或损坏，检查齿条压块压紧弹簧是否弹性减弱。如有不良情形，则予以更换。

4. 循环球式转向器部件检修

（1）摇臂轴总成的检查　如图4-32所示，检查花键和螺纹，花键损坏总和不得超过一条花键齿，螺纹损坏不得超过一整圈，否则更换。轴颈处若漏油，应检查轴颈的圆度和圆柱度误差，若误差在规定范围内，可通过更换轴承解决；若超过规定范围，应更换摇臂轴。检查支撑轴承，视情况更换轴承。

检查齿扇，不得有缺齿、断齿现象，齿面不得有大面积斑点、烧蚀和台阶，否则更换。调整螺钉的螺纹损坏不得超过一圈，否则更换。

（2）螺杆螺母总成检查　如图4-33所示，将螺杆倾斜45°，螺母应旋转自如，否则，先检查导管是否变形，再检查螺纹滚道有无斑点和烧蚀现象。如果都无，则检查循环钢球是否有破碎、磨损严重等，有则更换。检查轮齿，不得有缺齿、断齿，齿面不得有大面积斑点、烧蚀和台阶，否则更换。

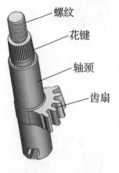

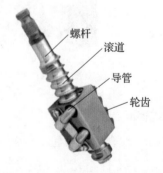

图4-32　检查花键和螺纹　　　　图4-33　螺杆螺母总成的检查

（3）轴承的检查　检查轴承的内、外圈和钢球不得有斑点、烧蚀，钢球应无破碎和缺损现象，否则更换轴承总成。

五、机械转向系统的故障诊断与排除

1. 转向沉重的故障现象

汽车在行驶中左、右转动转向盘时，感觉到沉重费力。

2. 转向沉重的故障原因

1）转向器内润滑不良，转向器啮合间隙过小，转向器内支撑轴承过紧或损坏。

2）转向球头销，转向节主销等处过紧。

3）前稳定杆变形。

4）前轮定位失准，轮胎气压不足等。

3. 转向沉重的故障诊断和排除

1）支起前桥，转动转向盘，如果转向灵活，检查轮胎气压是否不足，前轮定位是否失准，检查前轮轮毂轴承是否过紧等。

2）如果支起前桥转向仍感觉到沉重，可以拆下左右转向横拉杆球头，如果仍感觉转向沉重，应检查或更换转向器，如果感觉转向不再沉重，应该检查转向拉杆球头。

 学习任务二 液压助力转向系统的结构原理与维修

一、液压助力转向系统的结构

动力转向装置按照传能介质不同可以分为液压助力转向和气压助力转向。气压助力转向系统主要用于气压制动的货车和客车。机械液压助力转向发展最早，技术成熟，成本低廉，普及率高，工作时无噪声，工作滞后时间短，而且能吸收来自不平路面的冲击。

机械液压助力转向是在传统的机械转向系统的基础上增加一套液压转向加力装置而成的，一般由储油罐、转向助力泵、转向油管等部件组成，如图 4-34 所示。液压转向助力泵由发动机或电动机驱动，产生转向助力油压，经控制阀向液压缸提供一定压力和流量的工作油液。

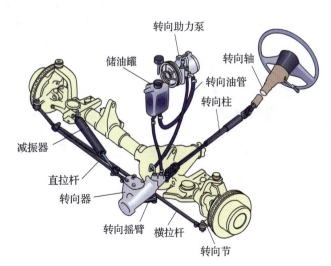

图 4-34　液压助力转向系统

1. 转向助力泵

转向助力泵是动力转向装置的动力源，其作用是将发动机的机械能变为驱动转向动力缸工作的液压能，再由转向动力缸输出的转向力，驱动转向轮转向。转向助力泵的结构类型有多种，常见的有齿轮式、转子式和叶片式，目前最常用的是双作用叶片式转向助力泵。

双作用叶片式转向助力泵的工作原理如图 4-35 所示，当转子顺时针方向旋转时，叶片在离心力及高压油的作用下紧贴在定子的内表面上。其工作容积开始由小变大，从吸油口吸进油液；而后工作容积由大变小，压缩油液，经压油口向外供油。转子每旋转一周，每个工作腔都各自吸、压油两次。转向助力泵一般带有流量控制阀，它位于转向助力泵进油口和出油口之间，它可以限制转向油泵最大流量。

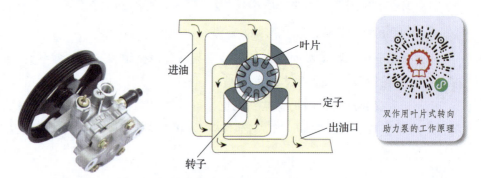

图 4-35　双作用叶片式转向助力泵的结构和原理

电动液压转向助力泵（图 4-36）用于电子液压转向助力系统，这种系统和机械液压液力转向助力系统一样都有液压机构，采用电动转向助力泵不会消耗发动机的动力，发动机的油耗会更低。

图 4-36　电动液压转向助力泵的结构

//　**思　政**　//

一句让人感动的话。

被誉为"中国龙芯之母"的黄令仪说的一句话。

我这辈子最大的心愿，就是匍匐在地，擦干祖国身上的耻辱。

2. 动力转向器

动力转向器有常压式和常流式两种。常压式动力转向器有蓄能器积蓄液压能，可以使用流量较小的转向助力泵，能在转向助力泵不工作时保持一定转向助力能力。常流式动力转向器结构简单、使用寿命长、泄漏少，消耗功率相对较少，因而广泛被使用。

常见的常流式动力转向器包括齿轮齿条式动力转向器和循环球式动力转向器，轿车常用齿轮齿条式动力转向器，如图 4-37 所示，它是在机械齿轮齿条转向器的基础上将动力缸活塞与齿条做成一体，结构简单。

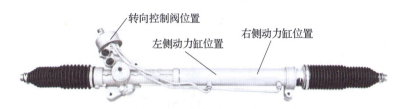

图 4-37　齿轮齿条式动力转向器的结构

动力缸利用油压来扩大传送到转向传动机构上的转向力，动力缸缸体即转向器壳体，动力缸活塞即齿条活塞。如图 4-38 所示，当转向助力泵经转向控制阀向左侧动力缸提供油压时，油压推动活塞向右移动，右侧动力缸油液经过油管回到储油罐。

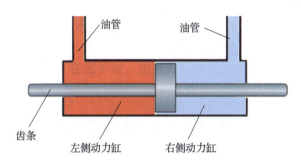

图 4-38　动力缸工作原理图

3. 转向储油罐

转向储油罐用于储存、滤清、冷却压力装置的油液等，应定期检查储油罐液面和油液质量，需查找用户手册，定期更换转向液压油。如图 4-39 所示，正常情况下储油罐液面应该处于"Max"（上限）与"Min"（下限）之间，如果液面低于"Min"时，应加至"Max"。转向油管用于将压力油液从转向助力泵输送给转向控制阀、转向器等，并将返回油液最终导回转向储油罐。

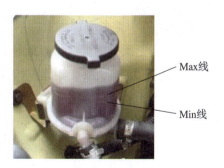

图 4-39　储油罐

4. 电控液压助力转向系统

电控液压助力转向系统是在传统的液压动力转向系统的基础上增设了控制液体流量的电磁阀、车速传感器和电控单元等，如图 4-40 所示。电控单元根据检测到的车速信号，控制电磁阀，使转向动力放大倍率实现连续可调，从而满足高、低速时的转向助力要求。

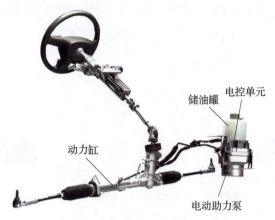

图 4-40　电控液压助力转向系统

电控液压助力转向系统可以实现汽车低速行驶或急转弯时，驾驶人可以以很小的转向力进行操作，以获得较轻便的转向。在高速行驶时能以稍重的转向手力进行稳定地操作，使转向的操纵性和稳定性达到最合适的平衡状态。

二、液压助力转向系统的工作原理

1. 液压油流量控制原理

液压助力转向系统通过内置与转向助力泵的流量控制阀来控制不同车速时液压流量。如图 4-41 所示，当发动机处于怠速状态时，压缩弹簧和内部压力推动泵的凸轮环与外环对接。这样就能提供尽可能大的传输率，此时传输率与发动机转速成正比。

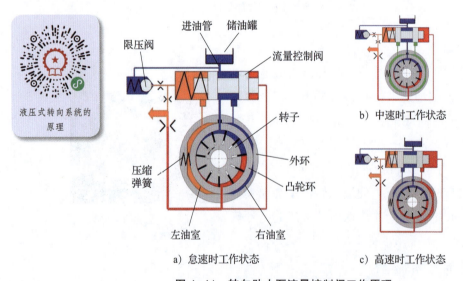

图 4-41　转向助力泵流量控制阀工作原理

当发动机转速越高，助力泵内的压力越高。转向助力泵泵送压力施加在流量控制阀活塞右侧，此时压力升高，控制阀活塞将向左移动以抵抗弹簧的压力。在发动机转速提高到一定时，控制阀活塞可以关闭通往外环与凸轮环之间垫圈的通道，这样就可以保证垫圈之间的压力是相同的。凸轮环相对固定在中部，传输率接近恒定。

如果发动机的转速不断增加，则传输率和压力同时增大，控制活塞会继续向左移动以抵消弹簧的弹力。这样，通往左油室的管道就会与进油管相连。转向助力泵的压力全部进入相对侧的右油室。凸轮环向左移动以抵消弹簧的弹力。这样，转子和凸轮环之间的偏心率得以减小，传输率也随之下降，也可以避免产生"过量"的液压油。转向助力泵的低能耗可以大幅度减少总体能耗。

2. 液压油流向控制原理

转向控制阀是用来控制液压助力装置的油液流动方向阀，它能控制转向助力装置的工作形式。常用的控制阀按结构类型可分为滑阀式和转阀式转向控制阀两种，转阀式转向控制阀应用较为广泛，两种控制阀都是通过阀芯、阀体的相对运动，实现油路和油压的控制，从而推动工作缸中的活塞运动，实现转向系统的助力作用。

转阀式控制阀在动力转向系统中运用较多，转向控制阀工作原理如图4-42所示。汽车直行时（或转向盘保持不动时），阀芯处于中间位置，转向助力泵的工作油液从转向器壳体的进油孔流到阀体的中间环槽中，然后进入阀体和阀芯中间，一部分油液进入左、右两侧的动力缸，另一部分油液从回油口流回出油管。此时，左右两侧动力缸油压很小而且相等，活塞（转向齿条）没有受到推力，它处于中间位置，动力转向器不工作。

转向盘转动时，如图4-43所示，转向盘带动扭力杆上端转动，扭力杆下端因为连接转向齿轮有转向阻力而保持不动，扭力杆可以在下端保持不动的情况下，上端偏转一个角度。转向齿轮轴通过扭力杆带动阀芯相对阀体运动。

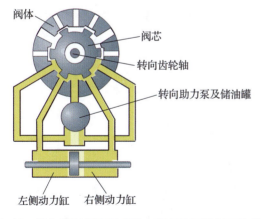

图 4-42　转向控制阀直行或转向盘保持不动时工作状态

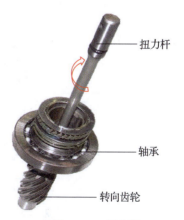

图 4-43　扭力杆

转动转向盘时，由于扭力杆转动带动转向阀的控制边口变化，液压油将进入转向器的液压缸内，推动活塞运动而产生推力。如图4-44所示，转向盘向左转动时，转向助力泵送的液压油进入转向阀，由于扭力杆的作用，转阀阀体和阀芯两者产生相对位移，液压油进入右侧动力缸，左侧动力缸的液压油流回储油罐。由于左、右两侧动力缸存在油压差，齿条在油压差的作用下向左移动，产生助力作用。同理，当转向盘向右转动时，转向助力泵泵送的液压油进入左侧动力缸，也产生助力作用。

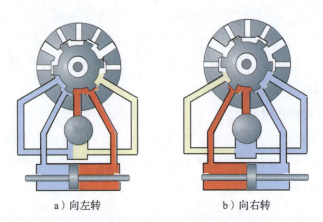

a）向左转　　　　　　　　　b）向右转

图 4-44　转向控制阀向左或向右时工作状态

3. 电控液压转向助力系统工作原理

电控液压转向助力系统的电路如图 4-45 所示，电控液压转向助力控制模块通过车载网络高速 CAN 线连接组合仪表模块，通过组合仪表获取发动机转速、车速等信息，通过转向柱位置传感器获取转向柱的位置信号，通过电磁阀控制液压油流量，进而控制助力大小。

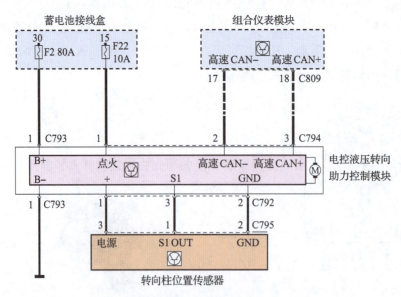

图 4-45　电控液压转向助力系统电路

三、液压助力转向系统的拆装注意事项

1）液压助力转向系统需要清洁，否则容易发生堵塞故障。拆装过程中保持器具的清洁，以免杂物进入。

2）按规定力矩和顺序拧紧各处螺栓，安装不当会造成液压系统密封不良，引发漏油的故障。

3）拆卸转向助力泵压力油管和回油软管时，注意要用容器回收动力转向油液，以免造成污染和浪费。

4）在发动机运转时，转向盘转到头后停留的时间不得长于15s，否则会有损坏转向助力系统的危险。

5）汽车在转向或更换液压油过程中，转向盘转到极限位置的停留时间不应超过5s，以免转向系统损坏。

四、液压助力转向系统的检修

1. 转向液压油油位和油质的检查

1）检查储油罐油位是否合适，补充使其符合油量标准。

2）检查转向液压油是否变质，转向液压油更换周期一般为两年或者4万~6万km。

3）检查及清洗转向储油罐，防止堵塞。

2. 转向泵及管路检查

1）如图4-46所示，当储油罐液位过低时，检查液压系统伸缩软管、回油管、散热器连接管等所有的管路及转向助力泵、动力缸等元件是否存在漏油。检查液压系统管路有无老化，若管路出现老化，应更换相应管路。支起车辆前桥，转动转向盘，检查管路有无与其他地方接触而发生摩擦的情况。

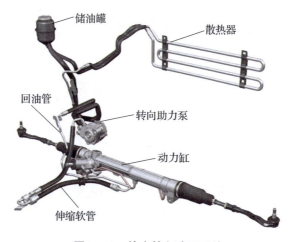

图4-46 检查转向液压系统

2）检查转向助力泵传动带有无裂纹、断裂等，若有裂纹应更换。

3）用手指下压转向助力泵传动带，检查传动带的松紧度，可通过张紧轮调节到合适的松紧度。

3. 转向操纵力的检查

1）把汽车停在干燥、平整的地面，使车辆处于直行状态。

2）保持发动机在怠速状态，将弹簧秤挂在转向盘最外侧，拉动弹簧秤并测量左转向和右转向时（±90°内）所需要的转向操作力，如图 4-47 所示。

3）最大操作力为 40N（参考），如果转向操纵力超过参考值，检查转向器性能及轮胎压力。

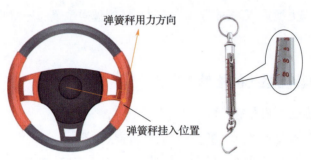

图 4-47　转向操纵力的检查

4. 回正性能的检查

1）起动车辆，直线行驶并保持车速为 35km/h。

2）向左或向右旋转转向盘 90°，保持 1~2s 后松开。

3）如果转向盘回正的角度超过 70°，车辆回正性能正常。如果车辆回正性能异常，则需要检查转向器性能、转向柱、轮胎压力和悬架。

五、液压助力转向系统的故障诊断与排除

1. 转向沉重的故障现象

汽车在原地或低速时行驶，无论左右转向都会感觉不助力或助力作用很小。

2. 左右转向轻重不同的故障原因

1）油位不足。

2）液压回路中有空气。

3）转向助力泵传动带打滑或脱落，转向助力泵内部磨损太大。

4）动力缸或分配阀密封圈损坏。

5）油管接头漏油。

6）电控液压助力转向系统电磁阀故障。

3. 转向沉重的故障诊断和排除

1）检查传动带、带轮是否磨损，检查传动时传动带是否发出声音，如有，说明传动带打滑，需要更换传动带或带轮。

2）检查液压系统转向助力泵、储油罐、转阀、动力缸、油管是否有漏油痕迹，如有漏

油痕迹，需要维修。

3）从储油罐检查油面高度，如果油面高度不足，需要检查是否存在漏油。检查油质是否正常，如果液压油过脏，需要更换。如果在液压油中发现泡沫，说明油路可能存在空气。排除液压油路中的空气需要举升车辆或架起前桥，起动发动机怠速运转，反复将转向盘从最左或最右转到最右或最左，使转向齿条在全行程往复运动，逐步排除液压油路中的空气。排除液压油路中的空气后，添加液压油至规定高度。

4）检查电控液压助力转向系统电磁阀是否有故障，检查电磁阀电路是否正常，拆检电磁阀是否存在机械损坏。

5）连接相适应的油压表和开关，检查转向助力泵是否正常。如果不正常，需要更换或维修。如果转向助力泵正常，故障在动力缸或分配阀，拆检分配阀是否存在异常堵塞，拆检动力缸是否存在异常磨损。

4. 故障案例

一辆奥迪 A1 汽车发生碰撞事故维修后试车，转向沉重。检查故障码，该车装备电动液压转向助力系统。该车在有碰撞信号或转向控制模块温度过高的情况下，助力功能被限制，检查不存在上述情况。检查发现电动助力泵噪声大、振动强，结合故障现象怀疑管路内部有堵塞的现象，电动助力泵输出的油液受阻致使其发生较大的噪声和振动。检查高压管路上带有单向阀的螺塞，发现单向阀已经损坏，将其更换后故障排除。

学习任务三　电控动力转向系统的结构原理与维修

一、电控动力转向系统的结构

电控动力转向系统根据动力源不同又可分为电控液压式动力转向系统和电控电动式动力转向系统，目前常见的是电控电动式动力转向系统。电控电动式动力转向系统也称为电动助力转向系统，又简称 EPS，该系统在转向盘固定不动时，减少发动机损耗，增大输出功率，相比传统液压助力系统节能 0.3~0.4L/100km；电动助力转向系统能实现在各种行驶条件下转向盘得到的操作力都是最佳值；电动助力转向系统还具有体积小，重量轻的优点。

电动助力转向系统的组成如图 4-48 所示，电动助力转向系统通常由转向力矩传感器、电动机、ECU、电控单元、车速传感器等组成。当驾驶人转动转向盘时，电动转向助力系统开始工作。安装于转向柱上的转向盘转角传感器将检测到的转向盘的旋转角度和旋转速度，以电信号的方式送至电控单元。与此同时，作用在转向盘上的力矩经过转向柱传递给转向小齿轮，当转向小齿轮旋转时转向力矩传感器检测到旋转力矩并将其传给电控单元。根据转向力、发动机转速、车速、转向盘转角、转向盘转速以及存储在电控单元中的特性曲线图，电控单元计算出必要的助力力矩并控制电动机开始工作。由电动机带动驱动小齿轮提供转向助力，从而驱动转向齿条。电控单元除了控制转向助力外，还能控制转向系统主动回正和保持车辆直线行驶。

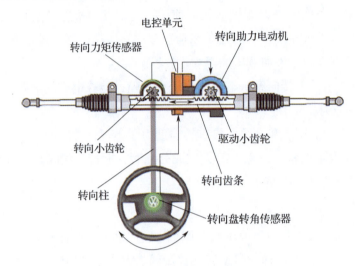

图 4-48　电动助力转向系统的组成

1. 动力转向器

电动助力转向系统常采用电动机械式转向器，如图 4-49 所示，电动助力转向系统的转向器和机械转向系统的转向器工作原理基本相同，该转向器包括转向主动齿轮、齿条、壳体等部件，该转向器带有"双小齿轮"装置，转向助力通过另一个同时作用在齿条上的 EPS 小齿轮提供，该小齿轮的驱动是通过转向助力电动机完成的。转向助力电动机、转向助力电控单元、转子位置传感器等元件也集成在电动机械转向器中。

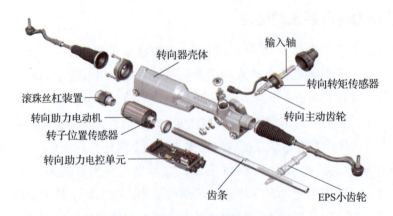

图 4-49　电动机械式转向器的结构

电动机械转向器采用了滚珠丝杠装置，滚珠丝杠装置能把助力电动机的旋转运动转变成齿条的直线运动。滚珠丝杠装置减少了摩擦，功率消耗只有普通螺杆传动率的三分之一。

滚珠丝杠装置的工作原理如图 4-50 所示，球循环螺母内有一个滚珠循环通道，它将球循环沟道的"起点"和"终点"连接在一起。为了减少钢球之间的接触，循环通道越短越好，因此，在球循环螺母内采用两条彼此分开的循环通道。

球循环螺母与助力电动机转子轴连接在一起，转向器齿轮的一端被设计成螺杆形。助力电动机带动球循环螺母转动，循环通道中的钢球就像轴承内的滚子元件一样在密封的循环通道中滚动，由于球循环螺母被纵向固定而无法沿齿条方向移动，在球形螺纹内移动的钢球会向齿条施加一个纵向方向的作用力，齿条受力后就会做直线运动。

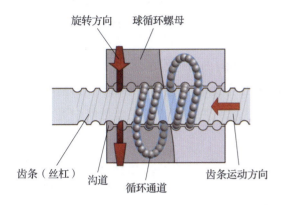

图 4-50　滚珠丝杠装置的工作原理

如图 4-51 所示，转向助力电动机安装在一个铝质壳罩中，转子轴的输出端呈蜗杆状，蜗轮驱动小齿轮用于转向助力。驱动轮与小齿轮之间的摇摆减振器可以保证活动自如。减速机构主要由蜗轮和蜗杆构成，蜗杆的动力来自电磁离合器和电机，经蜗轮减速增矩后，传送给转向轴，然后再通过其他部件传送给转向轮，以实现转向助力。

有的减速机构由齿形带传动机构和球螺纹驱动装置组成，如图 4-52 所示，电机轴直接驱动传动机构的小齿轮，通过传动带和大齿轮使球螺纹驱动装置的螺母进行转动。

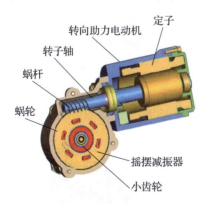

图 4-51　转向蜗轮蜗杆减速机构

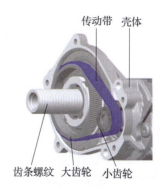

图 4-52　转向带传动减速机构

转向助力电动机工作有一定速度范围，若超出规定速度范围，则由离合器使电动机停转并消除电动机惯性的影响。同时，当转向系统发生故障时，离合器分离，此时恢复手动控制转向，保证汽车正常行驶。如图 4-53 所示是一种电磁离合器的结构示意图，主要由电磁线圈、主动轮、从动轴、压板等组成。电磁离合器用于保证电动助力只有在预定的车速范围内起作用（有的车轮设置为 40km/h），电磁离合器还能消除电动机的惯性对转向的影响。当动力转向系统发生故障时，离合器自动分离，可利用机械转动系统实现转向。

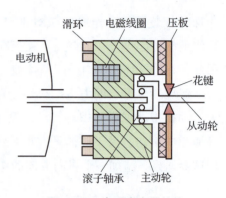

图 4-53　电磁离合器结构

2. 转向转矩传感器

转向转矩传感器能检测转向轴与转向器之间的相对转矩及其转动方向，将其转变成电子信号并传输到转向助力电控单元 EPS ECU。很多车型的转向转矩传感器采用双传感器结构，因此可在出现故障时提高使用效率。如果在运行过程中识别出两个传感器的偏差超过允许限值，系统就会根据两个传感器数值中更可靠的信号继续计算并确保整个 EPS 功能正常运行。

磁阻式转向转矩传感器的工作原理如图 4-54 所示，磁阻式转向转矩传感器有 2 个霍尔传感器，其上下各有 1 个传感器靶轮，靶轮和下部的转向主动齿轮刚性连接。两个靶轮上各有 8 个齿，上下靶轮的齿错开布置。传感器的磁环通过转向轴与扭杆的上部分固定连接在一起，传感器本体固定在小齿轮上。在转动转向盘时，扭力杆和转向轴相对于转向主动齿轮就发生扭转，磁环和传感器本体之间产生一个相对运动，由于因磁电阻式效果而产生的电阻变化，传感器本体将电阻变化转变成电压信号传送给 EPS ECU。

如图 4-55 所示，在没有转动转向盘时，上下靶轮上的齿在环形磁铁 N 极与 S 极的正中位置，此时两个靶轮被磁力线所穿过的方式是一样的，两个靶轮之间没有磁场，两个传感器输出信号相同。如果转动转向盘，环形磁铁与靶轮产生相对运动，靶轮上的齿 N 极与 S 极的正中位置，此时一个靶轮上的齿会靠近环形磁铁 N 极一些，而另一个靶轮上的齿会靠近环形磁铁 S 极近一些，这使磁路发生改变，产生的磁通量被霍尔传感器测量到。霍尔传感器将检测的信号传送给电控单元，电控单元即可以识别转向盘转动的方向。

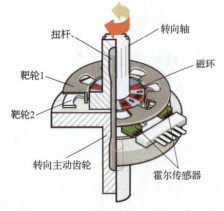

图 4-54　转向转矩传感器工作原理

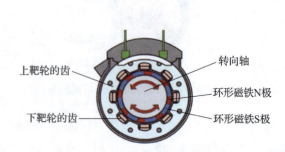

图 4-55　转向转矩传感器中间位置

3. 电动机转子位置传感器

转向转矩传感器用于检测较小的扭转角度，而电动机转子位置传感器用于检测较大的扭转角度。电动机转子位置传感器感应转向助力电动机转子的位置，转向助力电控单元 EPS ECU 接收转子转角信号用来计算所必需的转向助力。电动机转子位置信号也用于电控单元确定转向止点。为提高使用效率，电动机位置传感器也采用双传感器结构。传感器提供一个正弦和一个余弦信号作为角度输出信号，电控单元利用这两个信号进行合理性检验。

电动机转子位置传感器的工作原理如图 4-56 所示，电动机转子上有一个可以透磁通的金属凸轮盘，凸轮盘周围有三个单线圈，其中一个线圈是励磁线圈，另外两个是接收线圈。电控单元输入给励磁线圈正弦曲线的励磁电压，励磁线圈产生交变磁场，交变磁场作用在转子凸轮盘上，转子凸轮盘将交变磁场的磁通引向接收线圈，接收线圈会产生一个感应交变电压，该电压与转子盘的位置成一定的比例，和正弦的励磁电压存在相位差。

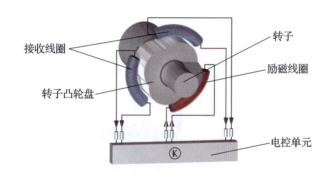

图 4-56　转子位置传感器的工作原理

4. 转向角传感器

转向角传感器检测转向角，将转向角转化成电信号传给电控单元。转向盘转角传感器为光电式传感器，它被安装于转向柱上。当驾驶人转动转向盘时，转向柱带动转向盘转角传感器的转子随转向盘一起转动，光源就会通过转子缝隙照在传感器的感光元件上产生信号电压。由于转子缝隙间隔大小不同，故产生的信号电压变化也不同，其工作原理如图 4-57 所示。

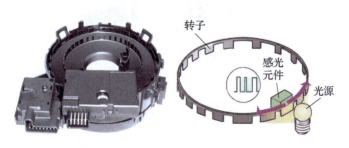

图 4-57　转向角传感器结构和原理

5.转向助力电控单元

转向助力电控单元简称 EPS ECU，其结构如图 4-58 所示，它根据转子位置传感器、转向力矩、车速等信号确定电动机产生的转矩，转矩的大小取决于电流强度的大小。该电控单元内还集成了用于激活助力电动机的末级功率放大器。EPS ECU 除了接收传感器信息进行运算处理外，内部还集成一个温度传感器，能监测动力转向系统温度，EPS ECU 利用来自内部温度传感器的电压、电流量和输入信号计算系统温度的估计值。如果 EPS ECU 检测到温度过高，会限制流向动力转向助力电动机的电流，此时，功率输出及转向助力将减小，预防因电流过大导致助力电动机故障。

图 4-58 转向助力电控单元

6.助力转向电动机

助力转向电动机用于产生转向助力所需要的力矩，它可以安装在转向齿轮上或齿条上，如图 4-59 所示。转向助力系统具备电控单元，可以对助力转向电动机进行控制，进而对转向助力的大小进行调节，可以实现车辆低速时转向轻便，高速时转向沉稳。

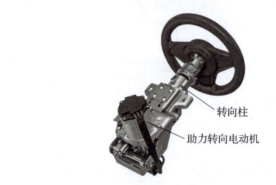

转向柱
助力转向电动机

a）安装于转向齿轮的电动机

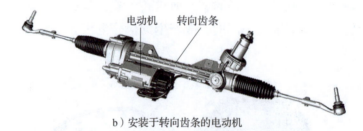

电动机　转向齿条

b）安装于转向齿条的电动机

图 4-59 电动机动力转向系统的类型

永磁式三相交流异步电动机的结构如图 4-60 所示，它由转子、定子、壳体等组成。电动机省去了用于将励磁电流送往转子的集电环，电控单元会计算出所需要的相电压，并通过末级功放接通定子线圈，定子由 12 个励磁线圈构成，每 4 个励磁线圈串联在一起，接通正弦曲线的电流。转子带有 10 个永久磁铁，这些磁铁的 S、N 极是交互布置的，转子放在齿条上，呈空心轴状。

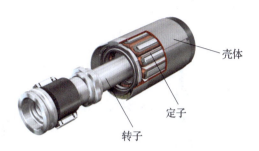

图 4-60 永磁式三相交流异步电动机的结构

二、电控动力转向系统的工作原理

如图 4-61 所示，驾驶人开始转动转向盘时，作用在转向盘上的转矩将扭转扭杆，转向力矩传感器检测到扭转力矩并将此力矩转变成电压信号传送给电控单元。转向角传感器检测转向轴转向角度和速度并将此信号转换成电压信号传送给电控单元。电控单元收集转向力矩、车辆速度、发动机转速、转向角度、转向速度等信号并根据内部存储的特征曲线获得触发助力电动机的电流值。

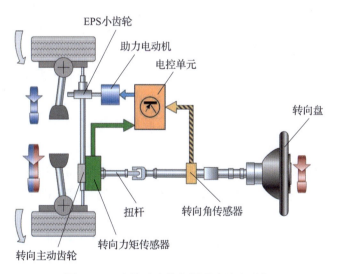

图 4-61 电控动力转向原理（助力时）

如图 4-62 所示，如果驾驶人不再施加作用力在转向盘上或松开转向盘，扭杆将释放压力，此时，转向力矩将降为零。汽车行驶中车轮产生复位力，车轮将再次转到直线行驶位置。如果驾驶人保持转向盘不动，转向车轮产生的复位力将被克服，汽车保持一定的转向角度行驶。

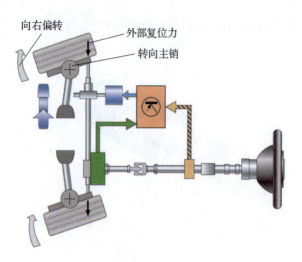

向右偏转　外部复位力　转向主销

图 4-62　电控动力转向原理（复位时）

三、电控动力转向系统拆装的注意事项

1）拆下转向盘后，可采用胶带将螺旋电缆固定，防止螺旋电缆零位不对正，在安装转向盘时揭下胶带。

2）转向盘上有安全气囊，需要拆卸安全气囊时，断开负极等待 90s 以上再进行拆装。

3）拆卸转向系统转向柱等部件时，需要查找维修手册，有些拆卸过的螺栓不能重复使用。

4）安装时，螺旋电缆中心要对合，要对准装配标记，在拆卸或更换转向管柱带传动轴总成、组合开关（内含转角传感器）两个零件中任何一个之后，需要重新进行转角传感器中位标定。

5）不准的或未对中的转向盘转角传感器会降低电子动力转向系统（EPS）的操作性能并导致人身伤害。

6）转向柱从车辆上拆下后极易损坏。如果转向柱端部朝下掉在地上，则可能损坏转向轴或使保持转向柱刚度的注塑件松动。因此，在任何情况下都不要向上敲击转向轴的端部。

7）用规定转矩紧固转向柱紧固件，若过度紧固上转向柱紧固件，会导致转向柱塌陷。

四、电控动力转向系统的检修

当电控动力转向系统出现故障，组合仪表内亮起 EPS 故障警告灯，提醒驾驶人员电控动力转向系统出现故障，此时转向助力消失。在需要更换新的 EPS 转向器后，必须进行四轮定位。

1. 转向电机的检修

EPS 控制系统电路如图 4-63 所示，转向电动机安装在转向器内部，它通过两条线连接

EPS ECU。EPS ECU 持续监测电动机的电压和电流量，当电动机所需要的电流量、电压和实际的电流量、电压超过一定范围时，EPS ECU 运行故障码，同时点亮故障提示灯，此时电控动力转向系统不助力。

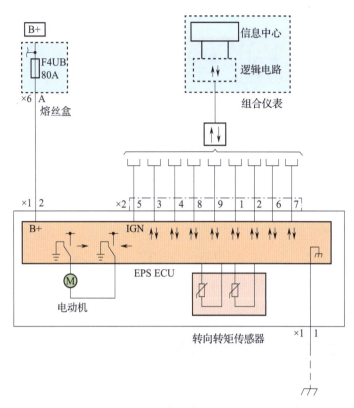

图 4-63 EPS 控制系统电路图

1）将点火开关置于"OFF"位置，关闭所有车辆系统，断开 EPS ECU 的 ×1 线束插接器，所有车辆系统断电可能需要 2min 时间。

2）测试搭铁电路端子 1 和搭铁的电阻，应小于 10Ω，否则进行搭铁端子修理。

3）用测试灯检查 B+ 端子，确认 B+ 电路端子 2 和搭铁之间的测试灯点亮，否则检查熔丝及相关电路。

4）检查电机插接线束应无断路和短路，插接器应无松动或其他形式的损坏。

5）更换转向器总成。更换转向器后进行相应的设置和对车轮进行定位，检查应无相应的故障码，故障灯不再点亮，试车时，动力转向系统应恢复助力效果。

2. 转向转矩传感器的检修

动力转向控制模块会连续监测转向转矩传感器输出的电流信号，随着转向盘转动和转向轴扭转，动力转向控制模块通过转向转矩传感器信号电路监测转向输入轴和输出轴，并对转向转矩信号进行处理，以计算转动转矩。当动力转向控制模块检测到转矩传感器电路对搭铁短路、对电压短路或开路 / 电阻过大，会报出相应的故障码。

当出现转向转矩传感器相关的故障码，或仪表显示屏显示"维修动力转向系统"，或转向没有辅助助力时，需要检查转向转矩传感器。转向转矩传感器电路接线如图 4-64 所示，4 根导线均与转向辅助电控单元 J500 相连，分别为电源线、信号线 1、信号线 2、搭铁线。

图 4-64　转向转矩传感器电路图

1）打开点火开关，测量电源线 1 与搭铁线 4 之间电压，电压值应在标准值范围内，否则说明动力转向控制模块与转向转矩传感器之间的导线发生故障。

2）转动转向盘，测量信号线 1 与信号线 2 之间的电压，电压值应在标准值范围内，否则为转向转矩传感器损坏。

五、电控动力转向系统的故障诊断与排除

1. 转向不助力的故障现象

汽车在原地或低速时行驶，无论左右转向都会感觉不助力或助力作用很小。

2. 转向不助力的故障原因

1）控制系统线束插接件接触不良。

2）熔断器烧断或继电器损坏。

3）电控单元、助力电动机或传感器损坏。

4）机械故障导致电控单元过热，系统产生保护限制。

3. 转向不助力的故障诊断与排除

1）检查动力转向系统是否存在故障码，根据故障码对电路进行检查。

2）读取电控系统温度信息，检查是否因过热产生保护，限制了助力电动机辅助力。

3）检查轮胎压力是否正常。举升车辆，检查转向横拉杆运行是否卡滞。

4）检查转向器运行是否卡滞。

5）检查如无上述故障，更换转向器总成。

4. 故障案例

一辆一汽丰田锐志突然转向沉重，检测发现车辆出现转向转矩传感器相关的故障码，不能清除。检查转矩传感器电路，没有异常。该车型转向转矩传感器位于转向机的上部分，

不能单独更换。更换转向机，使用专用诊断仪对转向转矩传感器初始化学习，试车故障排除。

学习任务四 新能源汽车转向系统的特点与维修

一、新能源汽车转向系统的特点

1）新能源汽车电动助力转向系统与传统汽车的电动助力转向基本相同。由于纯电动汽车取消了发动机，不能通过发动机驱动液压转向助力泵的方式来实现液压助力。因此，大多数纯电动汽车采用电动助力转向系统，即在原机械转向系统上安装一个电机，其位置如图 4-65 所示，作为转向的辅助动力。

2）当前电动转向技术发展很快，已出现了"主动转向"和"线传转向"等技术，如当前使用较多的"自动泊车辅助"系统就是主动转向的应用，如图 4-66 所示，自动泊车不需要等待驾驶人操纵转向盘发出信号，转向 ECU 会根据停车的需要，主动地发出指令控制车辆的转向，实现自动寻位停车。

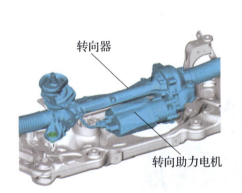

图 4-65　纯电动汽车转向助力电机

图 4-66　自动泊车

// 思 政 //

2023"感动中国"给陈清泉的颁奖词。

"汽车曾经改变了世界，而你要改变汽车。中国制造，今天车辙遍布世界，你是先行者，你是领航员。在新能源的赛道上驰骋了 40 多年，如今，你和祖国，正在超车。"

陈清泉，中国香港第一位中国工程院院士。1982 年，他在香港任教，预测了电动汽车的发展前景，希望帮助祖国抓住机遇。他创造性地整合了汽车、电机、控制等技术，形成了一门新的学科。

二、新能源汽车转向系统的拆装注意事项

拆卸或重新安装电动助力转向器总成时需要注意以下事项：

1）避免撞击电动助力转向器总成，特别是避免撞击到电动助力转向器总成上的传感器，EPS电子电控单元，EPS电机和减速机构。如果电动助力转向器总成跌落或遭受严重冲击，需要更换一个新的总成。

2）移动助力转向器总成时，不能拉拽线束。

3）在从转向器上断开转向管柱或者中间轴之前，车轮应该保持在正前方向，车辆处于断电状态，否则，会导致转向管柱上的螺旋电缆偏离中心位置，从而损坏螺旋电缆。

4）断开转向管柱或者中间轴之前，车辆处于断电状态。断开上述部件后，不能移动车轮。否则会使某些部件在安装过程中定位不准。

5）转向盘打到极限位置的持续时间不要太长，否则可能会损坏助力电机。

三、新能源汽车转向系统的检修

1. 转向器的检修

1）如果防尘套损坏，如图4-67所示，泥沙污渍会进入转向器内造成转向器损坏，所以要及时检查或更换防尘套。

2）检查齿条花键上必须存在明显的润滑膜，如果无润滑膜则必须更换转向器。

3）如果在齿条上看见锈蚀、损坏、磨损等，则必须更换整个转向器。

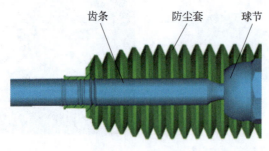

齿条　　　　防尘套　　　球节

图4-67　防尘套

2. 助力转向电机的检修

当起动车辆后，EPS指示灯会点亮，并保持2~3s后熄灭，此时说明EPS指示灯及系统运行正常。车辆起动后，如果系统有任何问题，则故障警告灯应持续显示，且伴随仪表文字提示"请检查转向系统"和报警声音。

1）检查EPS电机转动时是否平顺，有无异味。倘若出现转动卡滞和异味，需更换新的电机。

2）比亚迪元的转向助力电机的电路如图4-68所示，测试EPS电源电压，检查B51插

接件是否异常，正常情况下 B51 插件的 1 号引脚电压与搭铁之间应处于 14V 左右，B59 插件的 2 号引脚与搭铁间应导通，否则检修电路。

3）检查点火信号在上电后，应是 14V 左右。检查应无网关相关的故障码，如果有，检查 CAN-H 和 CAN-L 之间的阻值应为 120Ω 左右。

4）检查转向模块和助力转向电机之间的 A 相、B 相和 C 相三条导线应无短路和断路。检查电机的电阻，正常的三线无刷电机电阻值在 1~10Ω 之间。如果电阻值异常偏高或偏低，需要进行维修或更换。

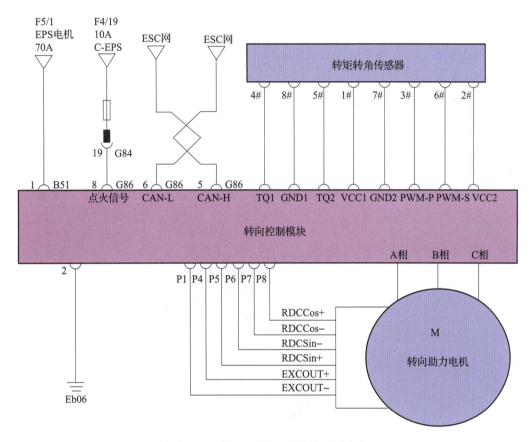

图 4-68 比亚迪元转向助力控制系统电路

Eb06—搭铁点　F5/1—5 号熔丝　F4/19—19 号熔丝　RDCCos+—旋变传感器余弦正极

RDCCos-—RDC 旋变传感器余弦负极　RDCSin+—旋变传感器正弦正极

RDCSin-—旋变传感器正弦负极　EXCOUT+—输出正极　EXCOUT-—输出负极

制动系统的结构原理与维修

　　汽车制动系统原理是利用与车身相连的非旋转元件和与车轮相连的旋转元件之间的相互摩擦来阻止车轮的转动或转动的趋势，并将运动着的汽车的动能转化为热能耗散到大气中。制动系统主要的功能包括：使行驶中的汽车按照驾驶人的要求进行强制减速甚至停车；使已停驶的汽车在各种道路条件下稳定驻车，不能自动滑移；使下坡行驶的汽车速度保持稳定，以确保行车安全。

　　汽车制动系统一般由行车制动系统和驻车制动系统组成。行车制动系统主要用于汽车行驶时的减速和停车，其主要组成如图 5-1 所示，它是由制动踏板、制动主缸、制动管路、真空助力器和车轮制动器组成，由驾驶人用脚操纵制动踏板，通过液压或气压将踏板力传到制动器，利用制动器内旋转件与固定件之间的机械摩擦作用，使旋转的车轮减速或停止转动。

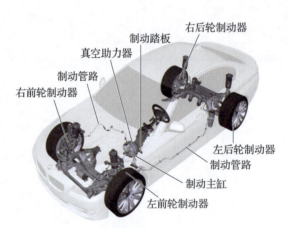

图 5-1　行车制动系统的组成

学习任务一　盘式制动器的结构原理与维修

一、盘式制动器的结构

　　常见的车轮制动器分为盘式制动器和鼓式制动器。盘式制动器摩擦副中的旋转元件是以端面工作的金属圆盘，称为制动盘。制动盘安装在轮毂上，它和车轮一起旋转。制动时，制动活塞推动制动钳移动，制动块夹紧制动盘。制动块与制动盘发生摩擦，迫使车轮减慢或停止旋转。盘式制动器主要零部件包括制动盘、制动块、制动轮缸、制动钳、制动钳支架等，如图5-2所示。

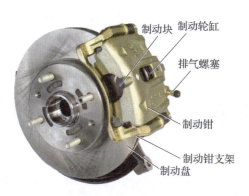

图5-2 盘式制动器

盘式制动器散热快、重量轻、构造简单、无需调整，特别是耐高温性能好，制动效果稳定，而且不怕泥水侵袭，所以很多轿车前后轮都使用盘式制动器。盘式制动器的不足之处在于摩擦片直接作用在圆盘上，无自动摩擦增力作用，制动效能较低。

1. 制动盘

制动盘是盘式制动器的摩擦偶件，除应具有作为构件所需的强度和刚度外，还应有尽可能高而稳定的摩擦系数，以及适当的耐磨性、耐热性、散热性和热容量等。

制动盘的结构分为实心型、通风型和复合型三种，如图5-3所示，通风型制动盘可降低温升20%~30%。目前，市场上大多数轿车均采用通风型制动盘，其厚度在20~22.5mm之间。通风型制动盘可以在圆周方向或制动盘内有很多散热孔，制动盘中心散热孔会加剧制动摩擦片的磨损，降低制动摩擦片的耐用性。制动盘中心有螺栓孔，通过螺栓固定在轮毂上。复合型制动盘用于部分轿车的后轮，其中心部分是制动鼓，用于驻车制动。

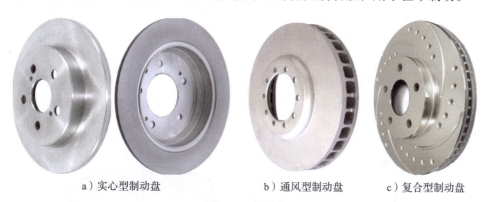

a）实心型制动盘   b）通风型制动盘   c）复合型制动盘

图5-3 制动盘

2. 制动轮缸

制动轮缸是向制动盘施加作用力的部件，制动主缸产生的液压最终作用在其内部的活塞上，活塞会推动制动块夹紧制动盘，其结构如图 5-4 所示。制动轮缸壳体因其形状是钳形，所以称之为制动钳壳体。制动钳支架与转向节通过螺栓连接，它是制动器的基础件。浮钳式制动钳浮装于制动钳支架上，可相对支架进行移动。制动钳壳体内有一个或两个工作缸，装有活塞，活塞的一端有橡胶密封圈和防尘套，两块制动块通过保持弹簧装在支架上，制动盘装在前轮轮毂上。

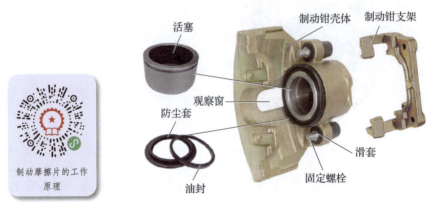

图 5-4　制动轮缸

盘式制动的活塞可以自动向前移动，来保持制动盘和制动块之间恒定的间隙。如图 5-5 所示，制动时，活塞将压力作用到制动块上时，油封的矩形截面形状被改变，当松开制动踏板时，油封返回其原始形状，活塞仅缩回足以保持制动盘和制动块之间设定的距离的长度。

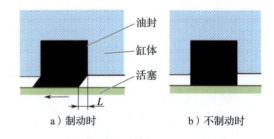

图 5-5　制动轮缸油封的回位作用

3. 制动块

制动块俗称刹车片，一般由钢板、粘接隔热层和摩擦片构成，钢板要经过涂装来防锈，隔热层是由不易传热的材料组成，目的是隔热。图 5-6 所示摩擦片由摩擦材料、黏合剂组成，制动时被挤压在制动盘上产生摩擦，从而达到车辆减速制动的目的。由于摩擦作用，摩擦片会逐渐被磨损，磨损至磨损极限需要更换制动块。很多制动块上安装厚度传感器或者磨损指示板，通过仪表显示或声音来提醒需更换制动块，如图 5-7 所示。

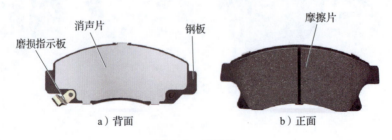

图 5-6　制动块

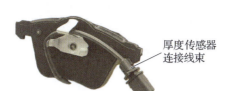

厚度传感器
连接线束

图 5-7 带有传感器式的制动块

盘式制动器的工作原理

二、盘式制动器的工作原理

盘式制动器根据其固定元件的结构形式可分为钳盘式制动器和全盘式制动器。全盘式制动器主要应用为重型车辆，它将金属背板和摩擦片都制成圆盘形，其接触面积大。钳盘式制动器按制动钳固定在支架上的结构可分为定钳盘式和浮钳盘式。如图 5-8 所示，定钳盘式制动器制动钳不能沿制动盘轴线方向移动，其内的两个活塞分别位于制动盘的两侧。制动时，制动液由制动主缸经进油口进入钳体中两个相通的液压腔中，将两侧的制动块压向与车轮固定连接的制动盘，从而产生制动力。

浮钳盘式制动器如图 5-9 所示，其制动钳通过导向销与车桥相连，制动时，制动液通过进油口进入制动缸，推动活塞及其上的摩擦块向右移动，并压到制动盘上，使得制动缸连同制动钳沿导向销向左移动，直到制动盘右侧制动块也压到制动盘上夹住制动盘并使其制动。

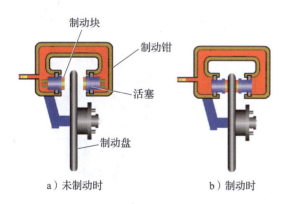

制动块
制动钳
活塞
制动盘

a）未制动时   b）制动时

图 5-8 定钳盘式制动器

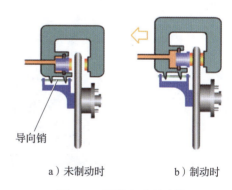

导向销

a）未制动时   b）制动时

图 5-9 浮钳盘式制动器

三、盘式制动器的拆装注意事项

1）将车停稳，使用举升机或千斤顶支起车身位置要合理。在拆卸轮胎前，锁止举升机或使用图 5-10 所示的机械支架支撑车辆。机械支架俗称铁凳，其上端带有防滑套可以防滑和保护车辆底板支撑位置的防锈层不受损坏。

2）拆卸时必须参考维修手册，可以参考图 5-11，一般拆卸制动轮缸的步骤为：拆卸车轮；吸出或排净制动液；拆卸制动轮缸上制动软管；拆卸制动滑销和固定螺栓，取下制动轮缸；拆卸制动块、消声片及支撑板等。

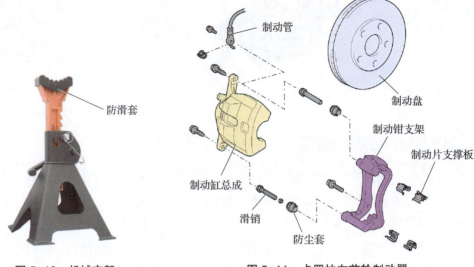

图 5-10　机械支架　　　　　图 5-11　卡罗拉左前轮制动器

3）如图 5-12 所示，拆卸时注意支撑板的安装方向，安装时要确保每个制动块支撑板都安装至正确的位置和方向。

4）如果仅仅是更换制动块，可以不拆卸制动钳支架，只需将制动钳翻转。拆下制动轮缸并用绳索固定好，使制动软管不受拉伸或折弯。不能脱开制动软管，否则制动液会流出，造成空气进入软管等不良后果，如图 5-13 所示。

盘式制动器的检查或更换

图 5-12　支撑板位置

图 5-13　翻转制动钳

5）用胶布缠绕在螺丝刀刃口处，拆下制动轮缸防尘套定位环和制动轮缸防尘套，如图 5-14 所示。用台虎钳夹住制动轮缸壳体，用压缩空气从制动器钳体中压出活塞，为防止活塞受损，可以在活塞前方放置一块木块，如图 5-15 所示。

6）在制动钳安装前转动制动盘，转动应灵活无发卡现象，否则应该检查轮毂轴承和半轴等是否异常，安装制动钳后，再次转动制动盘，转动应轻松，用弹簧秤测试转动阻力应该不大于 120N，如图 5-16 所示。

7）安装新制动块前，为了防止推进活塞时，制动液从制动储液罐中溢出，应在此之前使用类似图 5-17 所示的抽吸工具抽吸少量的制动液，否则会引起制动液外溢，损坏表面油漆。

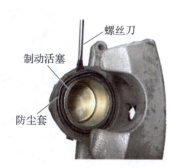

图 5-14 拆下制动轮缸防尘套

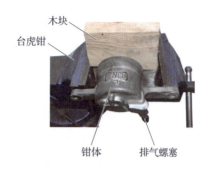

图 5-15 压出活塞

a）未安装制动钳时

b）安装制动钳时

图 5-16 制动盘转动阻力的测试

8）如果推入活塞困难，在推入活塞的同时松开排气螺塞以便排放一些制动液，如果拆下了排气螺塞，在安装完制动块后，需要给制动管路排放空气。安装新制动块后，需要检查制动液液位。因为新制动块较磨损后的旧制动块厚，所以要使用压入专用工具，将活塞推入，如图 5-18 所示。

图 5-17 制动液抽吸工具

图 5-18 压回制动轮缸活塞

9）安装制动块时，在制动块两端与制动钳支架接触部位，在制动块背面与制动块垫片接触部位，在上下滑销上、滑套内（图 5-19）等有摩擦的部位涂上润滑脂。要注意不能让制动盘和制动块粘到润滑脂，否则制动效能降低。

10）在拆装制动器过程中，注意不能往轮胎紧固螺栓上涂敷油液，不能让润滑油或润滑脂沾到轮胎上或制动块摩擦片表面。

11）安装制动卡钳后，将变速器档位置于空档或 P 位，起动发动机，停车时用力将制动踏板踩到底数次，让制动轮缸及制动块处于适当的位置。制动器维修完毕后应进行路试。

更换制动块后，为了磨合制动块和制动盘并确保性能和寿命，必须通知用户在安装新制动块后的 200km 内应当避免紧急制动或长时间的制动的情况发生。

下滑销
防尘套   制动钳支架

图 5-19　制动器下滑销位置

四、盘式制动器的检修

1. 制动盘的检修

1）检查制动盘有无异常磨损或损坏。如图 5-20 所示，制动盘在长期的使用中会出现有较深伤痕、高温烧损、裂纹等异常损坏，如存在以上情况，应将其维修或更换。

a）较深的伤痕　　　　　　　b）高温烧损　　　　　　　c）裂纹

图 5-20　制动盘的异常损坏

2）检查制动盘的厚度和平行度。距制动盘端面外边缘 10mm 位置，沿圆周 8 个等分点处，用千分尺测量制动盘厚度，如图 5-21 所示，卡罗拉轿车制动盘厚度标准值为 24.5mm，极限值为 22.4mm，最大值与最小值的差值即为平行度，8 个测量值中厚度之差不能大于 0.015mm，否则需要维修或更换制动盘。

3）检查制动盘轴向圆跳动。制动盘轴向圆跳动过大，会使制动踏板抖动和摩擦片磨损不均匀，两边制动盘的轴向圆跳动相差过大，也会使制动时两边制动器的制动力不一致，导致制动跑偏。因此，需要对制动盘进行轴向圆跳动检测。

如图 5-22 所示，将百分表支架固定在减振器或转向节上，调整支架臂的位置，使百分表的测量头放置在距制动盘边缘大约 10mm 的位置。转动制动盘至少一周，百分表指针的波动范围即是轴向圆跳动量读数，制动盘轴向圆跳动量应小于 0.05mm。制动盘轴向圆跳动量跳动过大时，应该对轮毂进行检修。

制动盘

千分尺

图 5-21　检查制动盘厚度及平行度

图 5-22　检查制动盘轴向圆跳动

2.制动轮缸的检修

1）检查制动轮缸中是否有液体渗漏，如果是密封环渗漏，选择专用维修包中的零件进行更换。

2）检查活塞和制动轮缸座孔是否生锈或有划痕，如有损伤，更换制动轮缸。

3）检查浮钳式制动钳移动是否灵活，检查润滑导向销及衬套。清洗制动钳壳体时应使用无水乙醇，如果使用汽油清洗，可能会造成防尘套或油封损坏。

3.制动块的检修

制动块摩擦片属于易损零配件，在使用过程中磨损过甚，会减弱制动效果。通常情况下，一副全新的摩擦片厚度在 15mm 左右，如果摩擦片磨损到小于 5mm 时，需要更换，如图 5-23 所示。更换磨损的制动块，同一车轴上的两块制动块一同更换，而且消声片和磨损指示板必须连同制动块一起更换。

测量制动块摩擦片厚度，通常有两种方法。一种是卸下制动块，使用游标卡尺测量厚度。另一种是使用制动块摩擦片厚度尺就车测量，如图 5-24 所示，当制动块只有 2~3mm 时，就必须更换制动块。

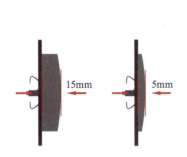

15mm　　5mm

图 5-23　制动块摩擦片磨损情况对比

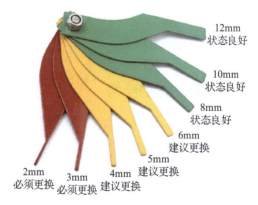

12mm
状态良好

10mm
状态良好

8mm
状态良好

6mm
建议更换

5mm
建议更换

4mm
建议更换

3mm
必须更换

2mm
必须更换

图 5-24　制动块摩擦片厚度尺

4. 检查制动管路

1）检查制动管路固定是否良好，卡子是否缺失，检查制动油管接头等部分是否有液体渗漏，如图 5-25 所示。

2）检查制动油管是否有凹痕或者其他损坏。

3）检查制动软管是否扭曲、磨损、开裂、隆起等。

4）如果需更换前轮制动器软管，要注意不要弯曲或损坏制动管路，不要让任何异物进入制动管路。

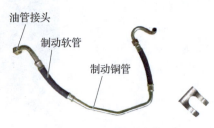

图 5-25　制动管路和卡子

五、盘式制动器的故障诊断与排除

1. 单个车轮盘式制动器制动不良的故障现象

汽车制动时，采用盘式制动器的某一个车轮制动效果不良。如果是单个转向车轮制动不良，制动时车辆会出现明显跑偏。

2. 单个车轮盘式制动器制动不良的故障原因

1）故障车轮的制动管路出现程度较轻的漏油。

2）故障车轮的制动盘、摩擦片出现较为异常的磨损。

3）制动轮缸的活塞卡滞。

4）制动钳运行卡滞。

3. 单个车轮盘式制动器制动不良的故障诊断与排除

断开 ABS 熔断器，试车，通过制动印痕或其他方法确定产生故障的车轮。检查故障车轮的盘式制动器是否存在漏油的现象。检查制动盘、摩擦片是否存在异常的磨损。检查制动轮缸、制动钳等是否出现运行卡滞。

学习任务二　鼓式制动器的结构原理与维修

一、鼓式制动器的结构

鼓式制动器在制动过程中散热性能和排水性能差，容易导致制动效率下降，一般用于轿车后轮及大型车辆。鼓式制动器的结构如图 5-26 所示，鼓式制动器主要由制动鼓、制动蹄片、制动轮缸、回位弹簧等组成。汽车行驶时，制动鼓安装在车轮上，它和车轮一起旋转，而制动蹄片是固定在制动底板上的，此时不工作。当驾驶人踩下制动踏板时，在制动轮缸的作用下，制动蹄片上端向外张开，制动鼓被抱紧，制动鼓和制动蹄片发生摩擦，迫使车辆降速或停车。

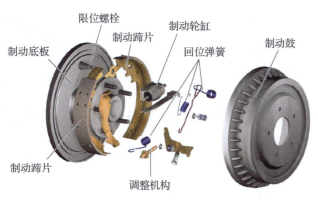

图 5-26 鼓式制动器的结构

1. 制动鼓

如图 5-27 所示，制动鼓为制动器旋转部分，它通过四个或更多个螺栓固定在制动毂上。制动鼓通常为铸造件，对于受力小的制动鼓也可以用钢板冲压而成。制动鼓除了具有一定的强度和刚度外，还应有尽可能高而稳定的摩擦系数，以及适当的耐磨性、耐热性、散热性和热容量等。

图 5-27 制动鼓

制动轮缸的工作原理

2. 制动轮缸

鼓式制动器制动轮缸的作用是将制动蹄张开。鼓式制动轮缸主要分为双活塞式和单活塞式两类。鼓式制动器双活塞式轮缸结构如图 5-28 所示，它由缸体、活塞、油封和排气螺塞等组成。缸体位于两个制动蹄之间，它是用螺栓固定在制动底板上，缸内有两个铝合金制成的活塞，两个刃口相对的活塞油封由弹簧压靠在两个活塞上，以保持两皮碗之间的进油孔畅通。活塞油封是可以保持制动轮缸缸体和活塞之间的油密封的橡胶部件。活塞外端与制动蹄配合，缸体两端防尘套用于防止尘土和水分进入，以免活塞与缸体腐蚀而卡死。

图 5-28 制动轮缸的结构

3.制动蹄片

制动蹄片是制动器的固定部分，制动蹄常用钢板冲压后焊接而成，制动摩擦片采用粘接或铆接的方式固定在制动蹄上，如图5-29所示。制动摩擦片属于消耗品，当磨损到极限位置时必须更换，否则将降低制动效果，易造成安全事故。

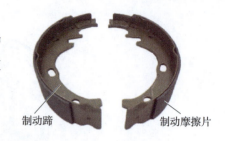

制动蹄　　　　　　　制动摩擦片

图 5-29　制动蹄片

4.间隙调整机构

制动蹄片在不工作时，制动蹄片与制动鼓应保留合适的间隙，一般为0.25~0.5mm。如果过小，就不易保证彻底解除制动，造成摩擦副拖磨；如果过大，制动踏板行程太长。制动器工作过程中，制动蹄片上摩擦片的不断磨损将导致制动器间隙逐渐增大，会影响制动效果。因此，需要调整制动鼓和制动蹄片之间的间隙。鼓式制动器调整间隙的方法有手动调整和自动调整。

使用装有限位摩擦环的制动轮缸就可以通过制动踏板来调整间隙。如图5-30所示，限位摩擦环压入轮缸后，与轮缸壁摩擦力可达400~500N。因为摩擦环和特殊结构的活塞之间有一定的间隙，所以在轻踩制动踏板时，制动轮缸无法带动摩擦环移动，制动间隙也未能调整。一次完全制动过程后，轮缸内的液压层将活塞连同摩擦环推出，解除制动后，因为限位摩擦环与轮缸大的摩擦力，制动蹄片只能回复到活塞处于新位置的限位摩擦环接触为止，因此，摩擦环与缸壁之间的这一不可逆转的轴向位移补偿了制动器的过量间隙，自动调整到间隙设定值。

有些制动器在推力板上安装楔杆来自动调整间隙，如图5-31所示，该鼓式制动器两个制动蹄之间有一制动压杆相连，楔杆的水平弹簧使楔杆与制动压杆之间产生摩擦，防止楔杆下移，楔杆的垂直弹簧的弹力使楔杆有下移的趋势。若制动间隙正常时，楔杆静止不动。

制动间隙的自动调整是在驻车制动器处于完全松开状态，行车制动发生作用时进行的。当制动间隙大于规定值时，制动蹄张开的行程加大，垂直弹簧的弹力也增大 F_2，此时 F_2 大于 F_1，迫使楔杆下移。同时制动压杆的水平弹力也被加大，摩擦力 F_1 也相应增大，楔杆与制动压杆在新的位置处于静止状态。

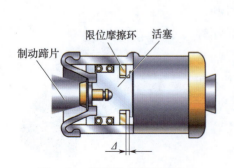

制动蹄片　　限位摩擦环　活塞

图 5-30　带限位摩擦环的轮缸

制动压杆

楔杆

弹簧

图 5-31　鼓式制动器制动蹄自调装置

常见鼓式制动器手动调节制动间隙装置由推杆、推杆螺母和推杆套等组成，如图5-32所示。推杆左端通过螺纹与推杆螺母连接，右端套在推杆套上。推杆靠左端带有一个小齿轮，取下制动底板上的防尘胶套，可以用螺丝刀拨动推杆的轮齿。拨动调节螺母上的轮齿，就可以改变推杆与推杆螺母的位置，也就会改变推杆螺母和推杆套的距离，即可改变制动间隙。

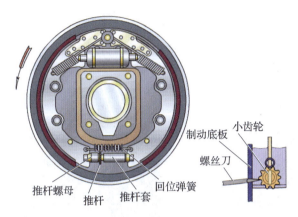

图 5-32　手动调节制动间隙装置

二、鼓式制动器的工作原理

如图5-33所示，当汽车制动时，制动轮缸受到制动液压力的作用，活塞在液压力作用下顶出活塞推动制动蹄使制动蹄片张开，制动蹄一端支撑在制动销上，制动蹄和制动鼓之间的间隙减少直至制动蹄片压向制动鼓产生制动作用。当松开制动踏板，制动液压力消失，在回位弹簧作用下活塞恢复到原来位置，同时，制动蹄片与制动鼓脱离即解除制动。

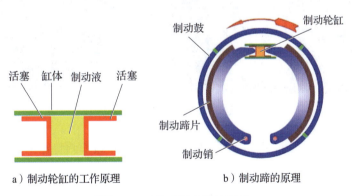

a）制动轮缸的工作原理　　　b）制动蹄的原理

图 5-33　鼓式制动器的原理

鼓式制动器的工作原理

鼓式驻车制动器的原理

三、鼓式制动器的拆装注意事项

1）如果鼓式制动器内有驻车制动器，拆卸前应该解除驻车制动。同时，做好防护措施，防止车辆倾斜或移动。

2）汽车行驶一定里程后，如果只需要检查制动蹄片的状态，可以把制动器的堵盖卸下，从观察口检查而不必拆卸制动器，摩擦衬片的厚度一般不能小于 1mm。

3）由于生锈等原因制动鼓被卡在后桥法兰中，制动鼓很难拆卸。可以将螺栓拧入两个检查孔中将制动鼓顶出。如果制动蹄片和制动鼓之间的间隙太小，拆卸制动鼓前，应先使制动蹄回位。例如，天津威驰轿车后轮制动器可以通过调节孔，用螺丝刀拨动调节小齿轮来调大制动蹄片和制动鼓之间的间隙，如图 5-34 所示。

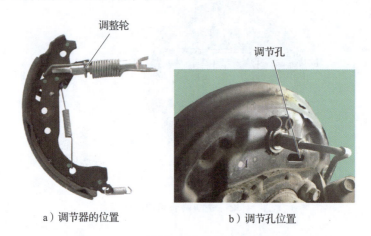

a）调节器的位置　　　　　　b）调节孔位置

图 5-34　制动鼓和制动蹄片间隙调节位置

4）拆下回位弹簧时，用尖嘴钳夹住回位弹簧向外拉，安装时使用螺丝刀将回位弹簧挂入相应的孔中，如图 5-35 所示。

图 5-35　拆下回位弹簧

5）按以下顺序可以拆下制动蹄片。拆下定位销，拆卸带调整器的制动蹄片，脱开驻车制动器拉索，拆下调整器，如图 5-36 所示。

图 5-36　拆下制动蹄片

6）如果需要拆卸制动轮缸，在完成作业后，需要排除制动管路中的空气。制动鼓拆下后，不能踩制动踏板。

7）安装前用砂布彻底清理制动蹄片和制动鼓内表面上的油污及灰尘。

8）在制动蹄片安装前，在滑动面上抹涂少量高温润滑油脂，注意不要让润滑脂粘到制动蹄摩擦片和制动鼓。滑动面包括推杆、推杆套和制动蹄接触部位，驻车制动拉杆上销钉和制动蹄接触部位，自动调节拉杆与制动蹄接触部位等。

9）所有工作完成后，起动发动机，用力踩制动踏板五次左右，让制动蹄片与制动鼓的间隙自动调整到正常，或者手动调整制动蹄片与制动鼓的间隙到正常。

10）检查和确认制动鼓无卡滞，制动正常后，将车从升降机上放下来并进行制动试验。必须告知驾驶人，新制动蹄片需要磨合一定的里程，驾驶时需留足制动时间。

四、鼓式制动器的检修

1. 制动鼓的检修

制动鼓由其工作时温度高，压力大，散热条件差，因而制动鼓易出现变形、磨损、裂纹等故障。制动器拆卸后，应对其进行严格检查，其方法如下。

1）彻底清洁制动鼓，除去灰尘和污物。

2）检查制动鼓制动表面的划痕、凹槽及裂纹。对于较轻的表面划痕，用细砂布抛光平即可；对于带有中等严重程度的划痕或凹槽，可在车床或制动鼓镗削机上进行加工修复；如划痕和凹槽较深，必须更换制动鼓。制动鼓一旦出现裂纹，必须更换。加工制动鼓时必须注意，同轴的两侧制动鼓的尺寸应一致。

3）如制动蹄片的一端磨损严重，或制动蹄片磨损不均匀，需要检查制动鼓的磨损状况和圆度。如图 5-37 所示，用内径游标卡尺在制动鼓工作表面的周围上多处测量制动鼓的内径（磨损量极限为 1~2mm）。当测量的直径超过允许的最大值时，应更换制动鼓。当制动鼓变形产生锥度或失圆，而加工余量足够时，应对其进行加工修复，也可更换。

图 5-37　测量制动鼓内径

2. 制动轮缸的检修

1）检查防尘套是否损坏，如果防尘套损坏，灰尘很容易在活塞和缸体上停留，容易造成制动轮缸泄漏；如图 5-38 所示，拉开每个轮缸的防尘套，观察防尘罩后面是否有较多的制动液，如果有，说明制动液通过活塞密封圈向外泄漏。

2）左右推动轮缸活塞，应灵活而不发卡；检查排气螺塞防尘帽是否缺失，排气螺塞是否堵塞，固定螺栓是否松动。制动器轮缸存在泄漏痕迹，通常需要更换。

3. 制动蹄片的检修

1）如图 5-39 所示，用粉笔涂制动鼓的内表面，然后用制动蹄片进行配合研磨，如果接触面很不均匀，则应更换制动蹄片；使用砂纸清理制动蹄衬片上的灰尘和油污；检查摩擦片有无裂纹、松动和其他形式的损坏；在磨损最严重的多个位置测量摩擦片的厚度，摩擦片厚度的使用极限通常一般为 1mm，测量每个制动蹄的摩擦片厚度，当磨损超过或接近使用极限时应予以成对换新。

2）检查制动蹄有无裂纹，如果有裂纹需要更换制动蹄片；检查制动蹄与背板和固定件之间的接触面是否严重磨损，如有严重磨损情况需要更换制动蹄片。

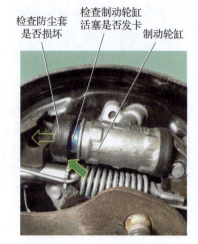

图 5-38　检查制动轮缸

4. 其他零部件检修

1）检查全部回位弹簧和压紧弹簧有无以下现象：有无伸长圈或收缩圈，有无扭转弯曲变形，钩环是否损坏，弹簧是否变色等，弹簧出现上述任何一种情况，均应予以更换。

2）检查制动鼓和制动蹄片间隙调整机构是否损坏。如图 5-40 所示，检查调整螺母及螺杆的螺纹有无损坏，确保调整螺母旋动不阻塞或卡住。每次拆卸时，均要清洁和检查调整螺母总成，对损坏的零件应加以更换。

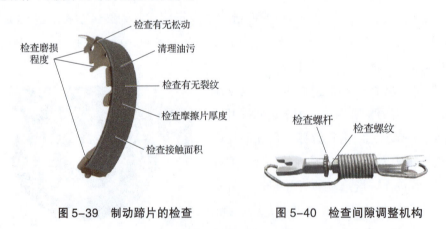

图 5-39　制动蹄片的检查　　　　图 5-40　检查间隙调整机构

3）制动器底板检查。检查制动底板有无破裂或弯曲的迹象，若有任何一种损坏都必须更换。

五、鼓式制动器的故障诊断与排除

1. 制动跑偏或侧滑的故障现象

前后桥使用鼓式制动器的车辆或后桥使用鼓式制动器的车辆，在制动时出现以下现象，制动时车辆往一边跑偏或侧滑。

2. 鼓式制动器制动跑偏的故障原因

1）故障车轮的制动管路有漏油。

2）故障车轮的制动轮缸有漏油或卡滞。

3）故障车轮制动蹄片和制动鼓间隙过大。

4）故障车轮制动时制动蹄片和制动鼓磨损接触面过小，制动鼓或制动蹄摩擦系数下降。

5）故障车轮轮胎磨损严重或悬架有故障。

3. 鼓式制动器制动跑偏的故障诊断与排除

1）检查轮胎的磨损情况。

2）检查制动管路是否存在漏油。

3）拆下故障车轮的鼓式制动器，检查制动轮缸、制动鼓、制动蹄片、回位弹簧等是否存在异常。

学习任务三　制动传动装置的结构原理与维修

一、制动传动装置的结构

制动传动装置的作用是将驾驶人或其他动力源的作用传到制动器，同时控制制动器的工作，从而获得所需要的制动力矩。常见的制动传动装置分为液压式和气压式，轿车常用液压制动传动装置，如图 5-41 所示，液压制动传动装置由制动踏板、制动主缸、储液罐、制动轮缸、制动管路等组成。

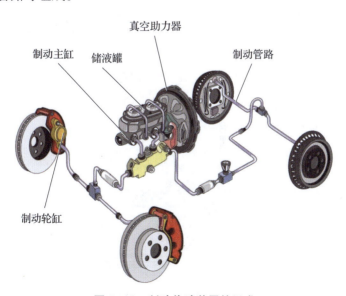

图 5-41　制动传动装置的组成

现在采用液压式制动传动装置的汽车都是采用双管路制动传动装置，双管路液压制动传动装置是利用彼此独立的双腔制动主缸，通过两套独立管路，分别控制前后车轮的制动器，从而提高制动时的可靠性和行车安全性。常见的液压传动装置布置形式如图 5-42 所示，前后轴布置形式简单，但可靠性不高；对角布置形式比较常见，有利于提高车轮的稳定性；双回路布置形式只能应用于每个车轮制动器有双数个制动轮缸的车辆上。

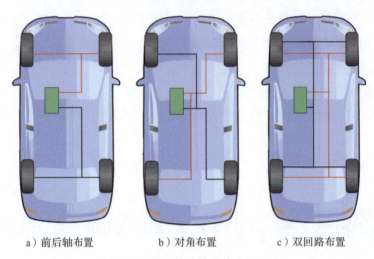

a）前后轴布置　　　　　b）对角布置　　　　　c）双回路布置

图 5-42　液压传动装置的布置形式

1. 制动踏板

制动踏板是驾驶人对制动系统施加制动力的元件，制动系统对于制动踏板一般有踏板力和踏板行程两个方面的要求，踏板行程包括自由高度、自由行程和行程余量等参数，如图 5-43 所示。例如，2021 年款别克威朗制动踏板自由高度约为 160mm，自由行程约为 10mm，要求施加在制动踏板上的力为 445N 时踏板行程余量约为 85mm。

制动踏板自由行程的调整

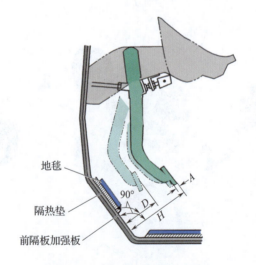

地毯

隔热垫

前隔板加强板

图 5-43　制动踏板结构与行程

H—自由高度　*D*—行程余量　*A*—自由行程

在不制动时，为防止制动卡滞，制动主缸的推杆和活塞之间应该保持一定间隙，制动时，为了消除这一间隙所需要的踏板行程称为制动踏板自由行程。

2. 制动液

制动液是制动系统液压压力的传动介质，制动液对制动系统的可靠性具有决定意义。常用的制动液包括植物制动液、合成制动液及矿物制动液，其颜色通常为琥珀色，如图 5-44 所示。制动液需要吸水性差而溶水性好。渗入制动液中的水汽能均匀混合，否则在制动液中形成水泡大大降低汽化温度。制动液在长时间使用后，会因吸收空气中的水分导致沸点下降，在工作过程中更容易出现气阻现象，所以制动液有一定的使用期限，需定期更换。

制动液

图 5-44　制动液

制动液还应该具有高沸点、不易融入空气、低冰点、化学性能稳定和耐老化，不腐蚀金属、塑料和橡胶件，有良好润滑性能等特点。制动液要符合 DOT3 或 DOT4 标准，在使用过程中切忌将不同型号的制动液混合使用，否则会导致制动液失效，最好使用维修手册中推荐使用的制动液。

3. 制动主缸

制动主缸俗称制动总泵，它位于制动踏板和制动管路之间，其作用是将踏板输入的机械力转换为液压力。储液罐通常安装在制动主缸上，如图 5-45 所示，储液罐内制动液位置应位于上刻度（Max）、下刻度（Min）之间。液位不足时，储液罐上的制动液报警开关会点亮仪表内的报警指示灯。

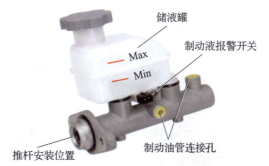

储液罐

制动液报警开关

Max

Min

推杆安装位置

制动油管连接孔

制动主缸的工作原理

图 5-45　制动主缸的结构

制动主缸工作原理如图 5-46 所示，踩下制动踏板，作用于推杆的力传到后活塞，后活塞移动关闭补偿孔，使液压升高。该液压和弹簧作用在前活塞上，使前活塞移动关闭前补偿孔，使前腔液压升高。前后腔压力升高的制动液经前后管路进入前后车轮制动器工作缸，产生制动作用。放松制动踏板时，活塞复位较快，储液罐中油液经补偿孔、活塞和活塞皮碗间小孔（图 5-47）进入工作腔，以免形成真空。当活塞完全复位时，制动管路中流回工作腔多余油液经补偿孔流回储液罐。

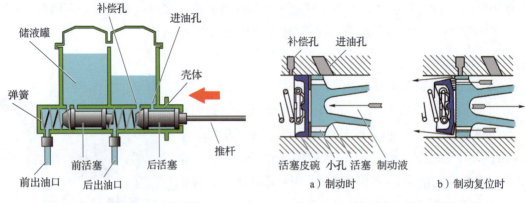

图 5-46 制动主缸的工作原理　　　　　图 5-47 制动主缸活塞皮碗间小孔

4. 真空助力器

为了缓解用力踩制动踏板给驾驶人带来的疲劳，制动系统采用了真空助力器来助力。真空助力器安装位置如图 5-48 所示，它和制动主缸安装在一起，用推杆连接制动踏板，通过真空管连接真空源。真空助力器利用的真空源是发动机活塞下行带来的真空或真空泵产生的真空，来增加驾驶人施加于踏板上的力。

真空助力器真空管路的单向阀位于发动机进气歧管和真空助力器之间，有的单向阀安装在真空助力器上，有的单向阀内置于真空管路中。单向阀的作用是保证发动机或真空泵停转后，真空助力器内的真空能维持一定的时间。

真空助力器工作原理如图 5-49 所示，前气室和后气室由前后壳体及中间膜片组成。没有踩下制动踏板时，控制阀处于非工作状态，前后气室相通，并与大气隔绝。发动机运转后或真空泵开始工作后，前后两腔内都有一定的真空度。

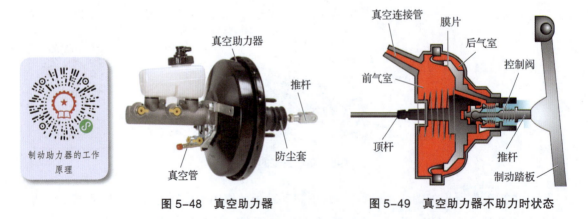

图 5-48 真空助力器　　　　　图 5-49 真空助力器不助力时状态

制动时，如图 5-50 所示，推杆和控制阀向左移动，使前、后气室隔绝，外界空气经控制阀进入后气室，随着空气的进入，膜片两侧出现压差而产生推力，膜片座推动顶杆向左移动。此时，顶杆上的作用力为踏板力和真空助力器膜片推力之和，真空助力器的推力较踏板力大得多，可以使制动主缸输出的液压力成倍增大。

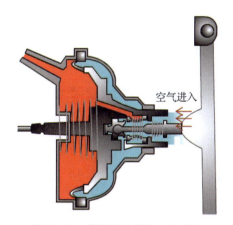
空气进入

图 5-50 真空助力器助力时状态

制动主缸与真空助力器的拆装

二、制动传动装置的工作原理

汽车制动系统按传动介质可以分为两种，一种是液压制动系统，另外一种是气压制动系统。气压制动则是以高压气体为制动介质，再通过管路送到各个制动轮缸达到制动效果。

液压制动系统工作原理如图 5-51 所示，驾驶人踩下制动踏板使制动主缸内的制动液产生压力，制动主缸的制动液通过制动管路输送到每个制动轮缸，制动轮缸推动制动块夹紧制动盘，从而达到制动的效果。制动踏板为省力杠杆，制动轮缸的面积大于制动主缸，液压传动系统在传动过程中对驾驶人施加踏板力进行了增大变换，使传递到制动轮缸上的力大于踏板力。

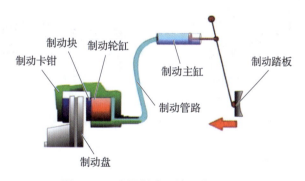
制动块 制动轮缸
制动卡钳
制动主缸 制动踏板
制动管路
制动盘

图 5-51 液压制动系统工作原理图

三、制动传动装置的拆装注意事项

1）制动液有毒，排放制动液时，只能使用专用容器存放。

2）拆卸制动主缸前，吸出储液罐中的制动液。从制动主缸上拆下制动管路时，为了防止制动液飞溅，要用毛巾或抹布包住。制动液有腐蚀作用，不允许将制动液溅漏到车辆漆面。如果制动液溅漏到任何涂漆表面上，应立即将其清洗干净。

3）制动液应保存在密封容器中，因为制动液具有吸湿性，能够吸收周围空气中的潮气。不要使用已经吸收了潮气的制动液和脏污的制动液，否则容易引起制动性能下降。

4）从制动主缸上拆下制动液管后，立即用塞子或胶带堵住各连接管的出口，以防止杂物或灰尘进入。

5）拆装制动主缸、制动轮缸过程中，要小心不要弯曲或损坏制动管路，如果弯曲了制动管路会使装配比较困难。

6）制动主缸安装后，应对制动踏板的行程进行检查，并视需要调整。

四、制动传动装置的检修

1. 制动踏板的检修

1）不起动发动机，多次踩下制动踏板，消耗真空助力器内的真空。轻踩制动踏板，检查制动踏板自由行程是否正常，如不正常，可以在与制动踏板相连的推杆上进行调整。

2）用手拉动制动踏板，检查制动踏板和制动踏板支架之间的衬套（其位置如图 5-52 所示）是否严重磨损，如果磨损严重，应更换衬套或制动踏板总成。

3）检查制动灯开关是否正常，制动灯开关推杆的凸出部分与限位衬块间隙应为 1.5~2.5mm，如图 5-53 所示，否则进行调整，使用万用表检查制动灯开关的性能。

图 5-52　制动踏板衬套位置

图 5-53　检查制动灯开关

2. 制动液的检查和空气排除

（1）制动液的检查　制动系统在长期工作过程中，制动液会因为制动片的磨损或制动管路泄漏等原因减少，因而需定期检查制动液液面情况。制动液面应位于储油罐"Max"与"Min"刻度线之间。若液量不足，应首先对液压系统进行全面泄漏检查，然后再补充制动液至规定液位。添加时需要注意，制动液具有腐蚀性，不能接触到车身油漆表面。

检查制动液应该应清澈透明或呈琥珀色、无杂质、无沉淀和悬浮物。如果制动液变黑、混浊或有沉淀物等现象时，应清洗储液罐和更换制动液。使用专业检查仪器，检查制动液的含水率，如图 5-54 所示，当含水率等于或超过 3%（体积分数）时，应该更换制动液，更换制动液的流程和制动液排除空气类似。

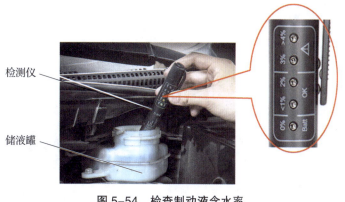

检测仪

储液罐

图5-54 检查制动液含水率

制动液的检查和更换

（2）制动液中空气的排除 如果更换或拆装制动主缸、制动轮缸、制动油管等或怀疑制动管路中有空气，则需要排除制动管路中空气。如果管路中空气未排尽，起动发动机，踩下制动踏板，此时制动踏板的阻力会过小，出现"软绵绵"的感觉。

1）对制动系统进行排气前，将变速杆移至P位或空档位置，并正确安装车轮挡块。

2）须使用厂家规定的制动液。排气时注意检查储液罐液位，整个加注过程始终要保持制动液在下限记号之上，以防空气进入制动液压回路。

3）如图5-55所示，通常根据制动主缸的位置，由远到近排除各车轮的空气，或根据车辆维修手册的规定顺序排除空气。

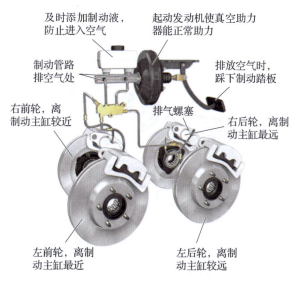

及时添加制动液，防止进入空气

起动发动机使真空助力器能正常助力

制动管路排空气处

排放空气时，踩下制动踏板

右前轮，离制动主缸较近

排气螺塞

右后轮，离制动主缸最远

左前轮，离制动主缸最近

左后轮，离制动主缸较远

图5-55 排除制动系统空气的方法

4）排除空气时，一般要求两人操作。如图5-56所示，可将软管一头接在打开的制动轮缸排气螺塞上，另一端插到一个透明容器中。排除空气起动发动机，一人连续踩几下制动踏板，对制动管路内空气加压，然后踩住踏板不放。另一人将制动轮缸上排气螺塞旋出至少一整圈，空气即随制动液一起排出。若排出的制动液有泡沫，旋紧排气螺塞，继续踩几下制动踏板重复上述操作，直到排出的制动液没有泡沫，旋紧排气螺塞。

3.制动主缸的检查

目视检查制动主缸应无明显的漏油或其他形式的损坏。制动主缸内部常见的损坏是活塞皮碗磨损，活塞皮碗磨损后造成制动液回流，踩下制动踏板后，制动轮缸的压力不能保持，制动液不受控制流回主缸，造成制动失效或制动效果不良。

图 5-56 排放制动轮缸中的空气

停稳车辆，检查制动系统应无明显漏油，起动发动机，踩下制动踏板，保持踏板 3min，如果制动踏板下降大于 10mm，说明需要更换制动主缸。拆下制动主缸相连的油管，在出油口连接压力表，起动发动机，踩下制动踏板，观察压力表是否能保持一定压力，如果不能保持压力，则需要更换制动主缸。

轿车的制动主缸出现故障通常需要更换。对于有些允许维修的制动主缸，通常需要更换制动主缸内所有的密封件。制动主缸维修过程中，可以使用干净的制动液将所有元件清洗干净，然后用干燥的压缩空气吹净所有通道及有关零部件，将零件摆放好，参考图 5-57所示，装配前在制动主缸孔壁和相关零件上涂抹制动液。注意：不能掉落或敲击制动主缸及内部元件，以免遭受冲击损坏。如果拆卸前活塞组件困难，可通过出油液排出孔慢慢加入压缩空气将活塞缓慢压出。

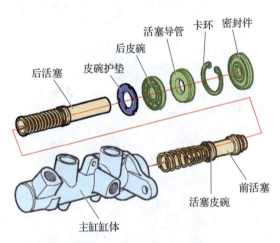

图 5-57 制动主缸内部零件

检查制动主缸和活塞间的间隙应小于 0.15mm；检查制动主缸缸孔壁面应光滑无锈蚀；检查储液罐应干净无损坏。

4.真空助力器的检修

真空助力器是制动系统的重要部件，其性能的好坏会直接影响汽车的行车安全。因此，对真空助力器的性能及故障应做到及时的检查，对更换的真空助力器应做到合理的调整。

真空助力器常见的故障现象是制动踏板费力。引起此故障的原因通常：进气歧管真空不足、真空管路泄漏或破损、膜片漏气、真空助力器空气滤芯堵塞，踏板推杆长度调整不当等。当真空助力器出现壳体破损或有裂纹、推杆弯曲或损坏、漏气、失去助力功能时，应更换真空助力器。

（1）检查真空助力器助力性能　让发动机处于停机状态，踩压制动踏板数次，以消除真空助力器的全部残余真空度。检查每次踩下制动踏板高度一致。踩下踏板后，起动发动机，制动踏板应该继续下沉。否则需要检查真空助力器、真空源及真空管路。

（2）检查真空助力器气密性　检查时，先将发动机怠速运转，然后关闭发动机并等待5min，再踩踏板施加制动，至少在一个踏板行程中应有助力作用。如果在第一次踩踏板时没有助力作用，则真空助力器的真空管路存在泄漏故障。

真空助力器气密性检查可以用以下方法进行检查：在真空助力器和单向阀之间安装真空表；起动发动机并怠速运行，使压力表显示值为60kPa左右，记录该值后将发动机熄火；30s内，正常真空下降不超过2.7kPa。否则检查真空管路，如果正常，则需要更换真空助力器。

（3）真空助力器的调整　真空助力器推杆与制动主缸活塞之间间隙的调整。真空助力器推杆与制动主缸活塞间有2~3mm的自由间隙，只有这样，才能在解除制动时使活塞完全回位，使制动液回流储液罐，彻底解除制动。换上新的制动主缸分总成时，需要调整真空助力器推杆。

检查并调整真空助力器推杆时，将同新制动主缸分总成封装在一起的附属工具放置在真空助力器总成上，如图5-58所示；测量真空助力器推杆和附属工具之间的间隙（标准间隙为0mm）。如果上述间隙过大或过小，则需用专用工具固定推杆并用套筒螺丝刀转动推杆头部，以调整推杆长度，如图5-59所示，调整后需再次检查推杆间隙。

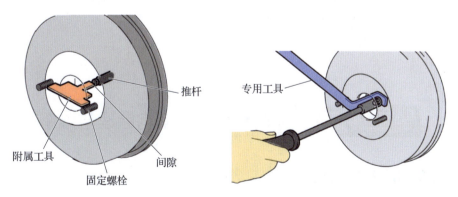

图5-58　将附属工具安装在真空助力器总成上　　　图5-59　调整助力器推杆

（4）真空助力器推杆U形夹长度的检查和调整　真空助力器如果经过拆卸，需要检查其推杆U形夹的长度。如图5-60所示，测量推杆U形夹的长度L，如果不在维修手册规定范围内应拧松推杆锁止螺母，转动U形夹进行调整。

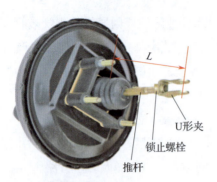

U形夹

锁止螺栓

推杆

图5-60　测量真空助力器推杆U形夹长度

五、制动传动装置的故障诊断与排除

1. 制动踏板发软的故障现象

驾驶人踩下制动踏板时，制动效果不良，制动距离变长，制动踏板阻力较小，驾驶人会感觉到制动踏板发软。

2. 制动踏板发软的故障原因

1）制动液压管路中有空气。

2）制动液压管路会漏油。

3）制动主缸损坏。

4）制动主缸推杆调整不当。

3. 制动踏板发软的故障诊断与排除

1）检查制动液的油位，油位过低有可能是制动管路中存在漏油的故障。

2）检查并排除制动管路中的空气。

3）检查主缸推杆行程，将主缸推杆行程调整到规定范围。

4）检查或更换制动主缸。

学习任务四　驻车制动系统的结构原理与维修

一、驻车制动系统的结构

驻车制动系统俗称手刹，它用于使停驶的汽车驻留原地或辅助坡道起步，驻车制动系统一般由驾驶人用手操纵，部分车辆为了车内空间布置的需要，设置为用脚操纵。驻车制动系统由操纵机构、拉索和制动器组成，驻车制动系统和行车制动系统共用制动器，操纵驻车制动拉杆便可以通过拉索将制动力传到制动器中。有些车辆使用电子驻车系统，如图5-61所示，操作驻车开关，可以实现驻车或解除驻车。

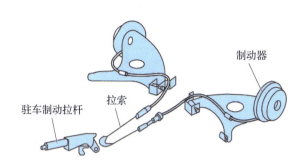

图 5-61 驻车制动系统

> **⚠ 安全警示**
>
> 　　必须将已拉紧的驻车制动器完全松开。仅部分松开的驻车制动器会导致后制动器过热，并由此对制动系统的功能产生负面影响，有发生事故的危险！

　　汽车驻车制动系统有以下功能：使已停驶的汽车在各种道路条件下驻车；在行车制动失灵的情况下，做应急制动；驻车制动系统还可以辅助坡道起步。按驻车制动器在汽车上安装位置的不同，驻车制动系统分为中央制动式和车轮制动式。中央制动式驻车制动系统的制动器安装在传动轴上，这种驻车制动系统多用于使用气压制动的载货汽车。按照驻车制动器的结构，可分为鼓式驻车制动器和盘式驻车制动器。

1. 驻车操纵手柄

　　驻车制动系统按照操纵方式的不同，可分为手动式驻车制动器、脚踏式驻车制动器及电动式驻车制动器，早期最常见的是手动式驻车制动器。

　　如图 5-62 所示，驻车手柄设置了棘爪和棘轮，棘爪可以卡住棘轮，拉紧手柄后可以保持在固定的位置。在拉起手柄时，棘轮和棘爪能清晰地听到哒哒的响声（通常 6~9 响），便于操纵时判断。放松手柄时，需要先按下按钮，将手柄向上拉，然后放下手柄。

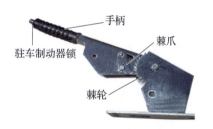

图 5-62 驻车手柄的棘爪和棘轮

　　脚踏式驻车制动器的优点是省力，并且在低成本的同时，可释放驾驶室空间。脚踏式驻车制动器的结构如图 5-63 所示，需要驻车时，踏下驻车脚踏板，如果需要释放驻车制动，用手释放"驻车释放拉手"即可。有些脚踏式驻车制动器没有"驻车释放拉手"，再次踏下驻车踏板，然后松开，即可松开驻车制动。

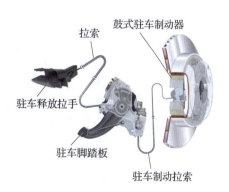

图 5-63 脚踏式驻车制动器

> 🔵 **安全警示**
>
> 　　切勿让儿童无人照管逗留在汽车内。否则儿童可能会松开驻车制动器或将汽车挂入空档。此时汽车可能会自行移动，有发生事故的危险！

　　驻车制动指示灯位于汽车的仪表内，如图 5-64 所示，该指示灯点亮说明车辆处于驻车制动状态。汽车行驶时，一定要释放驻车制动，让驻车制动指示灯保持熄灭状态。

图 5-64　驻车制动指示灯

2. 驻车拉索

　　驻车拉索是将驻车手柄的力传递到驻车制动器（后轮制动器），平衡器可以平衡左右车轮制动行程，其结构如图 5-65 所示。拉紧或松开驻车制动时，拉索既不能松弛也不能受阻碍。因此，拉索不得有磨损或腐蚀，不得有扭结或卡住现象。

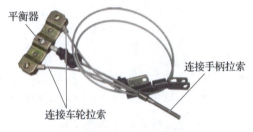

图 5-65　驻车拉索

3. 盘式驻车制动器

　　盘式驻车制动器主要应用在采用四轮盘式制动器的轿车上，其传动部分与鼓式驻车制动器相同。盘式驻车制动器制动钳的原理和结构如图 5-66 所示和图 5-67 所示，驻车制动时，拉索拉到操作杆，操作杆拨动输入轴及推杆，推杆转动促使螺母左右移动致使制动缸内活塞移动，从而使制动块压靠在制动盘上，完成驻车制动。放松制动拉杆时，操作杆在回位弹簧的弹力下回位。

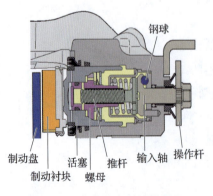

图 5-66　盘式驻车制动钳原理

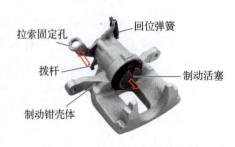

图 5-67　盘式驻车制动钳结构

4. 电子驻车制动系统

电子驻车制动系统（EPB）使用驻车按钮代替了驻车手柄。如图 5-68 所示，按下驻车按钮后，驻车制动电动机驱动螺杆驱动箱内螺杆转动，螺杆带动顶杆及活塞移动，最终带动制动钳移动让制动片压紧制动盘，实现驻车制动。

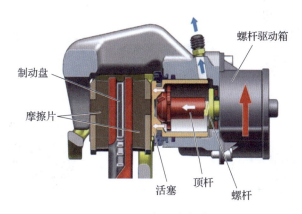

图 5-68　驻车制动电动机

车辆在停止时，按下驻车开关，此时无论起动开关是 ON 或 OFF，以及行车制动的状态，电子驻车制动系统工作，制动锁止车辆。释放驻车制动时，起动开关处于 ON 位置，踩下行车制动踏板，按下驻车开关，驻车系统停止制动锁止。如果车辆的前机舱盖和行李舱盖以及 4 个车门都是关闭状态时，变速杆从 P 位移到 R 位或 D 位时，电子驻车制动系统也会自动释放。

二、驻车制动系统的工作原理

1. 普通驻车制动装置的工作原理

小型汽车大多采用车轮制动式驻车制动器。鼓式驻车制动器有两种类型，一种是与行车制动器共用制动鼓，另一种是采用"外盘内鼓"复合型制动盘，其驻车制动器单独使用制动盘中间的制动鼓部分。

如图 5-69 所示，驻车制动时，驻车手柄将力通过拉索传到车轮制动器内驻车制动杠杆下端，驻车制动杠杆绕上支点顺时针转动，其中间支点推动推杆左移，使后制动蹄（右侧）压向制动鼓。驻车制动杠杆上端左移使前制动蹄（左侧）压向制动鼓。

2. 电子驻车制动系统的工作原理

如图 5-70 所示，电子驻车制动系统主要由驻车制动开关、驻车制动指示灯、电控单元（内部集成坡度传

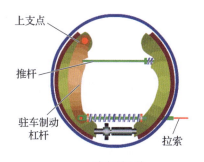

a）驻车制动前

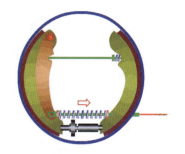

b）驻车制动后

图 5-69　驻车制动原理

感器）、左侧和右侧后轮驻车制动电动机等组成。电子驻车制动系统除了能实现正常驻车和释放功能，还能实现动态应急制动、坡道驻车和辅助起步控制。

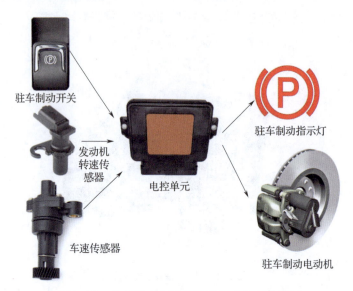

图 5-70　电子驻车制动系统的组成和工作原理

车辆在行驶过程中，驾驶人拉起驻车开关，电子驻车制动系统控制单元收到开关信号后，它通过数据总线请求电子稳定程序控制系统控制行车制动，如果行车制动系统或是电子稳定程序控制系统故障，电子驻车制动系统控制单元直接控制驻车制动系统工作来应对这种紧急情况。电子驻车制动系统的动态制动控制是持续进行的，直到松开驻车开关为止。在动态制动工作期间，驻车制动指示灯将会一直闪烁。

坡道驻车时，电子驻车制动系统会根据集成在液压电子控制模块中的纵向加速度传感器来测算坡度，从而计算出车辆在斜坡上由于重力而产生的下滑力，电子驻车制动系统就会对后轮施加制动力平衡下滑，实现坡道驻车。

当车辆坡道起步时，电子驻车制动系统坡道辅助功能会根据坡道角度、驱动转矩、加速踏板位置、档位等信息来计算释放时机，当车辆的牵引力大于下滑力的时候，自动释放驻车制动，辅助坡道起步。

三、驻车制动系统的拆装注意事项

1）更换驻车制动拉索时，需要注意左侧座椅外滑轨盖等附件，注意不要损坏，具体步骤可以参考维修手册。将地毯翻起，拆卸控制台支架，如图 5-71 所示。

2）拆卸驻车制动杠杆总成，如图 5-72 所示，先从平衡器中分离左右两侧的 2 号和 3 号拉

图 5-71　拆卸控制台支架

索，再将 1 号拉索总成从制动块上拆下。

3）在 3 号驻车制动拉索总成的底部插入一个弯颈扳手，如图 5-73 所示，分离卡子，将拉索从后制动钳总成上拉出，再拆卸 3 号驻车制动拉索总成。

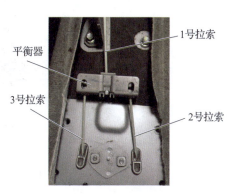
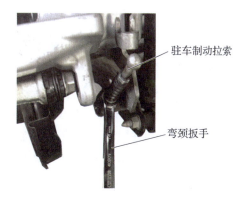

图 5-72　分离 3 号驻车制动拉索总成　　　　图 5-73　使用弯颈扳手分离卡子

四、驻车制动检查与调整

1. 驻车制动手柄检查和调整

检查驻车制动手柄前，检查行车制动系统应正常。用力拉住驻车制动手柄，松开驻车制动器锁，将驻车制动手柄放回到关闭位置。握紧驻车制动手柄，慢慢地拉起手柄，直至完全制动，拉起时听棘轮发出的咔嗒声，如果听到的咔嗒声不在 6~9 个或车辆维修手册规定的范围，应调整驻车拉索。

如图 5-74 所示，调整前需要先拆下相关盖板和附件，拧松固定螺母后对调整螺母进行调整。调整后，当拉上驻车制动手柄时，咔嗒声应在规定范围内，车轮在双手尽力转动情况下应保持不动。释放驻车手柄后，车轮应能够自由转动，若听到轻微的接触声，则视为正常。

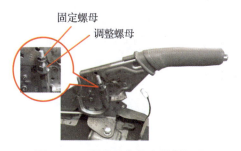

图 5-74　调整驻车拉索锁紧螺母

调整时需注意检查棘轮每个齿尖是否磨损或损坏，若有磨损应更换。调整完毕后，检查后轮制动器应无拖转情况。

2. 挡块和操作杆之间间隙的检查

如图 5-75 所示，松开驻车制动手柄，使用厚薄规检查两后轮制动器上操作杆和挡块之间的间隙，此间隙应为 0.5mm 或更小，如果此间隙过大，应该更换制动钳总成。

3. 驻车制动开关的检查

驻车制动开关电路如图 5-76 所示，拉起驻车制动开关时，它发送信号至 ABS ECU，从而使左右驻车制动器执行器激活，使驻车制动器接合或分离。驻车制动开关及电路检测方法如下。

1）检测驻车制动开关与 ABS ECU 之间的线路应无断路，点火开关处于 OFF，分别断开驻车制动开关、ABS ECU 的插接器，检测各控制电路端对端电阻应小于 2Ω。

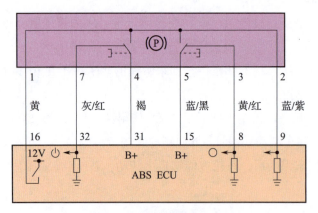

图 5-75　制动器操作杆和挡块之间的间隙

2）检测驻车制动开关与 ABS ECU 之间的线路应无相互短路及对地短路，检测每个控制电路和搭铁之间的电阻应为无穷大。

3）当驻车制动开关发出指令时，确认驻车制动电动机端子 1 和 2 之间的电压为 11.5~12.5V。

4）拆下驻车制动开关，检测驻车制动开关的性能。

图 5-76　驻车制动开关电路

4. 驻车制动电动机的检查

电子驻车制动系统驻车制动电动机电路如图 5-77 所示，在驻车制动电动机工作过程中，ABS ECU 会检测其增加的电流消耗来对其进行监测，从而确定电动机的最终停止位置。检测驻车制动开关及电路方法如下。

1）点火开关置于"OFF"位置，断开左侧驻车制动电动机的线束插接器。

2）在其中一个控制端子和 12V 电压之间安装一条带 25A 熔丝的跨接线。

3）在另一控制端子和搭铁之间暂时安装一条跨接线。

4）反转跨接线至少两次，左侧驻车制动电动机应执行接合和分离功能。

5）按同样的方法检测右侧驻车制动电动机。

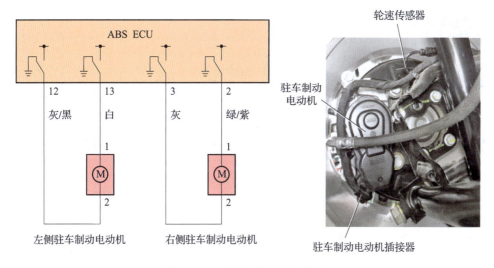

图 5-77　驻车制动电动机电路

五、驻车制动的故障诊断与排除

1. 驻车拉杆行程过长的故障现象

驻车制动装置常见的故障现象是驻车拉杆行程过长，将驻车拉杆拉到正常的行程时，不能实现正常驻车，如果在较大的坡道驻车，车向下滑移。

2. 驻车拉杆行程过长的故障原因

1）驻车制动器内制动鼓和制动蹄片间隙过大。

2）驻车制动拉索需要调整或更换。

3）拉索平衡器损坏。

3. 驻车拉杆行程过长的故障诊断与排除

检查两个后轮制动鼓和制动蹄片之间的间隙，如果间隙过大，则需要调整。检查驻车制动拉索是否需要调整或更换。检查拉索平衡器是否损坏。

学习任务五 制动防抱死系统的结构原理与维修

一、制动防抱死系统的结构

制动时，如果车轮抱死，车轮与地面由滚动转变成滑动。轮胎与地面摩擦会留下制动拖印，这样轮胎容易磨损，如图 5-78 所示。轮胎迅速磨损，产生大量的热量，轮胎发生爆胎的概率增大。

图 5-78 车轮滑动

车辆制动时，车轮边滚动边滑动是最佳状态。如果车辆制动时车轮抱死后，车轮会失去转向能力。为了防止车轮在制动时抱死，目前汽车都应用制动防抱死系统。ABS 就是制动防抱死系统的简称。ABS 在汽车制动时，自动控制制动器制动力的大小，使车轮不被抱死，处于边滚边滑（滑移率在 20% 左右）的状态，以保证车轮与地面的附着力在最大值。

在车辆制动并且需要转向时，车辆如果无 ABS，汽车前轮抱死会使汽车保持直行，无法避让障碍物，汽车后轮抱死会出现甩尾现象，如图 5-79 所示，无论汽车出现方向失控或车辆甩尾都是非常危险的。车辆如果带有 ABS，在制动的同时转向，可以轻松避让障碍物。

a）前轮抱死使方向失控

b）后轮抱死使车辆甩尾

图 5-79 车辆 ABS 制动效果

如图 5-80 所示，制动防抱死系统是在原来制动系统的基础上增加了制动压力调节器、电控单元、轮速传感器等部件。不同厂家生产的 ABS 其工作原理大致相同。驾驶人踩下制动踏板，制动液进入轮缸，制动器产生制动力，车轮的转速下降。轮速传感器将车轮转速信号传输到电控单元，电控单元内部程序根据轮速信号发出控制信号给制动压力调节器，控制各个车轮制动器制动轮缸液压的大小，防止车轮抱死。

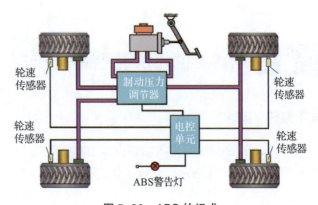

图 5-80 ABS 的组成

1. 轮速传感器

轮速传感器安装于车轮托架上，其结构与安装位置如图 5-81 和图 5-82 所示，它检测车轮的转速，并将车轮转速信号输入电控单元。目前大多数汽车，每个车轮都有一个轮速传感器。使用中需要注意传感器应该安装牢固，保持清洁，否则影响信号的输出。

图 5-81　转速传感器结构

图 5-82　前轮转速传感器安装位置

常见的轮速传感器分为电磁感应式、霍尔式和磁阻式等类型。电磁感应式轮速传感器结构如图 5-83 所示，它主要包括信号轮和传感器本体，信号轮有 N 个齿。信号轮旋转时，随着每个齿经过传感器本体时，便产生一个脉冲信号，ECU 根据此信号计算出车轮转速。霍尔式和电磁式曲轴位置传感器外形基本相同，它也是包括信号轮和传感器本体。

霍尔式曲轴位置传感器应用霍尔效应制成，如图 5-84 所示，永磁体的磁力线穿过霍尔元件通向信号轮，信号轮转动时穿过霍尔元件的磁力线密度发生变化，因而引起霍尔元件电压的变化，霍尔元件输出的正弦波电压，此电压由电子电路转化成标准的脉冲信号。

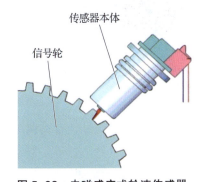

图 5-83　电磁感应式轮速传感器

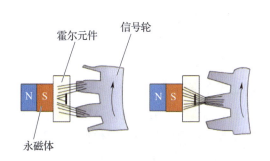

图 5-84　霍尔式轮速传感器

如图 5-85 和图 5-86 所示，磁阻式轮速传感器是由传感器本体和磁性转子组成，磁性转子包括呈圆形排列的 48 组 N、S 磁极，与轮毂轴承内座圈安装在一起。磁性转子转动时，在传感器本体内的 2 个 MRE（磁阻元件）向 ABS 电控单元输出波形。

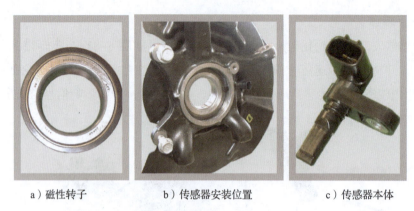

a）磁性转子　　　　b）传感器安装位置　　　　c）传感器本体

图 5-85　磁阻式轮速传感器实物图

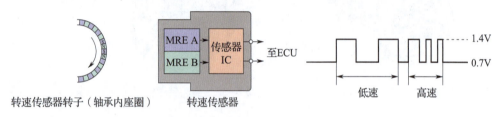

转速传感器转子（轴承内座圈）　　　转速传感器

图 5-86　磁阻式轮速传感器工作原理

2. 电控单元

制动防抱死电控单元即 ABS ECU，它是由微处理器和其他必要的电路组成，通常 ABS ECU 和制动压力调节器安装在一起，如图 5-87 所示。ABS ECU 具有接收轮速传感器和车速传感器等信号，并对轮速传感器等信号进行运输和处理，发出控制指令调节制动压力的功能，除此以外 ABS ECU 还可以进行初始检查和行驶中定时检查，以及自动诊断等功能。

图 5-87　电控单元

3. 制动压力调节器

制动压力调节器也被称之为 ABS 泵，它根据 ECU 发出的控制信号，自动调节制动轮缸的制动压力。制动压力调节器包括多个电磁阀，1~2 个回油泵及储液器等。制动压力调节器串联在制动主缸和制动轮缸之间，通过电磁阀直接或间接地控制制动轮缸的制动压力。根据调压方式可以将压力调节器分为循环式压力调节器和可变容积式压力调节器。

二、制动防抱死系统的工作原理

1. 常规制动状态

如图 5-88 所示，在制动的初始状态，车轮未达到抱死状态，ABS 不工作，电磁阀中电磁线圈不通电，电磁阀处于"升压"的状态，制动主缸通过电磁阀与轮缸相通。此时，制动主缸中的制动液直接进入轮缸，四个车轮中的轮缸压力随制动主缸压力的升高而升高。

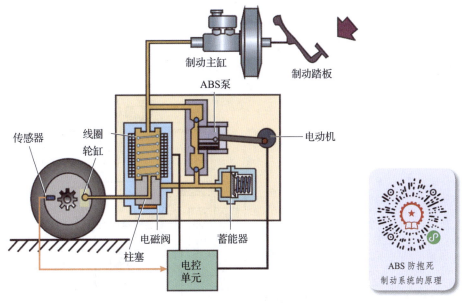

ABS 防抱死
制动系统的原理

图 5-88　ABS 不工作

2. 保压状态

如图 5-89 所示，当电控单元通过轮速传感器判断车轮趋于抱死时，电控单元向电磁阀输入一个较小的保持电流，电磁阀处于"保压"位置，电磁阀使制动主缸、轮缸和通向蓄能器中的回油孔相互隔离，轮缸中的制动压力保持一定。

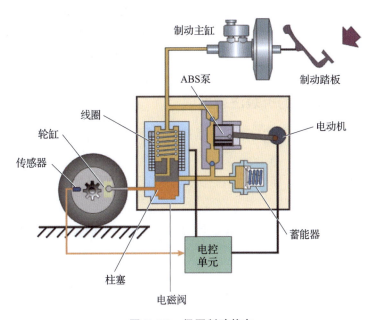

图 5-89　保压制动状态

3. 减压状态

当制动力保持一定时，电控单元通过轮速传感器判断车轮滑移率超过一定值时，电控单元向电磁阀输入一个最大电流，电磁阀处于"减压"位置。如图 5-90 所示，此时，电磁阀使轮缸和通向蓄能器的回油孔相通，轮缸中的制动液流入蓄能器，轮缸中压力下降。此时，电控单元使电动机带动 ABS 泵工作，液压泵将流回蓄能器的制动液加压后输入与制动主缸相通的管路中，为下一个制动周期做好准备。

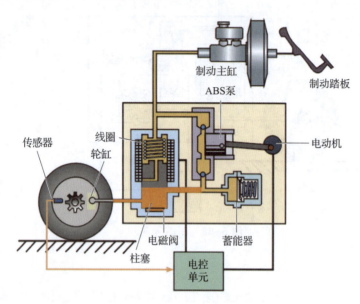

图 5-90　减压制动状态

4. 增压状态

当制动轮缸中制动液减少，其液压压力也会降低，车轮的转速增加，当电控单元通过轮速传感器监测到车轮转速太快时，便切断电磁阀的电流，使制动主缸的高压制动液再次进入制动轮缸，使制动力增加。

三、制动防抱死系统的拆装注意事项

1）防止制动液接触到眼睛和皮肤，一旦接触，用清水彻底清洗。防止制动液溅到涂漆表面。

2）拆装或更换 ABS 泵，需要根据维修手册规定流程进行排除空气，防止引起制动失效或制动效果不良。

3）拆卸轮速传感器时，不要碰伤轮速传感器本体，不要撬伤轮速传感器信号轮，否则会引起轮速传感器损坏。

> **注意：** 要防止异物粘在传感器端部，每次拆下轮速传感器时，需要清洁轮速传感器的安装孔和传感器本体的表面。

4）在对高压蓄能器等进行拆卸维修前，需要按照维修手册规定的程序进行泄压。ABS绝大多数元件不能拆修，只能更换。

5）拆卸电气元件前，需要将点火开关置于 OFF 位置。

6）安装轮速传感器时，不要扭曲线束，需要注意将轮速传感器线束固定在相应的卡夹上，防止线束晃动引起新的故障。

四、制动防抱死系统的检修

1. 轮速传感器的检修

2021 款卡罗拉轿车轮速传感器电路如图 5-91 所示，检查轮速传感器时，需要检查以下方面。

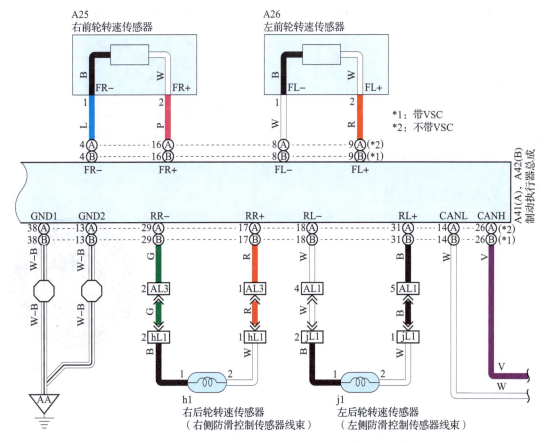

图 5-91　2021 款卡罗拉 ABS 轮速传感器电路图

1）如图 5-92 所示，轮速传感器的安装情况，是否存在螺栓松动或间隙过大的情况。

2）拆卸轮速传感器，检查该传感器的端部，端部应无划痕或异物，否则更换。

3）检查轮速传感器内部是否短路，分别检查该传感器的两个端子与搭铁的阻值，应大于 $10k\Omega$，否则更换。

4）检查插接器应无松动及其他异常。

5）断开 ABS 电控单元的插接器，分别检查轮速传感器和 ABS 电控单元之间的两条导线阻值，应小于 1Ω，分别检查轮速传感器线束中两条导线和搭铁的阻值，应大于 10kΩ，否则应该更换相应的线束。

6）连接好 ABS 电控单元的线束，在轮速传感器端检查线束的供电情况，2021 款卡罗拉轿车轮速传感器的供电为 8~12V。

7）目视检查轮速传感器信号轮或磁性转子是否出现损坏。

8）检查轮速传感器线束是否固定良好，绝缘胶套是否完整，如图 5-93 所示。

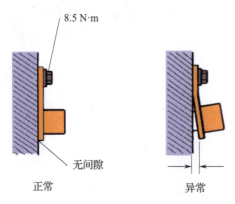

图 5-92   检查轮速传感器的安装情况

图 5-93   轮速传感器线束

2. ABS 警告灯的检查

ABS 警告灯位于汽车仪表内，如图 5-94 所示，正常情况下，打开点火开关置于 ON 位置，ABS 警告灯亮起，ABS 电控单元开始自检，当 3~5s 后 ABS 电控单元完成自检，如果 ABS 电控单元未发现故障，它会控制 ABS 警告灯熄灭，否则 ABS 警告灯一直点亮。

图 5-94   ABS 警告灯

（1）ABS 警告灯一直不亮的检查   如果 ABS 警告灯一直不亮，检查其他故障是否正常，检查组合仪表的供电和搭铁线是否正常，检查时参考图 5-95 所示的电路图，当组合仪表的供电和搭铁正常时，可以按照以下步骤进行检查。

a）检查有无故障码，如有，按照故障码的提示，排除故障。

b）将点火开关关闭，断开 ABS ECU 的插接器，如图 5-96 所示，打开点火开关置 ON 位置，此时如果 ABS 警告灯亮起，则说明故障在 ABS ECU，需要更换 ABS ECU 总成。如果 ABS 警告灯依然不亮，进行下一步。

c）使用检测仪发出指令让 ABS 警告灯亮起，如果 ABS 警告灯依然未亮，应检修组合仪表。

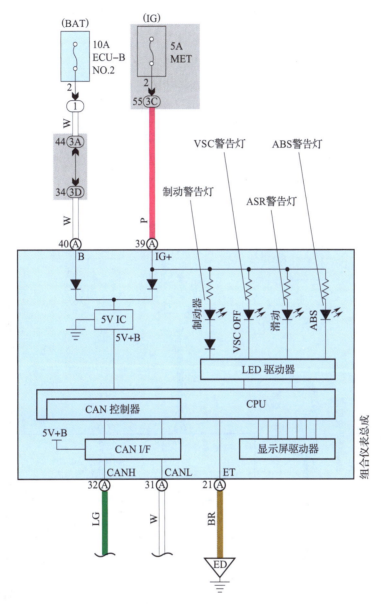

图 5-95 ABS 警告灯电路图

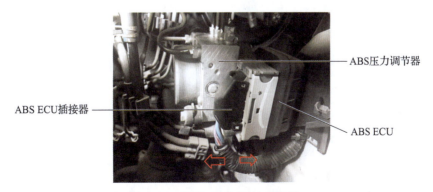

图 5-96 断开 ABS ECU 插接器

（2）ABS 警告灯一直点亮的检查 ABS 警告灯一直点亮的故障原因包括：ABS ECU 损坏或其外部电路出现断路，ABS 有故障等。

a）检查蓄电池电压是否正常，其值为 11~14V。

b）检查 ABS 是否存在故障码，如果有则按故障码提示排除故障。

c）检查 ABS ECU 的插接器是否连接牢固，该插接器应无明显损坏。

d）如图 5-97 所示，检查 ABS ECU 的供电和搭铁是否正常。将点火开关关闭，断开 ABS ECU 的插接器，检查 BAT 端子和搭铁端子之间的电压，应为 11~14V，将点火开关置于 ON 位置，检查 IG 端子和搭铁端子之间的电压，应为 11~14V，否则检修相关电路。

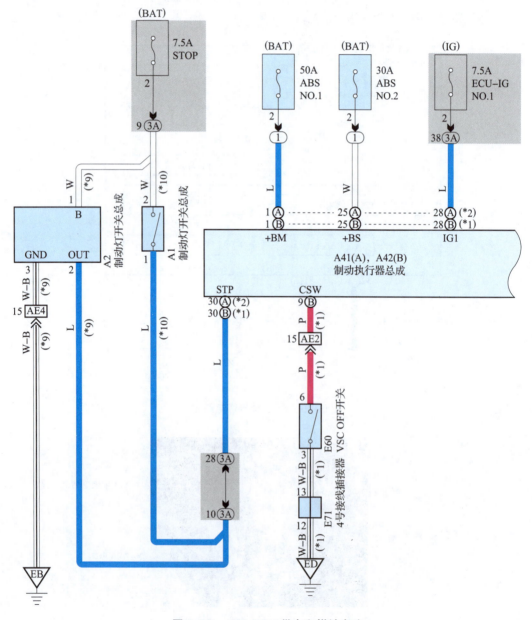

图 5-97 ABS ECU 供电和搭铁电路

e）使用检测仪检查组合仪表总成是否正常，否则应该更换组合仪表组成。

f）如果 ABS 警告灯依然一直点亮，更换 ABS ECU 总成。

五、制动防抱死系统的故障诊断与排除

1.制动防抱死系统不工作的故障现象

如果汽车以高于 30km/h 车速行驶，制动时轮胎与地面有拖印，说明 ABS 有故障。当车速低于 10km/h 时，ABS 不起作用，仪表中 ABS 警告灯点亮。汽车制动后期会出现轮胎抱死拖滑而产生的短而淡淡的印痕，这是正常现象。

2.制动防抱死系统不工作的故障原因

1）制动系统液压管理或机械部件有故障。

2）车速传感器、轮速传感器等故障。

3）ABS 泵故障。

4）ABS 控制单元或电路故障。

3.制动防抱死系统不工作的故障诊断与排除

检查有没有 ABS 相关的故障码，如果有故障码，根据故障码的指示进行故障排除。检查制动系统液压管理等基础部件是否存在故障。检查 ABS 控制单元的电路是否存在故障，如果没有故障，更换 ABS 控制单元及 ABS 泵总成。

学习任务六 新能源汽车制动系统特点与维修

一、新能源汽车制动系统的特点

1）纯电动汽车的制动系统在制动时，由于是电力驱动，制动时感觉不到反拖力。

2）纯电动汽车具有智能回收系统，在制动时，车辆的驱动电机转速降低，汽车的一部分动能转化为电能，储存在电池等存储装置中，增加汽车的行驶里程。

3）纯电动汽车没有发动机，制动系统需要的真空源只能来自电动真空泵，电动真空泵的结构如图 5-98 所示，它上面的真空管连接真空助力器，电动真空泵由电机带动，它是由整车控制器或 ESC 车身稳定控制器控制。

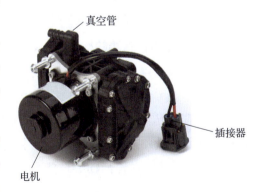

图 5-98　真空泵

二、新能源汽车制动防抱死系统的拆装

1）如要拆卸电动真空泵，可以参考以下步骤。拆下橡胶支撑与下支架的安装螺母；断开真空泵线束接插件；松开真空管上的卡箍，断开真空管和真空泵；将真空泵上支架、橡胶支撑和真空泵一同取出；将真空泵从减振垫中压出；以与拆卸相反的顺序进行安装。

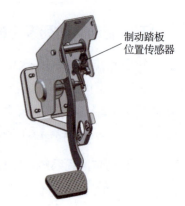

制动踏板
位置传感器

2）电动汽车通常有制动踏板深度传感器，制动踏板深度传感器将制动踏板位置信号传输给整车控制器，整车控制器接受制动踏板深度传感器用于控制制动能量回收，拆装或更换制动踏板时，需要注意不能损坏制动踏板位置传感器，踏板深度传感器位置如图 5-99 所示。

图 5-99　制动踏板位置传感器

三、新能源汽车制动防抱死系统的检修

1. 电动真空泵的检查

整车控制器会监控电动真空泵的运行情况，当电动真空泵工作异常时，整车控制器会记录电动真空泵相关的故障码。当出现电动真空泵相关的故障码或怀疑电动真空泵运行不正常时，需要进行下列检查。

1）检查真空管路及其接头密封性。

2）用手动真空泵检查真空单向阀是否工作正常。

3）检查电动真空泵是否工作正常，用万用表检查其电阻是否正常。

4）检查电动真空泵的控制电路是否正常，如图 5-100 所示，当真空压力过低时，ESC 车身稳定控制单元控制真空泵继电器 2 号脚搭铁，20A EF05 的熔断器通过真空泵继电器给真空泵供电，检查电动真空泵的插接器 BV06 的 1、2 号端子之间的电压应为 12V 左右，否则，检查 EF05 熔断器、真空泵继电器及相关导线和搭铁情况。

2. 真空压力传感器的检查

目视检查真空压力传感器外壳是否破损或有其他形式的损坏，检查真空压力传感器连接管是否脱落。当出现真空压力传感器相关的故障码时，需要检查真空压力传感器的电路。真空压力传感器的电路如图 5-100 所示，它有 3 条导线连接 ESC 车身稳定控制单元，CA20 插接器 5、32、9 号端子分别连接电源线、搭铁线和信号线。

1）将点火开关至于 OFF 位置，分别断开真空压力传感器和 ESC 车身稳定控制单元的插接器。分别检查 3 条连接导线的阻值，正常情况下，阻值小于 1Ω，否则更换线束。

2）分别检查上述 3 条连接导线的对地阻值，正常情况下，阻值为 ∞，否则更换线束。

3）连接 ESC 车身稳定控制单元的插接器，将点火开关置于 ON 位置，检查真空压力

传感器 CA16a 的 1、2 端子之间的电压，电压值应为 5V 左右，否则检查 ESC 车身稳定控制单元的供电电路和本体是否损坏。

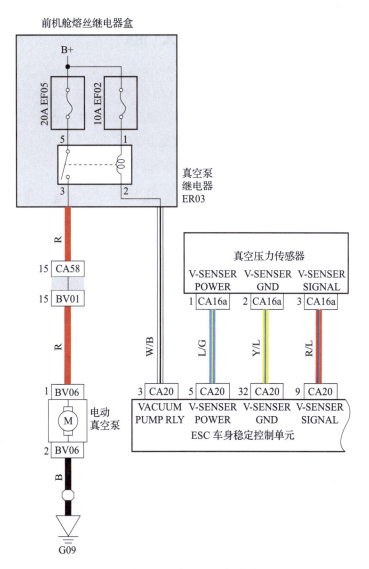

图 5-100　真空压力传感器和电动真空泵电路

4）将点火开关至于 OFF 位置，连接真空压力传感器的插接器。将点火开关置于 ON 位置，使用手动真空泵改变真空值，检查不同的真空值时真空压力传感器的信号值，如果检查值和维修手册不符，应更换真空压力传感器。

参 考 文 献

［1］王军，李伟，何建．汽车底盘结构·原理·拆装·维修［M］．北京：化学工业出版社，2021．

［2］谢伟钢．汽车底盘构造与维修［M］．北京：机械工业出版社，2022．

［3］谢伟钢．汽车制动系统维修［M］．北京：人民交通出版社，2020．

［4］曲英凯．汽车底盘构造与维修［M］．北京：人民交通出版社，2020．

［5］刘建华．汽车底盘构造与维修［M］．北京：机械工业出版社，2017．

［6］胡胜．汽车底盘构造与维修［M］．北京：机械工业出版社，2017．

［7］于海东．汽车构造原理从入门到精通［M］．北京：机械工业出版社，2020．

［8］刘春晖．图解汽车底盘构造与原理［M］．北京：电子工业出版社，2017．

［9］李晶华．汽车构造与原理［M］．北京：机械工业出版社，2016．

［10］张能武．汽车原理构造与识图［M］．北京：化学工业出版社，2018．

［11］蒋勇，冷永森．汽车底盘构造与拆装［M］．北京：中国铁道出版社，2016．

［12］文定凤．汽车底盘构造与维修［M］．北京：机械工业出版社，2018．

［13］于海东．汽车底盘维修入门到精通全图解［M］．北京：化学工业出版社，2018．

［14］杨智勇．图解汽车底盘维修［M］．北京：化学工业出版社，2016．

［15］王书贤，向立明．汽车底盘构造［M］．北京：机械工业出版社，2019．

［16］赫扎特，王国军，朱岩．汽车构造与原理三维图解：底盘、车身与电器（彩色版）［M］．
北京：机械工业出版社，2018．

高等职业教育汽车类专业创新教材

汽车底盘构造与维修

实训工单

班级：_____

姓名：_____

机械工业出版社

CONTENTS
目　录

项目一　认识燃油汽车和新能源汽车底盘

学生姓名		班级		成绩	
实训场地		学号		日期	

一、实训内容及要求

熟悉汽车底盘的组成和底盘的总体布置。

二、实训器材及资料

实训车辆。

三、实训步骤

1）观察实训车辆驾驶室内，（　　　）是属于传动系统的部件，（　　　）是属于转向系统的部件，（　　　）是属于制动系统的部件。

2）观察实训车辆，发动机或电机支撑在底盘（　　　）（选填传动系统、行驶系统、转向系统、制动系统）的车架上。

3）观察实训车辆，写出动力传动路线（　　　），（　　　），（　　　），（　　　），（　　　）（选填离合器、变速器、传动轴、主减速器和差速器、半轴等）。

4）观察实训车辆，是（　　　）（两轮驱动、四轮驱动），发动机/电机是（　　　）（前置、中置或后置）（　　　）（前轮或后轮）驱动。

5）写出下图中的前后车轮的类型，前轮是（　　　），后轮是（　　　）（从转向轮、驱动轮、转向驱动轮、从动轮中选填）。

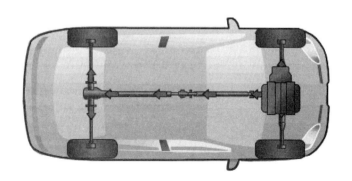

6）观察或通过教材了解纯电动汽车实训车辆的传动系统，一般包括（　　　）、（　　　）和（　　　）等。

7）观察实训车辆的转向盘，转向盘的高度是（　　　）（可调 / 不可调）的。

8）观察实训车辆，驻车制动系统通过（　　　）（驻车踏板 / 驻车按键 / 驻车拉杆）操纵驻车。

9）观察实训车辆，其驱动方式是（　　　）（两轮驱动 / 四轮驱动），驱动轮是（　　　）（前轮 / 后轮）。

项目二 传动系统的结构原理与维修

学习任务一 离合器的结构原理与维修

学生姓名		班级		成绩	
实训场地		学号		日期	

一、实训内容及要求

熟悉传动系统中离合器的工作原理。

二、实训器材及资料

离合器台架、离合器相关维修手册、常用工具。

三、实训步骤

（一）离合器的认知

1）在下图中标出发动机、变速器、离合器、传动轴、驱动轮等名称。

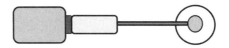

2）观察实训车辆或台架，按压紧弹簧的种类及布置形式不同，实训车辆或台架的离合器属于（　　）离合器。（选填：膜片弹簧、周布弹簧）。

3）将下图离合器元件的名称标注在图上，对照图上元件的名称和书上的其他图片，认识实训设备上的具体元件。

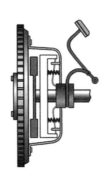

4）分别将离合器踏板置于未踩、踩下到离合器片打滑、全踩下三种状态，转动发动机曲轴或飞轮，观察变速器输入轴，会发现它依次处于（　　　　　）、（　　　　　）和（　　　　　）（选填：不转动、比飞轮转速较慢、与飞轮转速相同）。

5）观察实训台架的离合器操纵机构属于（　　　　）（选填：液压式、机械式），该离合器操纵机构包括（　　　　　）、（　　　　　）、（　　　　　）。

（二）离合器的拆装

1）离合器的压盘、飞轮等属于重物，为防止跌落砸伤脚趾，操作时应特别小心，最好穿上（　　　　）（选填：防砸安全鞋、防刺穿安全鞋、防酸碱鞋、防油鞋）。

2）有些离合器从动盘摩擦片含有石棉纤维，吸入这种粉屑对身体有害，判断下列做法正确的是（　　　　）。

  A. 使用湿抹布清理 B. 使用干刷子清理 C. 使用压缩空气清理

3）写出实训时需要准备的工具或设备（　　）、（　　）、（　　）、（　　）等。

4）安装离合器从动盘时，需要注意从动盘的安装方向，从动盘减振弹簧凸出的一面（　　　　）。

5）安装前，参考右图，检查飞轮和离合器盖之间的间隙为（　　　　）mm。

6）离合器安装好后，检查离合器踏板的自由行程为（　　　　）mm，通过调整（　　　　）可以调整离合器踏板的自由行程。

7）安装前，你需要在哪些位置涂抹润滑脂？

（三）离合器的检修

1. 从动盘的检查（检查时，请参考维修手册）

1）检查从动盘的磨损情况，目视从动盘摩擦片磨损（　　　　）（均匀／不均匀），新从动盘的厚度为（　　　　），测量从动盘的厚度为（　　　　）。

2）检查从动盘（　　　）（有／无）裂纹。

3）检查铆钉（　　　）（有／无）松动，使用（　　　　）（量具名称）测量铆钉深度为（　　　）mm，（　　　）（符合／不符合）要求。

4）检查从动盘内花键（　　　）（有／无）严重磨损。

5）检查弹簧（　　　）（有／不）松动，（　　　）（存在／不存在）断裂情况。

2.飞轮的检查

1）检查飞轮与离合器从动盘接触的平面的磨损程度，（　　　　）（有 / 无）裂纹，使用（　　　）检查其（　　　）（有 / 无）翘曲变形。

2）检查飞轮与离合器从动盘接触的平面颜色（　　　　）（是 / 不）一致，（　　　　）（有 / 无）过热烧损。

3）检查飞轮齿圈（　　　　）（有 / 无）松动，检查齿圈上的齿（　　　　）（存在 / 不存在）断裂或严重磨损的情况。

4）检查飞轮上共有（　　　）个安装离合器盖的螺栓孔，孔内螺纹（　　　　）（正常 / 不正常）。

3.离合器压盘组件的检修

1）检查离合器压盘的磨损情况，（　　　　）（有 / 没有）较为严重的沟槽，（　　　　）（有 / 没有）烧坏变色的情况。

2）检查传动钢片两个固定端（　　　　）（有 / 没有）松动。

3）检查分离杠杆与分离轴承接触位置的磨损情况，（　　　　）（有 / 没有）较为严重的磨损。

4）通过你的判断，（　　　　）（需要 / 不需要）更换离合器压盘组件。

4.分离轴承和分离拨叉的检修

1）转动分离轴承，检查轴承（　　　　）（有 / 没有）漏油留下来的油迹，快速转动（　　　）（有 / 没有）发卡，（　　　）（有 / 没有）发出"沙沙"的声音。通过判断，（　　　）（需要 / 不需要）更换分离轴承。

2）检查分离轴承和分离拨叉上的弹簧，弹力（　　　　）（正常 / 减弱），弹簧接触点的磨损（　　　）（正常 / 严重）。

3）检查分离拨叉和分离轴承的接触位置，磨损（　　　　）（正常 / 严重）；分离拨叉和支撑杆接触位置，磨损（　　　）（正常／严重）；分离拨叉和工作缸推杆接触位置，磨损（　　　）（正常／严重）。

学习任务二　手动变速器的结构原理与维修

学生姓名		班级		成绩	
实训场地		学号		日期	

一、实训内容及要求

熟悉手动变速器的工作原理和维修。

二、实训器材及资料

手动变速器台架、相关手动变速器的维修手册、常规工具、铜棒、长一字螺丝刀、小顶拔器。

三、实训步骤

（一）手动变速器的认知

1）观察实训用的手动变速器变速杆，该变速器有（　　　）个前进档位；观察变速器输入轴和输出轴的位置，判断变速器是（　　　）（三轴式／二轴式）变速器。

2）手动将变速器置于各个档位，通过手感判断各个档位的自锁功能，（　　　）（正常／异常）。

3）手动将变速器置于倒档，通过手感判断倒档锁功能，（　　　）（正常／异常）。

4）在空档时，拆下手动变速器盖，将变速杆分别挂入各个档位，挂入各档的阻力（　　　）（大致相同／有些异常）。

5）观察手动变速器操纵机构的组成，写出挂入倒档时，挂入档位的力从变速杆传动的路线。

> 变速杆→

（二）手动变速器的拆装

1）准备原厂维修手册或用户手册或其他资料，实训用的手动变速器齿轮油液位（　　　）（正常 / 异常），如果排干内部旧齿轮油，需重新添加（　　　）L 新齿轮油，查找维修资料，该车型手动变速器的齿轮油更换周期为（　　　）。

2）拆下变速器锁止机构，注意每拆下一处弹簧和钢珠，使用游标卡尺记录弹簧的自由高度和钢珠的直径，以免安装时混淆，记录如下。

3）拆下变速器所有的轴承，拆卸轴承需要使用（　　　）等工具。

4）将手动变速器在壳体外组装，模拟手动变速器工作时的状态，该变速器空档时，有下列元件运转（　　　）。

（三）手动变速器的检修

1）参考下表设计成一个检查表格，检查所有的齿轮，并判断是否需要更换。

名称	轻微的斑点	齿厚磨损长度	齿长磨损比例	其他损坏	更换 / 不更换
1 档主动齿轮					
1 档从动齿轮					

2）检查轴承与轴承座。检查并记录所有的轴承与轴承座的配合间隙（　　　）（正常 / 异常 / 个别异常）；检查并记录所有的轴承运转是否发卡（　　　）（正常 / 异常 / 个别异常），检查并记录所有的轴承滚子和轴承座的接触面（　　　）。（正常 / 异常 / 个别异常）

3）检查输入轴和输出轴，不应有裂纹，轴颈及花键（　　　）（有 / 没有）严重磨损；使用（　　　）（填量具名称）检查轴的径向圆跳动，不应超过 0.05mm，否则应更换。

4）检查同步器，将同步环压在各自齿轮的锥面上，按压转动同步环时要有阻力，用塞尺测量环齿与轮齿之间的间隙，该间隙为（　　　）mm。

5）检查变速器壳体（　　　）（有 / 没有）裂纹，变速器轴承孔磨损过大应该更换；检查壳体接合面翘曲变形，其平面度误差是（　　　）mm。

6）检查拨叉和拨叉轴。检查拨叉（　　　）（存在 / 不存在）变形，磨损（　　　）（正常 / 过度）；检查拨叉轴（　　　）（有 / 没有）明显变形和弯曲。

学习任务三 自动变速器的结构原理与维修

学生姓名		班级		成绩	
实训场地		学号		日期	

一、实训内容及要求

熟悉自动变速器的工作原理和维修。

二、实训器材及资料

自动变速器台架、相关车辆维修手册、常规工具。

三、实训步骤

（一）自动变速器的认知

1）选择观察实训用的 1 种自动变速器或车辆的变速杆，该自动变速器的类型为（　　　）。（选填：AMT、AT、CVT、DCT）

2）实训车辆或自动变速器台架上的换档面板上分别有（　　　）、（　　　）、（　　　）、（　　　）等字母，其代表（　　　）、（　　　）、（　　　）、（　　　）等档位。

3）标注下图中有标注线元件的名称，并将这种 CVT 前进档动力传递路线写在右框中。

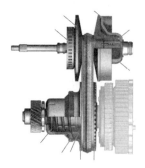

4）根据教材中 AMT 变速器的图或者实训设备，写出 2 档换 1 档时，该 AMT 变速器换档执行机构是如何工作的？

5）写出双离合器自动变速器 1 档动力传动路线。

6）观察 AT 实训用解剖开的液力变矩器，按元件从前到后所在的位置顺序，写出液力变矩器由（　　　）、（　　　）、（　　　）和（　　　）等组成。（选填：泵轮、导轮、叶轮、涡轮、单向离合器、锁止离合器）

7）行星齿轮机构由（　　　）、（　　　）、（　　　）、（　　　）组成，在下图上标出来，根据图完成下表中行星齿轮机构工作情况的填写。

固定件	主动件	从动件	转速变化	转向
太阳轮	行星架	齿圈	增速	同向

8）写出教材中或实训用自动变速器 D2 档工作的离合器和制动器名称及动力传动路线。

9）对照下图及实训用的自动变速器离合器，分析离合器毂各个部位分别和哪些位置接触？

（二）自动变速器的拆装

1）拆卸自动变速器时，所有零件应按顺序放好，以利装复。特别是分解阀体总成时，（　　）应与（　　）放在一起，必要时做（　　）及（　　）。（选填：阀门、柱塞、弹簧、标记、记录）

2）更换新的摩擦片时，在装配前须将其放入 ATF 中浸泡（　　）以上，原有的摩擦片也须浸泡（　　）左右，再进行组装。（选填：20min、15min、10min、5min）

3）所有密封圈、旋转件和滑动表面，在装配前都（　　）要涂抹自动变速器油。（选填：必须、不必）

4）拆解自动变速器需要做好记录，以免安装时装配错误，拆卸时可以利用手机拍照等方式记录，并制作好类似如下表格，进行相关记录。

序号	拆卸部位	拆卸内容	需要注意的安装方向等	备注

（三）自动变速器的检修

1. 检查和更换自动变速器油

1）查找维修资料，该自动变速器 ATF 加注量为（　　　）L。该自动变速器 ATF 的换油周期是（　　　）月或（　　　）km。

2）检查自动变速器 ATF 油位（　　　）（正常 / 不正常）。

3）检查自动变速器 ATF 油质（　　　）（正常 / 不正常）。

4）不使用换油机给自动变速器换油，写下换油的步骤。

5）使用换油机给自动变速器换油，写出换油的步骤。

2. 档位开关的检查

通过维修资料找到实训用的自动变速器档位开关电路图，检查空档开关的阻值，依次将档位挂入各个档位，检查电源线和各个档位信号线的电阻，将测量值记录在下面。

3. 油泵的检查

1）检查油泵时，需要检查油泵齿轮间隙，间隙为（　　　）mm。

2）检查油泵泵体间隙，间隙为（　　　）mm。

3）用钢直尺和塞尺测量这两个齿轮的侧隙，侧隙为（　　　）mm。

4.离合器的检查

1）检查离合器毂，油道（　　　）（正常 / 不正常），（　　　）（有 / 无）变形等损坏。

2）利用压缩空气，拆下离合器活塞，检查密封圈，（　　　）（正常 / 已损坏）。

3）检查离合器钢片，所有钢片的厚度（　　　）（一致 / 不一致）。

4）检查离合器的弹簧（　　　）（正常 / 已损坏），球阀（　　　）（正常 / 已损坏）。

5）将离合器钢片、摩擦片进行装配，测量装配后的间隙是（　　　），该间隙属于（　　　）（正常 / 不正常）。

学习任务四 分动器的结构原理

学生姓名		班级		成绩	
实训场地		学号		日期	

一、实训内容及要求

熟悉分动器的工作原理。

二、实训器材及资料

分动器台架、相关车辆维修手册、常规工具。

三、实训步骤

1）四轮驱动车辆安装了（　　　），其可以将变速器输出的动力分配到前、后驱动桥。（选填：分动器、变速器）

2）分动器可以采用（　　　），也可以采用（　　　）。（选填：链传动、带传动、齿轮传动）

3）很多车辆的四轮驱动系统采用（　　　）来控制动力分配。（选填：干湿离合器、多片离合器）

4）分动器用电脑通过电控机构控制动力分配到前后轴的比例，正常情况下，系统按照（　　　）的比例分配动力。（选填：50:50、40:60）

学习任务五　万向传动装置的结构原理与维修

学生姓名		班级		成绩	
实训场地		学号		日期	

一、实训内容及要求

熟悉万向传动装置的结构和原理。

二、实训器材及资料

万向传动装置台架、相关车辆维修手册、常规工具。

三、实训步骤

（一）万向传动装置的认知

1）在汽车传动系中，为了实现一些轴线相交或相对位置经常变化的转轴之间的动力传递，必须采用（　　　　）。（选填：传动系统、万向传动装置）

2）万向传动装置一般由（　　　　）和（　　　　）组成，当传动路线较长时，万向传动装置有时还要有（　　　　）装置。（选填：中间支撑、万向节、传动轴、减速器）

3）按万向节刚性大小，可分为（　　　　）和（　　　　），常用的刚性万向节主要有（　　　）（　　　）和（　　　）等。（选填：柔性万向节、十字轴式、球笼式、刚性万向节、三枢轴式）

4）球笼式万向节根据内、外滚道结构不同，分为（　　　　）和（　　　　）。（选填：伸缩式、弹性式、固定式）

5）球笼式万向节主要由（　　　）、（　　　）、（　　　）、（　　　）等组成。（选填：球形壳、保持架、钢球、星形壳、外星轮）

6）实训用的万向传动装置是安装在（　　　　）和（　　　　）之间。

7）标出十字轴式万向节各个部件的名称，小心拆卸注油嘴，观察润滑脂油道的方向。

8）对照实训用的球笼万向节，标出球笼万向节各个部件的名称，认真观察每个元件的结构，需要注意其安装时的方向。

9）举升车辆，在车辆从原地到车轮悬空的过程中，万向传动装置的传动角度在（　　　）（变大／变小），驱动轮和发动机的距离（　　　）（变长／变短）。

（二）万向传动装置的拆装

1）支撑好车辆，做好安全防护。拆卸前查找维修资料，查找车轮固定螺栓的拧紧力矩是（　　　），轮毂紧固螺母的上紧力矩是（　　　）。

2）拆松车轮轮毂紧固螺母，拆卸车轮，分离下摆臂，使用（　　　）（工具名称）拆松内球笼，从实训车辆上拆下外球笼万向节。

3）分解内、外球笼万向节，将装配记号记录在下面。

（三）万向传动装置的检修

1）传动轴的检修。

检查传动轴或半轴，（　　　）（有／没有）明显的损坏，使用（　　　）和（　　　）测量传动轴的径向圆跳动量，测量径向圆跳动量为（　　　）mm。

2）十字轴式万向节的检修。

检查万向节叉、十字轴是否有裂纹，是否存在明显的磨损痕迹，滚子轴承油封是否失效、滚子是否断裂，该十字轴式万向节（　　　）（可以／不可以）继续使用。

3）球笼万向节的检修。

检查球形壳上的花键（　　　）（有／没有）损坏，检查螺纹（　　　）（有／没有）出现明显损坏。检查球形壳、钢球、星形壳的工作表面（　　　）（有／没有）金属剥落。

学习任务六　驱动桥的结构原理与维修

学生姓名		班级		成绩	
实训场地		学号		日期	

一、实训内容及要求

熟悉驱动桥的工作原理和检修。

二、实训器材及资料

驱动桥台架、相关车辆维修手册、常规工具。

三、实训步骤

（一）驱动桥的认知

1）观察实训驱动桥台架是（　　　）（整体式 / 非断开式）车桥的驱动桥，驱动桥由（　　　）、（　　　）、（　　　）和（　　　）等组成。

2）观察实训车辆，主减速器和差速器位于（　　　）（前桥 / 后桥），采用发动机前置前桥驱动形式的汽车，一般将（　　　）和（　　　）合为一体，布置在一个壳体内，称之为变速驱动桥。（选填：变速器、减速器、驱动桥）

3）主减速器主要包括一个主动锥齿轮和一个从动锥齿轮，可以增大（　　　），降低（　　　）。采用两个锥形齿轮，可以改变（　　　）。（选填：转矩、力矩、速度、动力传递方向）

4）在汽车转弯时，（　　　）车轮转速高于（　　　）。（选填：内侧、外侧）

5）差速器按其用途可分为（　　　）和（　　　）。（选填：普通差速器、轴间差速器、轮间差速器）

6）差速器按其工作特性均可以分为（　　　）和（　　　）两大类。（选填：普通差速器、防滑差速器、轮间差速器）

7）当汽车在平直道路上行驶时，行星齿轮只绕半轴齿轮（　　　）。在转向时或道路不平时，行星齿轮（　　　）。（选填：自转、公转、公转也自转）

8）在图上标注元件的名称，参考图以及观察驱动桥实训台架，转动驱动桥输入轴，左、右半轴或凸缘转速（　　　）（相同 / 不相同），如果转速不同，是因为转速慢的一边阻力（　　　）（大 / 小）。

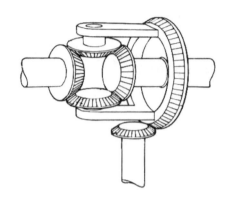

9）同时顺时针转动驱动轮或半轴凸缘，驱动桥输入轴（　　　）（顺时针 / 逆时针）转动，以相同转速，不同方向转动半轴凸缘，驱动桥输入轴（　　　）转动（顺时针 / 逆时针 / 不）。左半轴凸缘快速转动，分别让右半轴凸缘慢速顺时针和逆时针转动，观察输入轴转动方向。

（二）驱动桥的拆装

1）驱动桥中主减速器主动齿轮的前后圆锥滚子轴承、差速器左右轴承盖、调整螺母等不得互换，拆卸前需要仔细检查装配记号，若无记号需要重新做上标记。可以使用记号笔或图示扎带扎住轴承等方式做标记，写出需要做标记的元件及做标记的方法。

需要做标记的元件：_____。

做标记的方法：_____。

2）观察驱动桥注油螺栓的位置，查找维修资料，该驱动桥需要注油（　　　）L，该驱动桥适合加（　　　）（写出维修资料给出的齿轮油型号）润滑油。

（三）驱动桥的检修

1. 预紧度的调整

在安装圆锥滚子轴承时必须使轴承滚道预先承受一定的载荷，这个载荷就是（　　　）。（选填：预紧度、张紧度）。观察实训用的驱动桥主减速器主动齿轮支撑轴承其预紧度是通过（　　　）进行调整，实训用的驱动桥主减速器从动齿轮支撑轴承是通过（　　　）进行调整。有意将主减速器主动齿轮支撑轴承预紧度调小一些，推拉主减速器主动轴，（　　　）（可以 / 可以）感觉到间隙。

2. 啮合印痕的调整

检查实训用的驱动桥主减速器啮合印痕在齿高方向的（　　　）（中间 / 偏上 / 偏下），在齿宽方向（　　　）（偏大端 / 中间 / 偏小端），占齿宽的（　　　）（60% 以上 /

60% 以下)，（　　　）（需要 / 不需要）进行调整。如果需要调整，写出实训用设备啮合印痕调整的方法。

3. 零部件的检修

1）检查壳体（　　　）（有 / 没有）漏油的地方，壳体轴承承孔有（　　　）处，（　　　）（有 / 没有）明显的磨损，轴承外壳（　　　）（有 / 没有）松旷。

2）检查所有齿轮上的轮齿，接触表面（　　　）（有 / 没有）明显的斑点、剥落缺损或阶梯形磨损。

3）使用压缩空气和气枪检查通气螺塞，检查结果为（　　　）（正常 / 不正常）。

4）驱动桥一共（　　　）个轴承，按如下步骤检查每一个轴承，转动轴承（　　　）（灵活 / 发卡），检查轴承外圈（　　　）（正常 / 不正常），检查轴承内圈（　　　）（正常 / 不正常），检查所有的滚子（　　　）（正常 / 不正常），检查滚子保持架（　　　）（正常 / 不正常）。

5）检查行星齿轮轴，通过目测和手感判断行星齿轮轴（　　　）（有 / 没有）明显的磨损，如果有，使用游标卡尺测量其磨损量为（　　　）。

6）检查止推垫圈。检查止推垫圈的正面和背面，（　　　）（有 / 没有）明显的磨损。

7）检查半轴不应有裂纹，检查半轴不应存在明显的扭曲及其他形式的变形，检查半轴上的花键，（　　　）（有 / 没有）磨损。

学习任务七　新能源汽车传动系统的特点与维修

学生姓名		班级		成绩	
实训场地		学号		日期	

一、实训内容及要求

新能源汽车传动系统的特点和检修。

二、实训器材及资料

新能源汽车减速器台架、相关车辆维修手册、常规工具。

三、实训步骤

1）实训的减速器是用于搭载（　　　）（纯电动汽车品牌）汽车，查询该车型的维修手册或用户手册，该减速器使用的是（　　　）（润滑油的类型），正常使用时，需要添加（　　　）L该润滑油，课后上购物平台了解其价格。

2）拆卸前检查该减速器外面（　　　）（有 / 没有）漏油的痕迹，检查壳体（　　　）（有 / 没有）明显损坏。

3）如果不能确认减速器内是否有润滑油，准备干净装油的容器，先拆下（　　　）（注油螺塞 / 放油螺塞），再拆下（　　　）（注油螺塞 / 放油螺塞），让油流入到干净的容器里。检查注油螺塞和放油螺塞（　　　）（有 / 没有）损坏。

4）解体减速器，检查所有拆过的螺栓和螺孔的螺牙（　　　）（有 / 没有）损坏。

5）检查减速器的轴承，一共有（　　　）个轴承，检查所有轴承的外圈、内圈、保持架和滚子（　　　）（有 / 没有）损坏。

6）检查减速器壳体内有（　　　）个磁铁，磁铁上（　　　）（有 / 没有）较多铁粉。

7）检查所有齿轮上的齿（　　　）（有 / 没有）损坏。

8）选择副轴和差速器调整垫片，根据下表，计算 i_1 等于（　　　），根据教材中相应的表格，选择标记为（　　　），厚度为（　　　）的垫片，计算 i_2 等于（　　　），根据教材中相应的表格，选择标记为（　　　），厚度为（　　　）的垫片。

副轴和差速器调整垫片检查记录表

	H_1	H_2	D_1	D_2
第一次测量				
第二次测量				
第三次测量				
平均值				

项目三 行驶系统的结构原理与维修

学习任务一 车架的结构与维修

学生姓名		班级		成绩	
实训场地		学号		日期	

一、实训内容及要求

熟悉车架的结构和检修。

二、实训器材及资料

车架台架、车架相关的维修手册、常规工具。

三、实训步骤

（一）车架的认识

1）车架是跨接在汽车前后车桥上的框架式结构，俗称（　　　），是汽车的基体。（选填：框架、大梁）

2）按照车架纵梁和横梁的结构特点，汽车车架的结构形式基本上有（　　　）、（　　　）、（　　　）和（　　　）四种。（选填：边梁式、中梁式、综合式、无梁式、桥梁式）

3）无梁式车架是以车身兼代车架，所以这种车架也称为（　　　）。（选填：承载式车身、非承载式车身）

4）观察实训车辆，按照车架纵梁和横梁的结构特点，实训车辆的车架属于（　　　）车架。（选填：边梁式、中梁式、综合式、无梁式）

5）观察实训用的轿车，发动机有（　　　）个支撑位置，分别支撑在（　　　）。

6）观察实训车辆散热器、转向器、制动主缸分别固定在车架哪个位置？

（二）车架的更换

1）缓冲材料由泡沫制成，在汽车碰撞时能（　　　）。（选填：吸收能量、防止冲击）

2）在拆装前保险杠时，要用（　　　）遮蔽前翼子板，避免划伤前翼子板的油漆。（选填：翼子板布、前栅格布、四件套）。

3）对损坏的前防撞梁（　　　）进行修复。（选填：不能、能）。

4）拆卸保险杠前，检查前照灯远光（　　　）（亮 / 不亮），前转向灯（　　　）（亮 / 不亮），前雾灯（　　　）（亮 / 不亮）。在安装保险杠后，重新对以上灯光进行检查。

5）可以准备类似下图所示的保险杠支架，以便拆卸保险杠后存放。准备维修手册，拆装保险杠观察前横梁等结构，写下需要准备的工具设备。

6）观察前横梁与前纵梁采用（　　　）连接，拆装时需要（　　　）（工具名称）。

7）安装保险杠后，检查保险杠和前照灯、翼子板等处的缝隙大小（　　　）（不一致 / 一致）。

（三）边梁式车架的检修

1）焊修车架裂纹时，要在裂纹尽头钻直径 5mm 左右的（　　　），然后用电焊修复。（选填：观察孔、止裂孔）

2）铆钉孔变形或错位，可扩孔修理。其孔径应为（　　　）铆钉孔的尺寸。（选填：大一级、小一级）。

3）当铆钉孔磨损大于标准要求（　　　）时，应填焊旧铆钉孔，并重新钻铆钉孔。（选填：2 mm、4 mm）。

4）铆接通常需要（　　　）、（　　　）、（　　　）、断尾成型等过程。（选填：拉铆、对正、变形）。

学习任务二 车桥的结构原理与维修

学生姓名		班级		成绩	
实训场地		学号		日期	

一、实训内容及要求

熟悉车桥的结构和检修。

二、实训器材及资料

车桥的台架、车桥的相关维修手册、常规工具。

三、实训步骤

（一）车桥的认知

1）观察实训车辆的前后桥，前桥是（　　　）（整体式/断开式）（　　　）（转向桥/驱动桥/转向驱动桥/支持桥），后桥是（　　　）（　　　）。

2）观察带有主销的实训车辆，其主销无法转动，因为（　　　）对其的固定。

3）断开式前桥中（　　　）和（　　　）的作用相当于整体式车桥中的前轴。

4）支撑实训车辆的前轮，转动转向盘，观察前轮围绕（　　　）和（　　　）的连线转动。

5）观察前置前驱的轿车，其后桥为支持桥，思考一下，汽车前行时，前轮驱动车辆的力是从（　　　）（车身/后轮）经过车桥传到（　　　）（车身/后轮）。该车辆的前轮是（　　　）（转向轮/驱动轮/转向驱动轮/支持轮），后轮是（　　　）（转向轮/驱动轮/转向驱动轮/支持轮）。

6）观察实训车辆，可以从（　　　）处调整前轮前束值。

（二）车桥的拆装

1）拆卸上、下摆臂的球头时，需要使用（　　　）。（选填：球头顶拔器、撬棍）

2）更换上、下摆臂后，（　　　）重新进行车轮定位。（选填：需要、不需要）

3）更换摆臂或车桥胶套时，（　　　）使用直接敲击的方法拆装胶套，压入衬套前，在衬套上涂润滑剂。（选填：可以、禁止）

4）参考下图，写下更换下摆臂衬套的过程。

（三）车轮定位的调整

（1）定位前的检查。

1）检查左前轮胎压（　　　）kPa，检查右前轮胎压（　　　）kPa，前轮标准胎压（　　　）kPa，检查左后轮胎压（　　　）kPa，检查右后轮胎压（　　　）kPa，后轮标准胎压（　　　）kPa。检查轮胎的磨损（　　　）（正常磨损／不正常）。

2）转动车轮，目测检查轮胎径向圆跳动量，如果很明显，使用百分表检查轮毂的径向圆跳动量，如果径向圆跳动量大，通常需要检查更换（　　　）。

百分表支架

百分表

3）一手扳动左前轮上方，一手扳动左前轮下方，检查左前轮车轮轴承间隙（　　　）（正常／过大）。

4）检查左、右摆臂球节的磨损（　　　）（正常／不正常），检查左、右拉杆球头的磨损（　　　）（正常／不正常），检查转向横拉杆接头的磨损（　　　）（正常／不正常），检查控制臂衬套（　　　）（正常／不正常），检查稳定杆及拉杆的衬套（　　　）（正常／不正常）。

5）检查转向器的固定（　　　）（正常／不正常）。

6）检查减振器的杆部（　　　）（有／没有）磨损，（　　　）（有／没有）泄漏。

7）检查转向盘回位（　　　）（正常／拖滞）。

8）检查燃油油位（　　　）（满格／过低），查找燃油箱容量和燃油密度，计算需要配重（　　　）kg，写下计算过程。

（2）安装时两卡爪位置处于（　　　）。（选填：基本水平、基本垂直）

（3）四个目标全部得到补偿（　　　），拉上驻车制动，将变速器置于（　　　），手动变速器的车辆置于（　　　）。（选填：前、后、空档、驻车档）

（4）一般车辆的前后轮（　　　）和（　　　）、后轮（　　　）不可调整。（选填：后倾角、内倾角、外倾角、前束）

（5）最后调整的左前轮前束角（　　　）°，其正常范围是（　　　），是（　　　）（符合/不符合）标准的，最后调整的右前轮前束角（　　　）°，其正常范围是（　　　），是（　　　）（符合/不符合）标准的。

学习任务三　车轮和轮胎的结构原理与维修

学生姓名		班级		成绩	
实训场地		学号		日期	

一、实训内容及要求

熟悉车轮和轮胎的结构与维修。

二、实训器材及资料

车轮和轮胎的结构与维修台架、相关车辆维修手册、常规工具。

三、实训步骤

（一）车轮和轮胎的认知

1）观察实训车辆，汽车车轮总成是由（　　　）和（　　　）两大部分组成的。

2）观察实训车辆，（　　　）是介于轮胎和车桥之间承受负荷的旋转组件，其功用是安装轮胎。（选填：车轮、轮毂、轮辋）

3）车轮一般是由（　　　）、（　　　）和（　　　）组成。（选填：轮胎、轮毂、轮辋、轮辐）

4）按轮辐结构的不同，车轮可以分为（　　　）车轮和（　　　）（选填：辐板式、辐条式、铸造式）车轮，观察实训车辆，其车轮是（　　　）。

5）按轮辋结构不同，其常见结构形式有：（　　　）轮辋，代号（　　　），（　　　）

轮辋，代号（　　　）和（　　　）对开式轮辋，代号（　　　）。（选填：深槽、对开式、平底、FB、DC、DT），实训车辆采用的是（　　　）式轮辋。

6）汽车轮胎按胎体结构不同可分为（　　　）轮胎和（　　　）轮胎。（选填：实心、充气），实训车辆采用的是（　　　）轮胎。

7）胎面是轮胎的外表面，可分为（　　　）、（　　　）和（　　　）三部分。（选填：胎冠、胎肩、胎体、胎侧）

8）轮胎花纹主要有（　　　）花纹、（　　　）花纹和（　　　）花纹（选填：普通、混合、越野、横向），实训车辆上使用的是（　　　）花纹的轮胎。

9）实训车辆上子午线轮胎的规格（　　　），表示轮胎断面宽度为（　　　）mm，扁平比为（　　　），轮胎直径为（　　　）in。

（二）车轮和轮胎的拆装

1. 轮胎的更换

1）打开危险警告灯开关，检查所有的危险警告灯灯光,（　　　）（正常／不正常）。

2）从行李舱中取出三角警示牌，检查三角警示牌（　　　）（正常／不正常），将其放置在车后。

3）检查备胎的胎压为（　　　）kPa，该车备胎标准胎压为（　　　）kPa。行李舱内随车工具包括（　　　）等。

4）接着将备胎放置在（　　　），以防止车身倾斜。

5）将轮胎螺栓拧松，面向轮胎，（　　　）（顺／逆）时针拧动螺栓。

6）用（　　　）将汽车支离地面，车辆的顶起位置要正确，观察车身不要倾斜。

7）取下轮胎，并与车底的备胎互换位置，安装好轮胎，（　　　）（对角／逆时针）拧紧轮胎固定螺栓。取出千斤顶，再次拧紧轮胎固定螺栓。

2. 轮胎的拆装

1）戴好护目镜，穿（　　　）（防电／包头／防滑）劳保鞋，给轮胎放气。

2）分离轮胎时，分离铲避开（　　　）（气门嘴／平衡块）。

3）将轮胎放置卡紧在工作盘，在轮胎外缘上涂抹（　　　）（清水／润滑剂），使用撬棒和工作盘将轮胎的下边缘拆出。

4）将轮胎下边缘放到轮辋上，往轮胎边缘涂上润滑剂，放下拆装器，使轮胎下边缘与拆装器交叉。用手（　　　）（抬起／压下）轮胎，旋转工作盘，使轮胎下边缘脱离轮辋。

5）用同样的方法安装轮胎，安装轮胎上边缘时可借助专用压具，边转边压。安装完成后，对轮胎进行充气及（　　　）试验。

（三）车轮和轮胎的检修

（1）轮胎压力的检查。轮胎气压可用气压表进行检查，轮胎的气压值一般在（　　　）kPa。（200/220/250）

（2）检查轮胎的磨损。校正胎纹尺，使用胎纹尺检查 3 次轮胎胎冠上花纹深度分别为（　　　）、（　　　）和（　　　），其中最小值为（　　　），（　　　）（符合/不符合）使用要求。

（3）选择（　　　）（交叉换位法/平行换位法）轮胎换位法，将左前轮换位到（　　　）。

（4）选择快速修补法修补轮胎，用简要的文字描述修补的过程。

（5）进行车轮动平衡试验前，要拆下车轮上的（　　　），清理胎面杂物，确保（　　　）在标准范围内。（选填：平衡块、气门嘴、轮胎气压、轮胎花纹深度）

（6）轮胎动平衡显示仪两边显示数值的误差值在（　　　）g 内，车轮即达到动平衡要求。（选填：5、10）

（7）车轮动平衡块的平衡块也称配重，通常有（　　　）和（　　　）两种类型。（选填：卡夹式、粘贴式、吸附式）

（8）车轮动平衡。

1）查找车轮上有（　　　）个平衡块，将其拆下。清理胎面上的大石粒，测量胎压为（　　　）kPa，胎压（　　　）（正常/需要调整）。

2）将轮胎套装在动平衡仪主轴上，用（　　　）将车轮固定在主轴上。

3）用卡尺测量轮辋宽度（　　　），轮辋直径是（　　　），测量轮辋边缘至机箱距离（　　　）。

4）动平衡仪需要输入（　　　）。

5）放下车轮防护罩，按下启动键，车轮旋转，当车轮自动制动后，观察显示仪上的数据为（　　　）。

6）慢慢转动车轮，当显示仪的左侧红色方块变成（　　　）色时。在轮辋内左侧指示位置贴上相应的数值平衡块。选择（　　　）式和（　　　）式平衡块。

7）按下启动键，再次测量，显示仪两边显示数值的误差值在（　　　）内，车轮即达到动平衡要求。

8）完成试验后，取下轮胎，切断（　　　）。

学习任务四 悬架的结构原理与维修

学生姓名		班级		成绩	
实训场地		学号		日期	

一、实训内容及要求

熟悉悬架的结构与维修。

二、实训器材及资料

悬架台架、相关车辆维修手册、常规工具。

三、实训步骤

（一）悬架的认知

1）观察实训台架或实训车辆，按照控制形式不同，该悬架属于（　　　）（被动式/半主动式/主动式）悬架。

2）观察被动悬架实训台架或实训车辆，该悬架属于（　　　）（非独立/半独立式/独立）悬架。

3）支起非独立悬架左侧车轮，右侧车轮的位置（　　　）（发生/不发生）变化。

4）常见的独立悬架有（　　）悬架、（　　）悬架、（　　）悬架、（　　）悬架等形式，观察实训设备，属于（　　　）悬架，该悬架包括（　　）、（　　）、（　　）等元件。

5）减振器吸收（　　　）起落时的振动能量，使车辆迅速恢复平稳状态，改善汽车行驶的平顺性。减振器是利用（　　　）流动来消耗振动能量的。（选填：弹性元件、导向机构、内部液体、内部气体）

6）减振器可以分为（　　）和（　　）两种，筒式减振器又分为（　　）作用式和（　　）作用式。实训台架使用的是（　　　）减振器。（选填：摇臂式、筒式、单向、双向）

7）用力按压车身，车身起伏（　　　）次，大概估计减振器（　　　）（正常/损坏）。

（二）悬架的拆装

练习拆解带有螺旋弹簧的减振器总成，以下最合理的拆装步骤是（　　　），拆装前最好准备好台虎钳。

a）拆卸前螺旋弹簧下隔振垫。

b）拆卸前弹簧缓冲块。

c）拆卸前螺旋弹簧。

d）拆卸前螺旋弹簧上隔振垫。

e）拆卸前螺旋弹簧上座。

f）拆卸前悬架支座防尘密封圈。

g）拆卸前悬架支座分总成。

h）将螺栓和螺母安装至减振器下支架，并用台虎钳固定带螺旋弹簧的前减振器。检查并确保前螺旋弹簧被完全压缩。注意不要使用冲击扳手。拆下前支架前减振器螺母。

i）用两个专用工具以一定角度压缩前螺旋弹簧。

（三）悬架的检修

1. 检查减振器

1）车辆行驶后，用手触摸减振器，（　　　）（正常 / 不正常）的减振器会微热。

2）将拆下的减振器进行压缩和拉伸，应感觉到阻力，（　　　）（拉伸 / 压缩）的阻力要比（　　　）（拉伸 / 压缩）时的阻力大很多。

3）检查减振器（　　　）（有 / 没有）漏油的痕迹。

4）检查减振器杆部（　　　）（有 / 没有）磨损。

5）检查防尘套（　　　）（有 / 没有）破损。

6）检查缓冲胶垫（　　　）（有 / 没有）损坏。

7）检查减振器支撑轴承（　　　）（有 / 没有）发卡。

2.检查螺旋弹簧

1）目测检查螺旋弹簧（　　　）（有 / 没有）明显损坏与变形。

2）使用钢直尺测量左侧螺旋弹簧的自由长度为（　　　），右侧螺旋弹簧的自由长度为（　　　），其长度和标准件（　　　）（是 / 不是）一致。

3）检查螺旋弹簧上座（　　　）（正常 / 不正常），下座（　　　）（正常 / 不正常）。

3.平衡杆的检查

1）目测检查平衡杆（　　　）（有 / 没有）明显的损坏。

2）使用撬棒撬动平衡杆，检查平衡杆支撑座，左侧平衡杆支撑座胶套（　　　）（正常 / 不正常），右侧平衡杆支撑座胶套（　　　）（正常 / 不正常）。

3）使用套筒及扭力扳手检查左侧平衡杆支撑座锁紧螺栓（　　　）（正常 / 不正常），检查右侧平衡杆支撑座锁紧螺栓（　　　）（正常 / 不正常）。

4）检查平衡杆和左侧拉杆连接球头（　　　）（有 / 没有）严重磨损，检查平衡杆和右侧拉杆连接球头（　　　）（有 / 没有）严重磨损。检查球头锁紧螺母（　　　）（松动 / 正常）。

5）检查平衡杆拉杆和减振器塔柱连接球头（　　　）（松动 / 正常），防尘套（　　　）（损坏 / 正常）。

6）检查后悬架锁闩连杆（　　　）（有损坏 / 正常），检查相关胶套（　　　）（有损坏 / 正常），检查连接螺栓（　　　）（松动 / 正常），检查防尘套（　　　）（有损坏 / 正常），检查连接球头（　　　）（有损坏 / 正常）。

4.主动悬架的检查

写出实训用主动悬架其元件所在位置，查找原厂维修手册，根据维修手册进行检查，简要地写出其中一个元件的检查方法。

学习任务五　新能源汽车行驶系统的特点与维修

学生姓名		班级		成绩	
实训场地		学号		日期	

一、实训内容及要求

熟悉新能源汽车行驶系统的工作原理和检修。

二、实训器材及资料

新能源汽车行驶系统台架或实训车辆、相关车辆维修手册、常规工具。

三、实训步骤

1）观察实训用的纯电动汽车，其前轮轮胎型号为（　　　），后轮轮胎型号为（　　　），观察备用轮胎，使用的是（　　　）（全尺寸/非全尺寸）轮胎。

2）从（　　　）（门柱/用户手册/维修手册）上查询到了轮胎的气压标准，前轮轮胎标准气压为（　　　），后轮轮胎标准气压为（　　　），备用轮胎标准气压为（　　　），检查所有轮胎（　　　）（有/没有）明显的损坏。

3）检查前副车架，所有的紧固螺栓（　　　）（存在/不存在）松动的情况，胶垫（　　　）（存在/不存在）明显损坏的情况。

4）检查后副车架，所有的紧固螺栓（　　　）（存在/不存在）松动的情况，胶垫（　　　）（存在/不存在）明显损坏的情况。

5）查找维修手册，找到车身尺寸数据图，使用车身校正仪或量尺对4组数据进行测量，将测量结果和车身尺寸数据图进行对比，测量结果（　　　）（正常/不正常）。

项目四 转向系统的结构原理与维修

学习任务一 转向系统的认知

学生姓名		班级		成绩	
实训场地		学号		日期	

一、实训内容及要求

熟悉转向系统的工作原理和检修。

二、实训器材及资料

转向系统台架或实训车辆、相关车辆维修手册、常规工具。

三、实训步骤

1）汽车正常行驶时，（   ）、（   ）、（   ）（选填变道、回正、保持方向、爬坡）等需要用到转向系统。

2）将转向盘顺时针转到底，做好一个标记后，再将转向盘逆时针转到底，观察转向盘的行程大约（   ）圈。

3）将转向盘顺时针转到底，观察左前轮的转向角（   ）（ > 、= 、< ）右前轮转向角。

4）将转向盘顺时针转到底，松开手后，转向轮（   ）（可以 / 不可以）自动回正，思考一下为什么？

5）测量或上网查询实训车辆的转弯半径约为（   ）m。

6）通常车身越长，转弯半径越（   ）（大 / 小）。

7）观察实训车辆转向力矩的传递方向，人为扳动左转向轮，力矩从转向轮到（   ）、（   ）、（   ）、（   ）、（选填横拉杆、转向柱、转向器、转向轴、转向节等）转向盘等。

学习任务二 机械转向系统的结构原理与维修

学生姓名		班级		成绩	
实训场地		学号		日期	

一、实训内容及要求

熟悉机械转向系统的功用和转向的原理。

二、实训器材及资料

转向系统台架或实训车辆、相关车辆维修手册、常规工具。

三、实训步骤

（一）机械转向系统的认知

1）观察实训车辆的转向盘，是有（　　　）条辐条，转向盘上有（　　　）、（　　　）等开关，转向盘上（　　　）（有／无）安全气囊。

2）观察转向柱（　　　）（有／无）上、下调节功能，（　　　）（有／无）前、后调节功能，将转向柱调节到合适的位置。

3）观察转向柱上（　　　）（有／无）万向节。

4）实训车辆上使用的是（　　　）类型的转向器。

5）观察左右转向横拉杆的螺纹，（　　　）（填左、右或无）横拉杆是反螺纹。横拉杆一端连接转向器，另一端连接（　　　）。

6）轿车转向系统（　　　）（有／无）梯形机构，观察实训用车，写出其梯形结构的组成。

（二）机械转向系统的拆装

1）查找维修手册或在教师的指导下，将转向轮位于直行位置，防止安全气囊系统意外工作，断开电源系统，使用（　　　）（填工具名称）拆下转向盘盖板，使用（　　　）（填工具名称）拆下转向盘固定螺栓，重新检查两转向轮位于直行位置，安装转向盘，检查驾驶时视线不受干扰。

2）拆装转向横拉杆时，需要使用两把呆扳手，一把呆扳手为（　　　）（填型号），另一把呆扳手（　　　）（填型号）。

3）拆装转向横拉杆球头时，需要使用横拉杆球头拆装专用工具，思考一下，不使用该专用工具拆装时会出现什么情况？

4）拆下横拉杆球头后，上下拉到球头，感觉（　　　）（不到 / 到）明显的间隙。

（三）机械转向系统的检修

1）转动转向盘，将转向盘逆时针转到底，再将转向盘顺时针转到底，测量其自由行程约为（　　　）度，根据维修手册或教材提供的标准，该自由行程（　　　）（正常 / 过大）。

2）支起前轮，分别上、下扳动两前轮，（　　　）（是 / 没）感觉到明显的间隙，此间隙为轮毂轴承的间隙。

3）支起前轮，分别左、右扳动两前轮，（　　　）（是 / 没）感觉到明显的间隙，此间隙横拉杆或转向器的间隙。

4）使用（　　　）（填工具名称）拆下齿轮齿条转向器的紧固螺母和调节螺母，拆下压紧弹簧和压块，检查弹簧和压块的磨损及其他损坏情况，属于（　　　）（正常 / 不正常）。

学习任务三　液压助力转向系统的结构原理与维修

学生姓名		班级		成绩	
实训场地		学号		日期	

一、实训内容及要求

熟悉液压转向系统的功用和转向的原理。

二、实训器材及资料

液压转向系统台架或实训车辆、相关车辆维修手册、常规工具。

三、实训步骤

（一）液压助力转向系统的认知

1）观察实训台架，转向助力泵由（　　　）（发动机/电动机）驱动，助力泵上连接（　　　）条油管，管径（　　　）（粗、细）的为回油管。

2）观察实训台架转向助力泵，检查转向助力泵外壳，壳体（　　　）（干净/有油污），表明转向助力泵（　　　）（漏油/不漏油）。

3）观察实训用转向器，其类型为（　　　）（齿轮齿条式/循环球式等），转向器上有（　　　）条油管，检查每条油管首尾两端及中间位置（　　　）（有油污/无油污）。

4）简单描述每条油管分别连接的元件及每条油管的作用。

5）动力转向系统是在（　　　）（直行/转向/改变方向）时助力的，汽车在绕行交通环岛过程时，动力转向系统（　　　）（一直在助力/基本不助力）。

（二）液压助力转向系统的拆装

1）观察转向液压系统（　　　）（有/没有）漏油痕迹。当储油罐液位过低时，检查液压系统伸缩软管、回油管、散热器连接管等所有的管路及转向助力泵、动力油缸等部件（　　　）（存在/不存在）漏油。

2）在发动机运转时，转向盘转到头后停留的时间不得长于（　　　）s，否则会有损坏转向助力系统的危险。

3）汽车在转向或更换液压油过程中，转向盘转到极限位置停留时间不应超过5s，以免转向系统损坏。

（三）液压助力转向系统的检修

1. 转向液压油油位和油质的检查

1）检查转向助力油液的油位，油位（　　　）（正常/异常），拧开储油罐盖，观察油液的颜色及气味，大致判断（　　　）（正常/异常）。

2）起动发动机，拧开储油罐盖观察，发现油液是（　　　）（流动的/固定的），转动转向盘，发现油液是（　　　　）（流动的 / 固定的）。

2. 转向泵及管路检查

1）检查液压系统管路（　　　）（有 / 无）老化，若管路出现老化，应更换相应管路。支起车辆前桥，转动转向盘，检查管路（　　　）（有 / 无）与其他地方接触而发生摩擦的情况。

2）检查转向泵传动带（　　　）（有 / 无）裂纹、断裂等，若有裂纹应更换。

3）用手指下压转向泵传动带，检查传动带的松紧度，可通过张紧轮调节到合适松紧度。传动带大约能压下（　　　）mm，判断大致（　　　）（正常 / 不正常）。

3. 转向操纵力的检查

把实训汽车停在干燥、平整的地面，使车辆处于直行状态。发动机不起动，转动转向盘。将发动机起动，再次转动转向盘。对比两次施加在转向盘的力，分析转向助力（　　　）。（正常 / 不正常）

学习任务四　电控动力转向系统的结构原理与维修

学生姓名		班级		成绩	
实训场地		学号		日期	

一、实训内容及要求

熟悉电控动力转向系统的功用和转向的原理。

二、实训器材及资料

电控动力转向系统台架或实训车辆、相关车辆维修手册、常规工具。

三、实训步骤

（一）电控动力转向系统的认知

1）观察实训用的电控动力转向系统，其电动机安装在（　　　　）（转向小齿轮 / 转向小齿轮）上。

2）观察实训用的电控动力转向系统，该电控系统传感器包括（　　　）、（　　　）等，该电控系统的执行器是（　　　），该电控系统的电控单元位于（　　　）。

3）查找资料或根据教师的介绍，画出转向转矩传感器的电路图。

4）查找资料或根据教师的介绍，画出电动机的电路图。

（二）电控动力转向系统的拆装

1）转向盘上有安全气囊，需要拆卸安全气囊时，断开负极等待（　　　）s以上再进行拆装。

2）拆卸转向系统转向柱等部件时，需要查找维修手册，有些拆卸过的螺栓不能重复使用。写出不能重复使用的螺栓。

（三）电控动力转向系统的检修

1）将点火开关置于（　　　）位置，关闭所有车辆系统，断开 EPS ECU 的 X1 线束插接器，所有车辆系统断电可能需要（　　　）min。

2）测试搭铁电路端子 1 和搭铁之间的电阻是否小于（　　　）Ω，否则进行搭铁端子修理。

3）用测试灯检查 B+ 端子，确认 B+ 电路端子 2 和搭铁之间的测试灯点亮，改用万用表电压档检查电压，此处电压为（　　　）V。

4）检查电动机连接线束应无断路，对导线端对端检查，两条导线阻值分别为（　　　）和（　　　　），两条导线对地阻值分别为（　　　　）和（　　　　），检查插接器（　　　）（正常/异常）。

5）更换转向器总成。更换转向器后进行相应的设置，检查应无相应的故障码，故障灯不再点亮，试车时，动力转向系统应恢复助力效果。

学习任务五　新能源汽车转向系统的特点与维修

学生姓名		班级		成绩	
实训场地		学号		日期	

一、实训内容及要求

熟悉新能源汽车转向系统的功能和组成。

二、实训器材及资料

新能源汽车转向系统台架、相关转向系统的维修手册、常规工具。

三、实训步骤

1）观察实训用的纯电动汽车转向助力电机在（　　　）（转向柱上/转向器上）。

2）观察实训用的纯电动汽车或查看用户手册，该车（　　　）（有/没有）自动泊车功能。

3）检查实训用的纯电动汽车转向器波纹管（　　　）（有/没有）裂纹。

4）检查实训用的纯电动汽车转向器齿条（　　　）（有/没有）锈蚀、损坏、磨损等。

5）查找实训用的纯电动汽车转向器助力电机的电路，画出助力电机的电路图。

项目五 制动系统的结构原理与维修

学习任务一 制动系统的认知

学生姓名		班级		成绩	
实训场地		学号		日期	

一、实训内容及要求

熟悉制动系统的功能和组成。

二、实训器材及资料

制动系统台架、相关制动系统的维修手册、常规工具。

三、实训步骤

1）制动系统主要的功能包括：使行驶中的汽车按照驾驶人的要求进行（　　）甚至停车；使已停驶的汽车在各种道路条件下（　　），不能自动滑移。（选填：稳定驻车、强制减速）

2）汽车制动系统一般由（　　）和（　　）组成。（选填：行车制动系统、驻车制动系统、气压制动系统）

3）行车制动系统主要用于汽车行驶时的（　　）和（　　），是由（　　）、（　　）、（　　）、（　　）和（　　）组成。（选填：停车、减速、驻车、制动管路、制动主缸、制动踏板、真空助力器、车轮制动器、制动轮缸）

4）驻车制动系统由（　　）、（　　）和（　　）组成。（选填：操纵机构、拉索、制动器、压紧装置）

5）汽车制动系统原理是利用与车身相连的（　　）和与车轮相连的（　　）之间的相互摩擦来阻止车轮的转动或转动的趋势，并将运动着的汽车的动能转化为（　　）耗散到大气中。（选填：旋转元件、非旋转元件、动能、热能）

6）汽车制动系统按传动介质可以分为两种，一种是（　　），另外一种是（　　）。（选填：气压制动系统、液压制动系统、行车制动系统）

学习任务二 盘式制动器的结构原理与维修

学生姓名		班级		成绩	
实训场地		学号		日期	

一、实训内容及要求

熟悉盘式制动器的结构和维修。

二、实训器材及资料

盘式制动器台架、相关盘式制动器的维修手册、常规工具。

三、实训步骤

（一）盘式制动器的认知

1）常见的车轮制动器分为（　　　）和（　　　）。（选填：盘式制动器、驻车制动器、鼓式制动器）

2）盘式制动器摩擦副中的旋转元件是以端面工作的金属圆盘，称为（　　　）。（选填：制动鼓、制动盘）

3）盘式制动器主要零部件包括（　　　）、（　　　）、（　　　）、（　　　）、（　　　）等。（选填：制动盘、制动块、制动鼓、制动轮缸、制动钳、制动钳支架）

4）盘式制动器根据其固定元件的结构形式可分为（　　　）和（　　　）。（选填：钳盘式制动器、全盘式制动器、半盘式制动器）

5）钳盘式制动器按制动钳固定在支架上的结构可分为（　　　）和（　　　）。（选填：浮钳盘式、定钳盘式、全盘式）

6）制动盘的结构分为（　　　）、（　　　）和（　　　）。（选填：实心型、通风型、复合型、混合型）

7）识图填空。

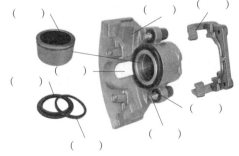

8）制动块又称（　　　），一般由（　　　）、（　　　）和（　　　）构成，钢板要经过涂装来防锈，隔热层由不传热的材料组成，目的是（　　　）。（选填：制动盘、制动片、钢板、铁皮、粘接隔热层、摩擦块、消声、隔热）

（二）盘式制动器的拆装

1）一般拆卸制动轮缸的步骤为：拆卸（　　　）；吸出或排净（　　　）；拆卸制动轮缸上（　　　）；拆卸（　　　）和（　　　），取下（　　　）；拆卸制动块、消声片及支撑板等。（选填：车轮、制动软管、制动轮缸、制动滑销、制动液、固定螺栓）

2）安装制动块时，在（　　　）、（　　　）等有摩擦的部位涂上润滑脂。（选填：上下滑销、制动软管、制动盘、制动块）

3）更换制动块后，为了磨合制动块和制动盘并确保性能和寿命，必须通知用户在安装新制动块后的（　　　）内避免紧急制动或长时间的制动。（选填：300km、200km）

（三）盘式制动器的检修

（1）制动盘的厚度和平行度的检查。距制动盘端面外边缘（　　　）位置，沿圆周（　　　）个等分点处，用千分尺测量制动盘厚度，卡罗拉轿车制动盘厚度标准值为（　　　），极限值为（　　　），最大值与最小值的差值即为平行度，8个测量值中厚度之差不能大于（　　　），否则需要维修或更换制动盘。（选填：10mm、24.5mm、22.4mm、0.015mm、8mm）

（2）检查制动盘轴向圆跳动。使百分表的测量头放置在距制动盘边缘大约（　　　）的位置。转动制动盘至少（　　　），百分表指针的波动范围即是盘面的轴向圆跳动量读数，制动盘轴向圆跳动量应小于（　　　）。（选填：10mm、20mm、一周、二周、0.05mm、0.03mm）

（3）通常情况下，一副全新的摩擦块厚度在（　　　）左右，如果摩擦块磨损到小于（　　　）时，需要更换。（选填：10mm、15mm、5mm、8mm）

（4）制动盘的检修。

1）检查制动盘有无异常磨损或损坏，（　　　）（有/没有）较深的伤痕，（　　　）（有/没有）高温烧损，（　　　）（有/没有）裂纹。

2）制动盘的厚度和平行度的检查。查找原厂维修手册，实训车辆制动盘标准值是（　　　），极限值是（　　　）。距制动盘端面外边缘10mm位置，沿圆周8个等分点处，用千分尺测量制动盘厚度，分别为（　　　），其中最大值为（　　　），最小值为（　　　），平行度为（　　　），制动盘（　　　）（可以/不可以）继续使用。

3）检查制动盘轴向圆跳动。测量时百分表最大读数为（　　　），测量时百分表最小读数（　　　），计算制动盘轴向圆跳动为（　　　），属于（　　　）（正常 / 不正常）。

（5）制动轮缸的检修。

1）检查制动轮缸中（　　　）（有 / 没有）渗漏，检查防尘套（　　　）（有 / 没有）损坏。

2）检查活塞和制动轮缸座孔（　　　）（有 / 没有）生锈或划痕。

3）检查浮钳式制动钳移动（　　　）（发卡 / 灵活），检查导向销（　　　）（正常 / 不正常），检查衬套（　　　）（正常 / 不正常），在导向销及衬套上涂抹（　　　）（固态 / 液态）润滑脂。

（6）制动块的检修。

1）目视检查，制动块（　　　）（基本正常 / 已损坏）。

2）使用游标卡尺测量制动块厚度为（　　　），（　　　）（可以 / 不可以）继续使用。

3）检查同一车轮制动器的两个制动块，其结构（　　　）（相同 / 不相同），（　　　）（可以 / 不可以）互换。

（7）检查制动油管。

1）检查制动油管固定（　　　）（良好 / 松动），卡子（　　　）（有 / 没有）缺失，检查制动油管接头等部分（　　　）（有 / 没有）渗漏。

2）检查制动硬管（　　　）（有 / 没有）凹痕或者其他损坏。

3）检查制动软管（　　　）（有 / 没有）扭曲、磨损、开裂、隆起等。

4）如果需更换前轮制动器软管，要注意不要弯曲或损坏制动管路，不要让任何异物进入制动管路，拆卸后，使用（　　　）包住油管接口。

学习任务三　鼓式制动器的结构原理与维修

学生姓名		班级		成绩	
实训场地		学号		日期	

一、实训内容及要求

熟悉鼓式制动器的结构和维修。

二、实训器材及资料

鼓式制动器台架、相关车辆维修手册、常规工具。

三、实训步骤

（一）鼓式制动器的认知

1）观察实训用的制动台架，鼓式制动器主要由（　　　）、（　　　）、（　　　）、（　　　）等组成。（选填：制动鼓、制动蹄片、制动盘、制动轮缸、回位弹簧）

2）观察实训用的制动台架，鼓式制动轮缸是（　　　）（单活塞/双活塞）制动轮缸。

3）观察实训用的制动蹄片，制动摩擦片采用（　　　）（粘接/铆接）的方式固定在制动蹄上。

4）观察实训用的鼓式制动器，它是采用（　　　）（手动调整/自动调整）的方式调整间隙的。

（二）鼓式制动器的拆装

1）观察实训用的鼓式制动器内（　　　）（有/没有）驻车制动器，如果有，放松驻车制动器。同时，做好防护措施，防止车辆倒塌或移动。

2）查找实训用的鼓式制动器（　　　）（有/没有）检测衬片厚度的观察孔堵盖。

3）使用螺钉旋具调（　　　）（大/小）制动蹄片和制动鼓之间的间隙，拆下制动鼓。

4）拆下回位弹簧时，用（　　　）（填写使用的工具名称）夹住回位弹簧向外拉，安装时使用螺钉旋具将回位弹簧挂入相应的孔中。

5）依次拆下（　　　）、（　　　）、（　　　）、（　　　）（定位销/制动蹄片/拉索/调整器）来拆下制动蹄片。

（三）鼓式制动器的检修

1.制动鼓的检修

1）实训时，用（　　　）（砂布/砂纸/碎布/其他）彻底清洁制动鼓，除去灰尘和污物。

2）检查制动鼓制动表面（　　　）（有/没有）划痕、（　　　）（有/没有）凹槽、（　　　）（有/没有）裂纹。

3）用内径游标卡尺在制动鼓工作表面的周围上多处测量制动鼓的内径，测量值为（　　　），查找维修资料，标准制动鼓内径为（　　　），磨损量为（　　　），（　　　）（符合/不符合）使用要求。

2. 制动轮缸的检修

1）检查防尘套（　　　）（有／没有）损坏，拉开每个轮缸的防尘套，观察防尘罩后面（　　　）（有／没有）较多的制动液，说明（　　　）（有／没有）泄漏。

2）左右推动轮缸活塞，发现活塞移动（　　　）（灵活／发卡）；检查排气螺塞防尘帽（　　　）（有／没有）缺失，排气螺塞（　　　）（有／没有）堵塞，固定螺栓（　　　）（有／没有）松动。

3. 制动蹄片的检修

1）用粉笔涂制动鼓的内表面，然后用制动蹄片进行配合研磨，观察接触面（　　　）（正常／不正常）。使用砂纸清理制动蹄衬片上的灰尘和油污；检查摩擦片（　　　）（有／没有）裂纹、（　　　）（有／没有）松动和（　　　）（有／没有）其他形式的损坏。在磨损最严重的多个位置测量摩擦片的厚度，其最小厚度为（　　　），（　　　）（可以／不可以）继续使用。

2）检查制动蹄（　　　）（有／没有）裂纹，（　　　）（有／没有）异常磨损或损坏。

4. 其他零部件检修

1）检查全部回位弹簧和压紧弹簧有无以下现象：（　　　）（有／没有）伸长圈或收缩圈，（　　　）（有／没有）扭转弯曲变形，钩环（　　　）（有／没有）损坏，弹簧（　　　）（有／没有）变色，（　　　）（有／没有）需要更换的弹簧。

2）检查制动鼓和制动蹄片间隙调整机构是否损坏。检查调整螺母及螺杆各螺纹牙（　　　）（有／没有）损坏，转动调整螺母（　　　）（灵活／发卡），对其进行润滑。

3）制动器底板检查。目测检查制动底板（　　　）（有／没有）明显的损坏。

学习任务四 制动传动装置的结构原理与维修

学生姓名		班级		成绩	
实训场地		学号		日期	

一、实训内容及要求

熟悉制动传动装置的结构和维修。

二、实训器材及资料

制动传动装置台架、相关车辆维修手册、常规工具。

三、实训步骤

（一）制动传动装置的认知

1）常见的制动传动装置分为（　　　）和（　　　），观察实训用的制动传动装置是（　　　）。（选填：液压式、气压式）

2）观察实训用的制动台架，液压制动传动装置由（　　　）、（　　　）、（　　　）、（　　　）、（　　　）等组成。

3）观察实训用的液压式制动传动装置，它是采用（　　　）（单管路/双管路）制动传动装置，用笔简单地将制动管路画出来。

4）使用钢直尺，检查踏板的自由高度是（　　　），行程余量是（　　　），自由行程是（　　　）。

5）检查制动液的颜色为（　　　）（琥珀色/黑色），检查制动液的量（　　　）（正常/偏高/偏低）。

6）观察实训用真空助力器，其真空助力器的真空管连接到（　　　）（发动机进气歧管/真空泵）。

（二）制动传动装置的拆装

从实训车辆或制动系统台架上，拆下制动主缸，并进行分解。

1）如果使用的是实训车辆，在翼子板上铺上（　　　）（翼子板布/毛巾）对漆面进行保护。

2）使用（　　　）（滴管/注射器），从储液罐中吸出制动液放在专用的容器内。

3）使用（　　　）（工具名称）拆下制动油管后，立即用（　　　）（塞子/胶带）堵住各连接管的出口，以防止杂物或灰尘进入。

4）使用（　　　）（工具名称）拆下制动主缸的（　　　）个固定螺栓。

5）对制动主缸进行分解，分解时需注意元件的安装方向，按顺序将零部件摆放整齐，清点共有（　　　）个橡胶密封圈，共有（　　　）个回位弹簧。

6）用（　　　）来清洗制动主缸的组成元件，对所有元件进行检查。

7）按相反顺序进行安装，安装完后，添加干净的制动液，排放空气。

（三）制动传动装置的检修

1. 制动踏板的检修

1）不起动发动机，多次踩下制动踏板，消耗真空助力器内的真空。轻踩制动踏板，检查制动踏板自由行程是（　　　），（　　　）（正常 / 不正常），试将相关的推杆调（　　　）（长 / 短）自由行程，调整后自由行程为（　　　）。

2）用手拉动制动踏板，检查制动踏板和制动踏板支架之间的衬套（　　　）（有 / 没有）严重磨损。

3）检查制动灯开关性能，轻轻踩动踏板，制动灯（　　　）（亮 / 不亮），试对制动灯开关进行调整及检查。

2. 制动液的检查和空气排除

1）制动液的检查。查找维修资料，制动液的更换周期是（　　　），使用（　　　）检查制动液的含水率为（　　　），（　　　）（符合 / 不符合）使用要求。

2）制动液中空气的排除。

a）对制动系统进行排气前，将变速杆移至（　　　）档位置，（　　　）（释放 / 实施）驻车制动，塞好车轮。

b）添加（　　　）（DOT4/DOT5）制动液。

c）通常根据制动主缸的位置，由（　　　）（远 / 近）到（　　　）（远 / 近）排除各车轮的空气。

d）两人合作，排放制动液，需要（　　　）（起动 / 关闭）发动机，一人连续施加制动，一人排放制动液。

3. 制动主缸的检查

检查制动系统应（　　　）（有 / 没有）明显漏油。如果没有，起动发动机，踩下制动踏板，测量此时制动踏板行程余量为（　　　），保持踏板 3min，测量此时制动踏板行程余量为（　　　），制动踏板下降（　　　）（大于 / 不大于）10mm，说明制动主缸（　　　）（可以 / 不可以）继续使用。

4. 真空助力器的检修

（1）写出检查真空助力器助力性能的大概步骤。

（2）检查真空助力器气密性。

1）在有真空助力时和无真空助力时分别施加制动，熟悉两种制动时的阻力，建立"脚感"。

2）让发动机怠速运转（　　　）（实际时间），关闭发动机并等待（　　　）（实际时间），踩下制动踏板，在（　　　）（0/1/2/3）个，踏板行程内有助力作用，属于（　　）（正常/不正常）。

（3）真空助力器的调整。

真空助力器推杆与制动主缸活塞之间间隙的调整。如果没有附属工具，可以通过以下方法进行调整。通过测量制动主缸伸出固定平面的距离，减去制动主缸活塞凹槽的深度来计算凹槽伸出制动主缸固定平面的距离 a（　　　）（填写实际值，下同），再测量真空助力器推杆和固定平面距离 b（　　　），b 减去 a 等于（　　　），（　　　）（在/不在）2~3mm 的自由间隙范围，（　　　）（不需要/需要）调整。

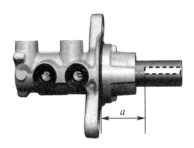

（4）真空助力器推杆 U 形夹长度的检查和调整。

真空助力器如果经过拆卸，需要检查其推杆 U 形夹的长度。查找维修资料 U 形夹的长度 L 应为（　　　），测量 U 形夹的实际长度为（　　　），（　　　）（需要/不需要）调整。

学习任务五 驻车制动系统的结构原理与维修

学生姓名		班级		成绩	
实训场地		学号		日期	

一、实训内容及要求

熟悉驻车制动系统的结构和维修。

二、实训器材及资料

驻车制动系统台架、相关车辆维修手册、常规工具。

三、实训步骤

（一）驻车制动系统的认知

1）汽车驻车制动系统有以下功能：使已停驶的汽车在各种道路条件下（　　　）；在行车制动失灵的情况下，做（　　　）；驻车制动系统还可以辅助（　　　）。（选填：应急制动、驻车、坡道制动、坡道起步）

2）按驻车制动器在汽车上安装位置的不同，驻车制动系统分为（　　　）和（　　　）。按照驻车制动器的结构，可分为（　　　）和（　　　）。（选填：盘式驻车制动器、中央制动式、车轮制动式、鼓式驻车制动器）

3）驻车制动系统按照操纵方式的不同，可分为（　　　）、（　　　）及（　　　），最常见的是（　　　）。（选填：手动式驻车制动器、脚动式驻车制动器、电动式驻车制动器）

4）拉起驻车手柄时，能清晰地听到棘轮和棘爪哒哒的响声，通常（　　　）响。

5）电子驻车制动系统常用的自动控制功能包括（　　　）和（　　　）等功能。（选填：自动车辆固定、坡道制动、应急制动）

（二）驻车制动系统的拆装注意事项

拆下驻车制动拉索，最合适的步骤是（　　　）。

a）重新检查驻车行程，不符合要求再进行调整。

b）清除拉索上的油污，对其进行润滑，然后安装。

c）在驻车制动器上脱开拉索。

d）支起车辆，在车身底板下，拆下拉索相关卡子。

e）在驾驶室拉索控制台，脱开驻车拉索。

f）拆下驾驶室内相关附件。

g）查找维修手册，查看驻车拉索的更换步骤。

（三）驻车制动检查与调整

1.驻车制动手柄检查和调整

1）检查驻车制动手柄前，行车制动系统应正常。真空助力器（　　　）（正常/不正常），制动液（　　　）（正常/不正常），制动踏板自由行程（　　　）（正常/不正常），制动踏板的阻力（　　　）（正常/不正常）。

2）拉起时听棘轮发出的咔嗒声，听到的咔嗒声（　　　），（　　　）（在/不在）规定的范围。

3）拆下相关盖板和附件，拧松固定螺母后对调整螺母进行调整，重新检查驻车手柄的行程为（　　　）响。

4）拉上驻车制动手柄时，咔嗒声应在规定范围内，车轮在双手尽力转动情况下（　　　）（保持不动 / 可以转动）。

5）释放驻车手柄后，车轮（　　　）（转动发卡 / 自由转动）。

2. 挡块和操作杆之间间隙的检查

松开驻车制动手柄，使用塞尺检查两后轮制动器上操作杆和挡块之间的间隙为（　　　），（　　　）（符合 / 不符合）要求，如果此间隙过大，应该更换制动钳总成。

3. 驻车制动开关的检查

1）检查 ABS ECU 和驻车制动开关之间导线的电阻值分别为（　　　）。

2）检查驻车制动开关与 ABS ECU 之间的线路对地电阻分别为（　　　）。

3）当驻车制动开关发出指令时，确认驻车制动电动机端子 1 和 2 之间的电压为（　　　）。

4）拆下驻车制动开关，检测驻车制动开关的性能，使用万用表检查开关接通时的阻值为（　　　）。

4. 驻车制动电动机的检查

1）点火开关置于（　　　）位置，断开（　　　）（左 / 右）侧驻车制动电动机的线束插接器。

2）在（　　　）（写电路图中导线标号）控制端子和 12V 电压之间安装一条带 25A 熔丝的跨接线。

3）在（　　　）（写电路图中导线标号）控制端子和搭铁之间暂时安装一条跨接线。

4）反转跨接线至少两次，左侧驻车制动电动机应执行（　　　）和分离功能。

5）按同样的方法检测（　　　）（左 / 右）侧驻车制动电动机。

学习任务六 制动防抱死系统的结构原理与维修

学生姓名		班级		成绩	
实训场地		学号		日期	

一、实训内容及要求

熟悉制动防抱死系统的结构和维修。

二、实训器材及资料

制动防抱死系统台架、相关车辆维修手册、常规工具。

三、实训步骤

（一）制动防抱死系统的认知

1）制动时，如果车轮抱死，车轮与地面由（　　　）转变成（　　　）。（选填：滑动、滚动）

2）车辆制动时，车轮（　　　）是最佳状态。（选填：滚动、滑动、边滚动边滑动）

3）（　　　）就是制动防抱死系统简称。（选填：EPS、ABS、EBS）

4）制动防抱死系统在汽车制动时，能自动控制制动器制动力的大小，使车轮滑移率在（　　　）左右，以保证车轮与地面的附着力在最大值。（选填：10%、20%）

5）制动防抱死系统是在原来制动系统的基础上增加了（　　　）（　　　）、（　　　）及（　　　）电路等部件。（选填：制动压力调节器、轮速传感器、电控单元、霍尔传感器、电路）

6）常见的轮速传感器分为（　　　）（　　　）和（　　　）等类型。（选填：电磁感应式、霍尔式、光电式、磁阻式）

7）制动防抱死系统的 ECU 可以进行（　　　）和行驶中（　　　），以及（　　　）等功能。（选填：初始检查、自动诊断、定时检查）

8）在制动的初始状态，车轮未达到抱死状态，ABS 系统（　　　）不工作。（选填：工作、不工作）

9）当电控单元通过轮速传感器判断车轮趋于抱死时，电控单元向电磁阀输入一个（　　　）的保持电流，电磁阀处于"保压"位置。（选填：较大、较小）

10）当制动力保持一定时，电控单元通过轮速传感器判断车轮滑移率超过一定时，电控单元向电磁阀输入一个（　　　），电磁阀处于"减压"位置。（选填：最大电流、最小电流）

11）当电控单元通过轮速传感器监测到车轮转速太快时，便（　　　）电磁阀的电流，使制动主缸的高压制动液再次进入制动轮缸，使制动力增加。（选填：接通、切断）

（二）制动防抱死系统的拆装

1）防止制动液接触到眼睛和皮肤，一旦接触，用（　　　）彻底清洗。（选填：清水、药水）

2）拆装或更换过 ABS 制动压力调节器，需要根据维修手册规定流程进行排除（　　　）。（选填：制动液、空气）

3）ABS 绝大多数部件不能（　　　），只能（　　　）。（选填：更换、拆修）

4）拆卸电气元件前，需要将点火开关置于（　　　）位置。（选填：ON、ACC、OFF）

（三）制动防抱死系统的检修

1）检查轮速传感器内部是否短路，分别检查该传感器的两个端子与搭铁之间的阻值应大于（　　　），否则更换。（选填：10Ω、$10k\Omega$）

2）断开 ABS 电控单元的插接器，分别检查轮速传感器和 ABS 电控单元之间的两条导线阻值应（　　　），分别检查轮速传感器线束中两条导线和搭铁之间的阻值，应（　　　），否则应该更换相应的线束。（选填：大于 1Ω、小于 1Ω、大于 $10k\Omega$、小于 $10k\Omega$）

3）连接好 ABS 电控单元的线束，在轮速传感器端检查线束的供电情况，2016款卡罗拉轿车轮速传感器的供电为（　　　）。（选填：$6\sim10V$、$8\sim12V$）

4）如果 ABS 电控单元未发现故障，ABS 警告灯会（　　　），否则 ABS 警告灯（　　　）。（选填：一直点亮、熄灭）

学习任务七 新能源汽车制动系统特点与维修

学生姓名		班级		成绩	
实训场地		学号		日期	

一、实训内容及要求

熟悉新能源汽车制动系统的结构和检修。

二、实训器材及资料

新能源汽车制动系统台架、相关车辆维修手册、常规工具。

三、实训步骤

1）在上电后，一人反复踩下制动踏板，另一人检查制动真空助力器、真空泵、真空管路（　　　）（有 / 没有）漏气声。

2）找到真空管路上单向阀的位置，准备好手动真空泵，检查单向阀单向导通性（　　　）（正常 / 不正常）。

3）用万用表电阻档 200Ω 量程检查真空泵的电阻为（　　　）Ω。

4）查找实训车辆电动泵电路图，电动真空泵受（　　　）控制单元的控制。检查其供电电压为（　　　）V，分别测量两条连接导线的电阻为（　　　）Ω 和（　　　）Ω。

5）目测检查真空压力传感器，真空管连接（　　　）（正常 / 不正常），关闭点火开关，拔下真空压力传感器插接器，目视检查插接器两端针脚（　　　）（正常 / 不正常），针孔（　　　）（正常 / 不正常），插接器防水圈（　　　）（正常 / 不正常），插接器导线连接（　　　）（正常 / 不正常）。

6）查找维修手册或电路图，实训车辆真空压力传感器 1 号端子连接（　　　）（电源线 / 搭铁线 / 信号线）。

7）参考教材或维修手册或教师教学，写出真空压力传感器电路的检查步骤。